Sibylle Bassler

Die Weiße Rose

Zeitzeugen erinnern sich

Rowohlt

1. Auflage August 2006
Copyright © 2006 by Rowohlt Verlag GmbH,
Reinbek bei Hamburg
Alle Rechte vorbehalten
Lektorat Regina Carstensen
Satz aus der Janson PostScript (InDesign) von
hanseatenSatz-bremen, Bremen
Druck und Bindung Clausen & Bosse, Leck
Printed in Germany
ISBN 13: 978 3 498 00648 8
ISBN 10: 3 498 00648 7

FÜR
JANINE
KNUT UND MORITZ
MICHAEL
MIT DANK UND LIEBE

Inhalt

Vorwort

> Vergessen ist oft schwerer,
> als sich zu erinnern –
> aber nur die Erinnerung schützt
> vor dem Vergessen.

«Was mir ganz wichtig ist, dass Sophie und Hans keine Helden waren. Denn wenn sie als Helden betrachtet werden, dann ist das eine Entschuldigung auch für die anderen. Jeder kann dann sagen, zum Helden bin ich nicht geboren.» Es waren diese Worte von Elisabeth Hartnagel, der noch lebenden Schwester von Sophie und Hans Scholl, die den Anstoß für dieses Buch gegeben haben. Im Februar 2004 hatte ich sie in Stuttgart getroffen, um mit der damals Dreiundachtzigjährigen ein Interview für das ZDF aufzuzeichnen. Der Nachmittag bei ihr wurde zu einer einzigartigen, ganz besonderen Geschichtsstunde. Denn es gelang ihr, durch ihre Schilderungen die Geschwister wieder lebendig werden zu lassen. Die «Ikonen» des Widerstands, Hans und Sophie, wurden wieder zu diesen Menschen, wie sie damals wohl waren: mutig, aufrecht und auch fröhlich. Junge Menschen, die Zivilcourage gezeigt hatten. Zivilcourage, die sie mit ihrem Leben bezahlen mussten.

Auch wenn der Name Scholl als Synonym für den Widerstand in Deutschland gilt, so bestand die Weiße Rose jedoch nicht nur aus Hans und Sophie Scholl. Christoph Probst, Alexander Schmorell, Willi Graf und Professor Kurt Huber gehören ebenfalls dem engeren Freundeskreis an. Auch diese Menschen mussten für ihren Mut und ihre Überzeugung ihr Leben lassen.

Entstanden ist dieser Kreis aus der engen Freundschaft zwischen Christoph Probst und Alexander Schmorell, die zusammen zur Schule gingen. Beide lernen Hans Scholl und Willi Graf während ihres Medizinstudiums 1940 beziehungsweise 1942 an der Münchner Ludwig-Maximilians-Universität kennen. Gemeinsam hören sie bei dem Philosophen und Musikwissenschaftler Kurt Huber Vorlesungen. Im Mai 1942 kommt Sophie Scholl, gerade einundzwanzig Jahre alt geworden, nach München und beginnt ihr Biologie- und Philosophiestudium. Zu dem weiteren Freundeskreis gehören Hubert Furtwängler, Traute Lafrenz, Gisela Schertling, Katharina Schüddekopf und Jürgen Wittenstein. Daneben bestehen vereinzelt Kontakte zu Lilo Ramdohr, Falk Harnack, Hans und Susanne Hirzel und Hildegard Brücher.

Neben ihrer gemeinsamen Liebe zur Natur, zur Musik, zur Literatur und zum Theater verbindet die Freunde auch ihre ablehnende Haltung gegenüber dem Nationalsozialismus und dem Krieg. Doch spätestens seit dem Frühsommer 1942, nach den Massenmorden in Polen und Russland, wollen Hans Scholl und Alexander Schmorell nicht länger nur im kleinen Kreise diskutieren, sie wollen aktiv etwas unternehmen. Wer von beiden letztlich die Idee für die folgenden Aktionen hat, ob Schmorell oder Scholl, lässt sich heute nicht mehr feststellen. Tatsache ist, dass sie gemeinsam am 26. Juni 1942 das erste Flugblatt verbreiten. Es beginnt mit den Worten: «Nichts ist eines Kulturvolkes unwürdiger, als sich ohne Widerstand von einer verantwortungslosen und dunklen Trieben ergebenen Herrscherclique ‹regieren› zu lassen.» Geschrieben wurden sie von Alexander Schmorell und Hans Scholl.

Warum sie sich für den Namen Weiße Rose entschieden, ist bis heute nicht eindeutig geklärt. Laut einem Gestapo-Verhörprotokoll soll Hans Scholl gesagt haben: «Der Name ‹Die Weiße Rose› ist willkürlich gewählt. Ich ging von der Voraussetzung aus, dass in einer schlagkräftigen Propaganda gewisse feste Begriffe da sein müssen, die an und für sich nichts besagen, einen guten Klang haben, hinter denen aber ein Programm steht.»

Ihr Kampf gegen das nationalsozialistische Regime vollzog sich im Geheimen, unbemerkt von den eigenen Familien. Bis Juli 1942 entstehen drei weitere Flugblätter gegen den Nationalsozialismus, an deren Formulierungen auch Christoph Probst mitgewirkt hatte.

Am 23. Juli 1942 werden Hubert Furtwängler, Willi Graf, Hans Scholl, Alexander Schmorell und Jürgen Wittenstein zum Sanitätsdienst (Feldfamulatur) an die russische Front abkommandiert. Nach ihrer Rückkehr im November 1942, bestärkt wohl auch durch die Erlebnisse im Krieg, ermutigen die Verfasser der Flugblätter das deutsche Volk in ihrem «Aufruf an alle Deutsche!» – es ist die fünfte Flugschrift –, gegen die Verführer aufzubegehren, «ehe es zu spät ist». Die ersten vier Flugblätter waren als «Flugblätter der Weißen Rose» überschrieben, seit der fünften Flugschrift wird diese Formulierung durch «Flugblätter der Widerstandsbewegung in Deutschland» ersetzt. Nun sind neben Probst, Schmorell und den Geschwistern Scholl auch Willi Graf und Kurt Huber in das Abfassen der Schriften involviert.

Mit Parolen wie «Nieder mit Hitler!» und «Freiheit!», die sie an die Wände und Mauern mit Teerfarbe malen, tragen Alexander Schmorell, Hans Scholl und Willi Graf den Widerstand zusätzlich in Münchens Straßen hinein.

Anfang Februar 1943 entsteht das sechste Flugblatt. Es richtet sich an die «Kommilitonen! Kommilitoninnen!». Der Verfasser ist Kurt Huber. Es wird ihre letzte Flugschrift sein. «Der Tag der Abrechnung ist gekommen, der Abrechnung der deutschen Jugend mit der verabscheuungswürdigsten Tyrannis, die unser Volk je erduldet hat», heißt es darin.

Am 18. Februar 1943 legen Hans und Sophie Scholl die Flugblätter in der Münchner Universität aus. Der Hausmeister Jakob Schmied entdeckt die Geschwister, sie werden verhaftet. Nach der Festnahme findet die Gestapo bei Hans Scholl handschriftliche Notizen für ein Flugblatt, abgefasst von Christoph Probst. Am Abend werden Anneliese und ihr Bruder Willi Graf festgenommen.

Einen Tag später wird dieser in Innsbruck von der Gestapo verhaftet. Der Prozess gegen Hans und Sophie Scholl und Christoph Probst vor dem Volksgerichtshof findet am 22. Februar in München statt. Das Urteil für die drei Widerständler: Todesstrafe.

Noch am selben Tag, gegen siebzehn Uhr, richtet man sie mit dem Fallbeil hin. Zwei Tage später, am 24. Februar, wird Alexander Schmorell nach seiner missglückten Flucht in München erkannt und verhaftet. Am 27. Februar erfolgt die Festnahme von Kurt Huber.

In einem zweiten Prozess verurteilt der Volksgerichtshof am 19. April 1943 Willi Graf, Alexander Schmorell und Kurt Huber zum Tode. Unterstützer der Weißen Rose wie Susanne Hirzel, Traute Lafrenz oder Franz J. Müller erhalten Haftstrafen. Alexander Schmorell und Kurt Huber werden am 13. Juli ermordet, Willi Graf am 12. Oktober 1943.

Nach ihrem Tod hat man viel erfahren über Hans und Sophie Scholl, zahlreiche Bücher wurden geschrieben, Briefwechsel veröffentlicht, Dokumentar- und Spielfilme gedreht. Doch über die Freunde weiß man weniger. Willi Graf, Christoph Probst, Alexander Schmorell, Kurt Huber – wer waren diese Menschen? Was für eine Kindheit hatten sie, wie sah ihre Jugend, ihre Zeit in München aus? Gibt es noch Personen, die sich an sie erinnern konnten?

Ich recherchierte und erfuhr, dass es neben Elisabeth Hartnagel weitere Zeitzeugen aus dem Umfeld der Weißen Rose gibt, die noch leben. Es sind leider nicht mehr viele. Die meisten, mit denen ich Kontakt aufgenommen habe, waren gerne bereit, über ihre Begegnungen mit den Menschen, die zur Weißen Rose gehörten, zu sprechen: Elisabeth Hartnagel (1920 geboren); Traute Lafrenz (1919), eine enge Freundin und Wegbegleiterin der Scholl-Geschwister; Anneliese Knoop-Graf (1921), die Schwester von Willi Graf; Lilo Fürst-Ramdohr (1913), die Alexander Schmorell unterstützt hatte; Susanne Zeller-Hirzel (1921), eine Jugendfreundin von Sophie Scholl, die selbst Flugblätter verteilte; Jürgen Wittenstein (1919), der mit Alexander Schmorell, Christoph Probst und Hans Scholl befreundet war; Franz J. Müller (1924), der mithalf, die Flugblätter zu verbreiten, und Hildegard Hamm-Brücher (1921), die während ihres Studiums einzelne Mitglieder der Weißen Rose kennen lernte.

Manche dieser befragten Personen waren sich nicht immer sicher, ob sie Begebenheiten tatsächlich selber erlebt hatten oder ob das Empfinden durch die zahlreichen Bücher, Niederschriften, Ausstellungen und Dokumente über die Weiße Rose gefärbt war. Im Laufe der Jahre hatten sich bei dem ein oder anderen Interviewten Schleier über die Erinnerungen gelegt. Durch die Zeit hatten sich die genauen Abläufe der Geschichte manchmal verschoben.

Dies galt vor allem dann, wenn es sich um historische Details und Daten handelte. Aber sind diese Irritationen nicht allzu verständlich, nach mehr als sechzig Jahren? Immerhin sind die Menschen, die sich erinnerten, zwischen zweiundachtzig und dreiundneunzig Jahre alt. Für mich, als Gesprächspartnerin dieser Zeitzeugen, war es wichtig, die Aussagen dieser Menschen und ihre damalige persönliche Sicht festzuhalten. Zumal umfangreiche politische Analysen über die Beweggründe der Weißen Rose und historische Arbeiten über die Bedeutung dieser Widerstandsgruppe bereits existieren.

Knapp zwei Jahre hat es gedauert, bis das Buch in seiner jetzigen Form vorlag. Die niedergeschriebenen Interviews wurden von meinen Gesprächspartnern nochmals gegengelesen und für die Veröffentlichung autorisiert.

Jeder dieser Zeitzeugen hat ganz besondere Eindrücke hinterlassen. Bei einigen der Gesprächspartner herrschte untereinander ein ganz eigenes Klima. Kühl, bisweilen distanziert, aber dann auch wieder einander herzlich zugetan. Misstrauen schwang gelegentlich mit, gerade wenn es darum ging, die eigene Position zu bestimmen und die Grenzen der Zugehörigkeit zum inneren

Kreis um die Weiße Rose zu ziehen. Es waren Empfindlichkeiten, die über die Jahre gewachsen waren. Empfindlichkeiten, die auch daraus resultierten, dass der Fokus der Öffentlichkeit viel zu lange nur auf die Geschwister Scholl gerichtet war. Die anderen Freunde waren, wenn überhaupt, oftmals nur als Randfiguren erwähnt worden. Doch wenn nicht Inge Aicher-Scholl als Erste eine Biographie über ihre ermordeten Geschwister verfasst hätte, wer weiß, ob heute noch jemand über die Weiße Rose sprechen würde?

Eines trifft für alle Gesprächspartner zu, die an diesem Buch mitgewirkt haben: Ihre Begegnungen mit den Menschen des Widerstands haben nicht nur ihr Leben berührt, sie haben es auch nachhaltig beeinflusst. Zudem sind sie die letzten lebenden Zeitzeugen, die man noch zur Weißen Rose befragen kann.

Und was bedeutet die Existenz der Weißen Rose für uns? Sie birgt eine tiefe Wahrheit und Verpflichtung. Diese Menschen sind für ein besseres Deutschland gestorben, und ihre Zivilcourage sollte die moralische Basis für unseren Staat sein.

Elisabeth Hartnagel

**«Seid tapfer und macht keine Zugeständnisse ...
Wichtig ist die Zivilcourage, man muss
immer zu dem stehen, was man für richtig hält.»**

Es ist ein kleines verwunschenes Haus, ein Reihenhaus mitten in Stuttgart – das Refugium von Elisabeth Hartnagel. Hier lebte einst auch ihr Mann Fritz Hartnagel, mit dem sie in diesen Räumen vier Söhne großzog.

Eine weiße Rose steht in der Vase auf ihrem Wohnzimmertisch, das Geschenk eines Besuchers. Darüber hängt ein Foto ihres Mannes. Neben dem Tisch befinden sich Regale, die bis an die Decke mit Büchern, Fotoalben und Ordnern gefüllt sind. Hier bewahrt sie auch ihre Schätze auf: die Briefe ihrer Eltern, der Geschwister und ihres Mannes.

Das Wohnzimmer wirkt klar, nichts Überflüssiges steht herum. Es zeugt von einer gewissen Bescheidenheit und strahlt dennoch eine große Wärme aus. Es ist ein Raum, der zu Elisabeth Hartnagel passt. Sie selbst ist völlig unprätentiös, wirkt fast ein wenig schüchtern. Elisabeth Hartnagel, geborene Scholl, ist das mittlere der fünf Scholl-Kinder. Neben Hans, dem älteren Bruder (1918 geboren), und Sophie, der jüngeren Schwester (1921), gab es noch den jüngeren Bruder Werner (1922) und Inge (1917), die Älteste der Geschwister. Die heute sechsundachtzigjährige Elisabeth, oder Liesel, wie sie gerufen wurde, ist die Einzige von ihren Brüdern und Schwestern, die noch lebt.

Über Hans und Sophie zu sprechen, das war immer Sache ihrer

Schwester Inge gewesen. Inge Aicher-Scholl war es auch, die das erste Buch über die Weiße Rose schrieb.  Mit dieser Veröffentlichung, die 1952 erschien und den Titel *Die Weiße Rose* trägt, hat sie dazu beigetragen, ihre Geschwister unsterblich zu machen. Nach dem Tod von Inge Aicher-Scholl im Jahr 1998 musste aber jemand aus der Familie die Geschichte der von den Nationalsozialisten ermordeten Geschwister Hans und Sophie Scholl weiter lebendig erhalten. Als dann ihr Mann Fritz Ende April 2001 mit vierundachtzig Jahren stirbt, kann und will Elisabeth Hartnagel sich nicht mehr im Hintergrund halten.

Diese Rolle fällt ihr jedoch manchmal schwer. Gleich zu Beginn unseres Gesprächs sagt sie: «Ich war nicht im Widerstand. Ich bin nur die Schwester.» Und doch ist die Geschichte des Widerstands der Weißen Rose eng mit Elisabeth Hartnagels eigener Biographie verwoben. Denn sie ist nicht nur die Schwester von Hans und Sophie Scholl, sondern hat auch Sophies einstige Liebe, Fritz Hartnagel, nach dem Krieg geheiratet.

Geboren wird Elisabeth Scholl am 27. Februar 1920 in Forchtenberg, einem kleinen Ort in der Nähe von Künzelsau. Ihr Vater, Robert Scholl, ist hier Bürgermeister. Die Mutter Magdalene, eine ehemalige Diakonissin, ist eine sehr gläubige Frau. Nachdem der Vater im Dezember 1929 nicht in seinem Amt als Bürgermeister in Forchtenberg bestätigt wird, bricht eine unruhige und sorgenvolle Zeit für die Familie an. Erst als Robert Scholl ein Treuhandbüro für Wirtschafts- und Steuerberatung in Ulm erwirbt, kommt die Familie 1932 vorläufig zur Ruhe. Die Kinder sind zu diesem Zeitpunkt zwischen zehn und fünfzehn Jahre alt, eine richtige kleine Rasselbande, die eng zusammenhielt, wie sich Elisabeth erinnert:

«Von klein auf waren wir eine Freundesgruppe, wir waren nicht auf andere angewiesen.»

Wie ihre Geschwister geht Elisabeth in Ulm zur Schule, besucht dort die Mädchenoberrealschule und tritt der Hitlerjugend bei. Auch Sophie und Inge sind im Bund Deutscher Mädchen, ihr Bruder Hans ist «Fähnleinführer» beim Deutschen Jungvolk. Werner, der jüngere Bruder, tritt 1932 als Zehnjähriger der Bündischen Jugend bei, wo er sich mit Fritz Hartnagel anfreundet. Seitdem gehört Fritz Hartnagel zur Familie. In späteren Jahren werden Sophie Scholl und Fritz Hartnagel ein Paar. Inge, Werner, Sophie – und später auch Hans – werden wegen «Bündischer Umtriebe» kurzzeitig verhaftet. Elisabeth absolviert währenddessen ihre Ausbildung zur Kindergärtnerin im Fröbelseminar in Ulm und arbeitet zunächst in einem Säuglingsheim und später in der Universitäts-Kinderklinik in Tübingen.

Im August 1942 tritt Robert Scholl eine viermonatige Haftstrafe an. Der Grund: Seine Sekretärin denunzierte ihn bei der Gestapo, er habe den Führer verunglimpft, Hitler als eine Gottesgeißel bezeichnet. Im November 1942 wird er vorzeitig entlassen, darf jedoch seinen Beruf nicht weiter ausüben. Eugen Grimminger, ein Freund der Familie, übernimmt die Geschäftsführung des Büros von Robert Scholl. Grimminger wird später einer der wichtigsten finanziellen Unterstützer der Weißen Rose.

Der Kontakt zwischen den fünf Scholl-Geschwistern ist auch während des Krieges sehr eng, ein reger geistiger Austausch herrscht zwischen ihnen. Trotzdem wissen weder Elisabeth noch ihre Eltern oder ihre Schwester Inge etwas über die Widerstandstätigkeit von Hans und Sophie. «Sie wollten uns schützen» – davon ist sie überzeugt. Und das ist ihnen gelungen. Selbst bei einem zehntägigen Besuch ihrer Geschwister in München Ende Januar/ Anfang Februar 1943 fällt Liesel nichts auf. Zurück in Ingolstadt, wo sie zu dieser Zeit auf einem Hof als Kinderschwester arbeitet, erfährt Elisabeth am 23. Februar 1943 aus der Zeitung, dass Hans und Sophie Flugblattaktionen durchgeführt haben – und dass sie am Vortag ermordet wurden. Auch die Eltern wissen nicht, dass die Todesurteile noch am Tag des Prozesses vollstreckt worden sind.

Am Spätnachmittag des 24. Februar werden Hans und Sophie auf dem Perlacher Friedhof in München beigesetzt, im Beisein der Eltern, der Geschwister Inge, Elisabeth und Werner und einer Freundin der Familie, Traute Lafrenz. Drei Tage nach der Beisetzung von Hans und Sophie, am 27. Februar, wird die gesamte Familie Scholl in Ulm in Sippenhaft genommen. Einzige Ausnahme ist Werner Scholl, der nach einem Heimaturlaub wieder an die Front musste. Von dort wird er nicht zurückkommen.

Fritz Hartnagel erhält am 27. Februar 1943 einen Brief von Sophies Mutter, in dem sie ihm die Festnahme ihrer Kinder Hans und Sophie mitteilt. Fritz liegt mit Erfrierungen, die er sich in Stalingrad zugezogen hat, in einem Lazarett in Lemberg. Sofort bricht er nach Berlin auf, um ein Gnadengesuch beim Volksgerichtshof für Sophie einzureichen. Vergebens, Sophie und Hans seien bereits am 22. Februar hingerichtet worden, wie er durch ein Telefonat mit Werner Scholl erfährt. Vollkommen verzweifelt fährt Fritz Hartnagel zunächst nach Ulm. Ende Sommer 1943 wird er erneut als Soldat abkommandiert, erst nach Jugoslawien geschickt, später nach Frankreich. Im September 1945 wird er nach sechs Monaten aus der amerikanischen Gefangenschaft entlassen. Elisabeth Scholl und Fritz Hartnagel heiraten im Oktober 1945 in Ulm. Fritz studiert in München Rechtswissenschaften und wird später Vorsitzender Richter am Landgericht Stuttgart.

Ihr ganzes weiteres Leben haben sich Elisabeth Hartnagel und ihr Mann gegen die Wiederaufrüstung der Bundesrepublik und für den Frieden engagiert. Immer im Sinne der Ermordeten.

Angesprochen auf die Symbolkraft, die eine weiße Rose heute für Elisabeth Hartnagel habe, antwortet sie, nach einer längeren Pause, mit einem Lächeln: «Woher der Name der Weißen Rose eigentlich stammt, warum sie ihn für ihre Flugblätter gewählt haben, das weiß ich nicht. Die haben sich eigentlich, vor allem die Sophie, gar nichts aus Rosen gemacht, ihr war eigentlich ein bunter Strauß viel lieber.»

Frau Hartnagel, was bedeutet der 18. Februar 1943 für Sie, der Tag von Sophies und Hans' Verhaftung?

Für unsere Familie war das an sich gar kein aufregender Tag. Morgens um acht Uhr kam die Gestapo zu uns und hat nach Briefen von Hans und Sophie gefragt. Aber nachdem die Gestapo ja schon öfters bei uns war, war dies nicht weiter beunruhigend. Den 18. Februar habe ich auch deshalb in Erinnerung, weil ich an diesem Tag auf einem Hof in der Nähe von Ingolstadt eine neue Stelle angetreten habe. Die Bäuerin hatte gerade ihr siebtes Kind auf die Welt gebracht, und ich war ja ausgebildete Kindergärtnerin und Säuglingsschwester. Es gibt noch Briefe von meiner Mutter vom 19. Februar an meinen Mann, Fritz Hartnagel, der damals der Freund von Sophie war. Er war aus dem Kessel von Stalingrad mit einem der letzten Flugzeuge, die von dort noch starteten, ausgeflogen worden und lag nun mit Erfrierungen in einem Lazarett. Meine Mutter schrieb ihm, dass die Sophie sich überlegt habe, ihn zu besuchen, und er solle doch sagen, wann sie kommen solle.

Wir hatten überhaupt keine Ahnung, dass Hans und Sophie zu diesem Zeitpunkt schon verhaftet waren. Erst am darauf folgenden Sonntag, dem 21. Februar, kam eine Studentin, Traute Lafrenz, zu uns nach Ulm, die schon in den Semesterferien bei meinem Vater gearbeitet hatte. Traute Lafrenz berichtete meinen Eltern, dass meine Geschwister inhaftiert worden seien, mehr würde sie aber auch nicht wissen.

Sie arbeiteten zu diesem Zeitpunkt auf dem Hof?

Aus diesem Grund hatte ich auch nichts von meiner Mutter erfahren. Am 23. Februar musste ich dann nach Ingolstadt fahren, um mich dort auf dem Arbeitsamt zu melden. Das war Pflicht, weil ich sonst keine Lebensmittelkarten bekommen hätte. Ich fuhr morgens mit einem Bus von dem Bauernhof los, der mich in die Stadt brachte. Zurück ging er aber erst wieder abends um halb sechs. Weil mir die Zeit so lang war, ging ich nach meiner Meldung beim Arbeitsamt in ein Café und las Zeitung. Auf der Titelseite stand in Riesenlettern: «Wegen Hoch- und Landesverrat zum Tode verurteilt. Das Urteil ist bereits vollstreckt.» Ich habe mir damals einfach gewünscht, ich sei verrückt, ich würde mir das alles nur einbilden, es würde bestimmt nicht wahr sein.

In diesem Moment hatte ich das Bedürfnis, irgendeinen Menschen zu fragen, ob das überhaupt möglich sei, wie das überhaupt angehen könne, aber es gab niemanden. Bis zum Abend war ich dann allein mit meinen Gedanken. Ich hatte von ihrer Antihaltung zum Naziregime gewusst, aber nicht von ihrem aktiven Widerstand. Meine Geschwister hatten geschwiegen, um uns zu schützen.

Als ich wieder zurück auf dem Hof war, rief meine Mutter an. Sie sagte mir, dass am Sonntag Traute Lafrenz vorbeigekommen sei, und am Sonntagabend hätte ein Student angerufen, anonym, weil es ihm zu gefährlich war, am Telefon seinen Namen zu sagen. Dieser fremde Anrufer hätte gemeint, die Verhandlung von Hans und Sophie sei schon am nächsten Tag, also am 22. Februar, er würde meine Eltern in München am Bahnhof abholen. Sie hatten dann noch irgendein Erkennungszeichen ausgemacht, um sich zu finden.

Mein jüngster Bruder Werner war am Samstag in Ulm angekommen. Als Soldat hatte man ihn nach Russland an die Front geschickt, nun gab es für ihn Heimaturlaub. Nach der Beerdigung von Hans und Sophie sagte meine Mutter, dass sie froh sei, dass der Werner nicht acht Tage früher Urlaub erhalten hätte, sonst hätte sie ganz bestimmt drei Kinder verloren. Werner war aus unserer Familie eigentlich der entschiedenste Nazi-Gegner. Er war es von Anfang an gewesen, schon seit Schulzeiten. Außerdem hatte er sich in derselben Studentenkompanie in Russland wie sein Bruder Hans befunden. Eine Zeit lang verrichteten sie am selben Verbandsplatz Dienst, was aber eher Zufall war. Werner hat sicher alles über die Weiße Rose mitbekommen. Die Freunde, die da in der Studentenkompanie beisammen waren, haben viel über die Flugblätter gesprochen.

Sie hatten von der Ermordung Ihrer Geschwister erst durch die Zeitung erfahren, aber Ihre Eltern konnten noch nach München fahren.

Als der Student meine Eltern vom Münchner Hauptbahnhof abholte, sagte er ihnen, dass sie sich beeilen müssten, die Verhandlung sei schon in vollem Gange. Er begleitete sie dann in den Justizpalast, und wenn sie vorher angekommen wären, vor Beginn der Verhandlung, hätten sie wohl gar keinen Einlass erhalten, denn der ganze Saal war voll mit Nazigrößen. Er durfte nur mit Einlasskarten betreten werden. Durch ihr spätes Erscheinen konnten sie dann ungehindert den Saal betreten, und ich weiß noch, wie meine Mutter erzählte, dass der Hans, als er sie sah, Zuckungen bekam. Der Anblick meiner Eltern musste ihn sehr erregt haben.

Meine Eltern haben die weitere Verhandlung bis zum Schluss miterlebt, besser gesagt, nur meine Mutter. Als der Verteidiger von Hans und Sophie auftrat, sagte er, er hätte die Akten gar nicht gelesen, und wenn er das vorher gewusst hätte, dass es in diesem Prozess um Hochverrat gehen würde, hätte er das Mandat gar nicht erst angenommen. Als mein Vater das hörte, stand er auf und ging nach vorne zu den Richtern. Er gab ihnen zu verstehen, dass er seine Kinder vertreten würde, wenn der Anwalt es nicht tun wolle.

Man verwies ihn daraufhin des Saales. Der Verteidiger fand das Todesurteil dann auch völlig in Ordnung.

Ihre Eltern konnten Sophie und Hans aber noch einmal sehen?

Sie durften die beiden nach dem Prozess besuchen. Sie waren ungefähr eine Stunde bei ihnen. Meine Eltern hatten natürlich keine Ahnung, dass das Urteil so schnell vollstreckt werden würde, denn nach der Begegnung im Gefängnis reichten sie noch ein Gnadengesuch für Hans und Sophie ein. Sie wussten bei diesem Besuch also nicht, dass sie das letzte Mal ihre Kinder sehen würden. In dem Gefängnis München-Stadelheim bekamen sie Sophie und Hans nur getrennt zu Gesicht. Hans soll Sträflingskleider getragen haben. Mein Vater hat nur wenig darüber gesprochen, da es ihn stets entsetzlich aufregte. Als wir, also meine Eltern, meine Schwester Inge und ich, selber von der Gestapo inhaftiert wurden, habe ich noch manches erfahren: So erzählte mir meine Mutter, dass der Hans sehr abgemagert gewesen sei, aber auch äußerst gefasst. Er soll zu ihr und meinem Vater gesagt haben, dass sie gut behandelt worden seien. Meine Mutter hatte noch, wie Mütter es eben machen, am Sonntag Kekse gebacken. Damals waren Lebensmittel extrem knapp, und für sie war das der letzte Liebesdienst gegenüber ihren Kindern gewesen. Hans lehnte die Kekse ab, meinte, er hätte alles hinter sich, und die Sophie soll ganz fröhlich gesagt haben, dass sie heute noch gar nichts gegessen hätte. Sie nahm die Kekse an, aber nach ihrem Tod haben wir sie alle noch in ihrer Manteltasche gefunden. Sie hatte sie nicht gegessen.

Auch in einem Brief an Fritz Hartnagel hat meine Mutter über die letzte Begegnung mit ihren Kindern geschrieben. In diesem Brief heißt es: «Sophie und Hans waren so gefasst und abgeschlossen mit dem Leben, dass man selbst getröstet war. Sophie lehnte leicht und lächelnd an der Heizung und hatte einen Glanz in ihren Augen, den ich sonst nicht kannte, sie ließ gar nichts mehr

an sich herankommen. Sie hatte wohl in diesen Tagen alles nieder-
gekämpft.»

Wann hat Ihre Mutter diesen Brief geschrieben?

Einen Tag nach der Hinrichtung, also am 23. Februar. Sie wusste
nicht, dass die beiden nicht mehr lebten, dass Sophie und Hans
noch am Verhandlungstag hingerichtet worden waren.

*Wie war es dazu gekommen, dass Sophie im Mai 1942 nach München
ging?*

Sophie wollte mit ihrem Bruder zusammen sein. Seit 1939 studierte Hans in München. Seitdem war klar, dass auch die Sophie
zum Studium dort hingehen wollte. Also ging sie im Mai 1942
nach München, ab dem 1. Dezember bezogen sie dann eine gemeinsame Wohnung in Schwabing.

Hans wusste, wie sehr seine Schwester unter dem Dritten Reich
litt und wie sie sich ständig den Kopf darüber zerbrach, was man
gegen diesen Unrechtsstaat tun könne. Sophie war kategorisch
gegen alles, was von diesem Regime angeordnet wurde. Sie boykot-
tierte sämtliche Sammlungen, wie etwa die Wollsammlung, und
auch dem Winterhilfswerk wollte sie nichts opfern.

Veränderte sich Ihre Schwester in der Münchner Zeit?

In einem Brief schrieb sie, dass es ja nur hundertfünfzig Kilometer
seien, die zwischen Ulm und München liegen würden, sie aber
dennoch das Gefühl hätte, sie sei viel weiter weg. Sie würde sich
so rasch entwickeln, dass sie selber ganz erstaunt sei. Bei ihrer Ankunft in München sei sie noch ein harmloses, ausgelassenes Kind
gewesen, jetzt sei sie ein Mensch, der auf sich selber gestellt sei. In
München ist meine Schwester erwachsen geworden, ja.

Sie besuchten Ihre Geschwister in München, bekamen Sie da nicht mehr von ihren Aktivitäten mit?

Ich war mehrere Male bei Sophie und Hans gewesen, zuletzt für zehn Tage im Januar und Februar 1943, also vierzehn Tage vor ihrer Verhaftung. Ich erinnere mich noch an einen Abend, an dem sich die Studenten in der Franz-Joseph-Straße in Schwabing trafen, in der Wohnung von Hans und Sophie. Erst kam der Alex Schmorell, aber kurze Zeit später verschwanden er und Hans. Sie sagten, dass sie noch in die Frauenklinik gehen müssten. Irgendwann tauchte Willi Graf auf, und ich meinte zu ihm, als er nach Alex und Hans fragte, die beiden seien in der Frauenklinik. Daraufhin lachte Willi und sagte: «Ohne mich gehen die nicht in die Frauenklinik.» Dann ging auch er. Das war zwischen elf und zwölf Uhr nachts.

Sophie und ich spazierten anschließend noch durch den Englischen Garten. Meine Schwester sagte: «Jetzt, in dieser Dunkelheit, müsste man Freiheitsparolen auf Mauern schreiben.» Ich erwiderte: «Ich habe noch einen Bleistift in der Tasche.» Sophie lachte und klärte mich auf, dass man das mit einem Bleistift nicht machen könne, man bräuchte dazu Teerfarbe. Als ich ihr zu verstehen gab, dass das doch sehr gefährlich sei, antwortete sie: «Die Nacht ist des Freien Freund.»

Als wir wieder in der Franz-Joseph-Straße waren, rief unser Bruder Hans an, er habe noch fünfzig Reichsmark in seiner Tasche gefunden, wir sollten bei dem Hausmeister – er war ein Schwarzmarkthändler – eine Flasche Wein besorgen. Sophie und ich haben das dann auch gemacht. Heute überlege ich mir manchmal, wieso ich mich damals nicht darüber gewundert habe, dass wir weit nach Mitternacht noch eine Flasche Wein holten. Hinzu kam, dass meine beiden Geschwister ja sehr sparen mussten, weil sie kaum Geld hatten, und immerhin kostete die Flasche 25 Reichsmark. Eigentlich kann ich es mir im

Nachhinein nur so erklären, dass dieser Weineinkauf für Sophie ein Zeichen war, dass eine Aktion geglückt sei, dass sie sich keine Sorgen mehr machen müsse. Jedenfalls kamen Hans, Alex und Willi kurz darauf nach Hause; wir haben dann noch zusammengesessen und den Wein getrunken.

Aus den Vernehmungsprotokollen habe ich erfahren, dass vor allem Willi Graf sehr dagegen gewesen war, dass sich die Frauen an ihren Unternehmungen beteiligten. Er sah es überhaupt nicht gern, wenn Sophie dabei sein wollte. Meine Schwester hatte unserem Bruder aber immer wieder vorgeschlagen, dass sie wohl mitgehen könne, wenn sie Parolen an Wände schrieben. Sollten ihnen unterwegs Leute begegnen, dann könne sie sich bei ihm einhängen, und sie würden dadurch wie ein Liebespaar wirken. Ein Liebespaar sei doch viel unverfänglicher, das war Sophies Meinung gewesen, gerade weil sie ja auch Kübel mit Farbe mitschleppen mussten. Aber es kam nicht dazu.

Am nächsten Tag ging ich mit Hans und Sophie zur Universität. Vor dem Eingang sahen wir schon von weitem viele Studenten, die alle auf eine Wand schauten. Und als wir näher kamen, entdeckten wir, dass jemand an dieser in Großbuchstaben das Wort «FREIHEIT!» geschrieben hatte, in schwarzer Farbe. Einige Putzfrauen versuchten gerade, die Buchstaben wegzuschrubben. Hans sagte, dass wir weitergehen sollten, sonst könnten wir auffallen. Sophie gab mir leise zu verstehen: «Da können sie lange schrubben, das ist Teerfarbe.» Nach und nach wurde mir einiges klarer, was mir vorher nur seltsam erschienen war. Viele Andeutungen von Sophie verstand ich erst nach ihrem Tod.

Haben Hans und Sophie geschwiegen, um die Familie zu schützen?

Davon bin ich überzeugt. Mein Bruder Werner wusste durch den gemeinsamen Russlanddienst Bescheid. Ansonsten niemand. Sogar Anneliese Graf war, was die politischen Tätigkeiten betrifft, völlig ahnungslos, obwohl sie mit ihrem Bruder zusammenlebte.

Als Sie aus der Zeitung von der Ermordung Ihrer Geschwister erfuhren und am selben Abend mit Ihrer Mutter sprachen, was haben Sie anschließend gemacht?

Ich bin sofort am nächsten Morgen nach München gefahren, um bei der Beerdigung von Hans und Sophie dabei sein zu können. In Ingolstadt konnte ich nicht bleiben. Da meine Eltern und meine beiden anderen Geschwister, Inge und Werner, noch nicht auf dem Hauptbahnhof angekommen waren, trieb es mich zur Universität hin. Vor dem Gebäude blieb ich stehen. Plötzlich kam ein Student, Jürgen Wittenstein, auf mich zu, den ich von meinem Besuch bei Sophie und Hans kannte. Da wir bei meinen anfänglichen Besuchen in München fast jeden Abend in ein Konzert gingen, lernte ich eine Reihe von Mitstudenten kennen, die auch alle von den Aktionen meiner Geschwister wussten, aber nicht aktiv daran beteiligt waren. Bei dieser Begegnung sagte er mir, dass er über die Flugblätter Bescheid gewusst hätte. Sie seien aber alle sehr vorsichtig gewesen, und jetzt, nach der Ermordung, befürchteten alle eine Verhaftungswelle unter den Studenten.

Es gab nur zwei oder drei weitere Freunde, die noch zum engeren Kreis der Weißen Rose gehörten und mitgeholfen hatten, die Flugblätter zu verbreiten. Traute Lafrenz brachte sie nach Hamburg, das war schon 1942 gewesen, und nach Berlin kamen sie, weil eine Freundin von Alexander Schmorell, Lilo Ramdohr, eine Verbindung zu Falk Harnack hergestellt hatte. Sein Bruder

Arvid, der ebenfalls eine Gruppe gegründet hatte, die gegen das Nazi-Regime war, die so genannte Rote Kapelle, war im Dezember 1942 verhaftet und hingerichtet worden. Falk Harnack und Hans hatten wohl noch ausgemacht, dass mein Bruder am 25. Februar 1943 nach Berlin fahren sollte, um dort jene Widerstandsgruppe zu treffen, die später zum großen Teil am Aufstand vom 20. Juli 1944 beteiligt war. Harnack wartete dann am 25. Februar umsonst auf Hans. Er erfuhr erst bei seiner eigenen Verhaftung, dass mein Bruder zu diesem Zeitpunkt nicht mehr gelebt hat. Ein Anliegen von Hans war es gewesen, dass der Widerstand nicht nur ein studentischer blieb, sondern dass er sich auch auf andere Bevölkerungskreise ausdehnte.

Wurden Sie und Ihre Familie bei der Beerdigung von Sophie und Hans gemieden?

Der Perlacher Friedhof – direkt neben dem Gefängnis München-Stadelheim gelegen – war abgesperrt. Niemand durfte ihn betreten, nur die Angehörigen der Toten. Am Grab standen meine Eltern, Inge, Werner, ich und Traute Lafrenz. An einer Hecke, direkt neben dem Grab, waren Gestapobeamte aufgestellt, die die Beerdigung beobachteten. Als wir den Friedhof verließen, begegneten wir dem kleinen Trauerzug von Christl Probst, der an diesem Tag ebenfalls beerdigt wurde.

Kurz darauf sind Sie auch festgenommen worden.

Drei Tage nach der Beerdigung klingelte bei uns am 27. Februar morgens die Gestapo und holte uns ab, meine Eltern, Inge und mich. Mein Bruder wurde verschont, er musste wieder an die Front. Wir wurden ohne Grund verhaftet. «Sippenhaft» hieß es einfach. Der Befehl dazu kam aus München. Nach einigen Monaten wurden wir wieder entlassen. Aber im Gegensatz zu den

Eltern von Alexander Schmorell ging es uns noch gut. Nach dem Tod von Alex, er wurde im zweiten Prozess gegen Mitglieder der Weißen Rose am 19. April 1943 zum Tode verurteilt und knapp drei Monate später, am 13. Juli, hingerichtet, riefen wir jedes Mal seine Eltern an, wenn wir nach München kamen, um das Grab von Sophie und Hans zu besuchen. Ein paarmal trafen wir uns mit den Eltern von Alex auf dem Friedhof, und da erzählte uns die Mutter von Schmorell (eigentlich seine Stiefmutter), sie hätten unterschreiben müssen, dass sie das Urteil, das über ihren Sohn erlassen wurde, als gerecht empfinden. Wenn sie das nicht tun würden, so sei ihnen angedroht worden, würden ihre anderen Kinder dafür büßen müssen. Weinend sagte Frau Schmorell: «Erst stempelt man uns als Verbrecher ab, und dann werden wir an unseren eigenen Kindern zu Verrätern.» Eine solche Unterschrift war furchtbarer, als ins Gefängnis zu gehen.

Konnten Sie während Ihrer Inhaftierung Kontakt zu Ihren Eltern und Ihrer Schwester Inge halten?

Wir haben Kassiber geschmuggelt. Dadurch richteten wir uns gegenseitig auf und trösteten uns. Da mein Vater ja ein Wirtschafts- und Steuerberaterbüro gehabt hatte und die Bilanzen fertig gestellt werden mussten, durften wir nach einiger Zeit im Gefängnis die Akten bearbeiten und hin und wieder in Gestapobegleitung nach Hause gehen. Ich wurde dann auch früher als die anderen entlassen, weil ich krank wurde.

Wie haben Ihre Eltern die Ermordung von Hans und Sophie verkraftet?

Der Schmerz muss schlimm gewesen sein. Ich weiß aus den Briefen, die meine Mutter an meinen Mann geschrieben hat, mit dem sie ein besonders gutes Verhältnis hatte, dass er für sie einfach ein Stück Sophie war. Einmal sagte sie, da war sie schon wieder in Freiheit, sie sei an einem Kindergarten vorbeigekommen und die Kinder hätten «Hänschen klein ging allein» gesungen, und das hätte ihr fast das Herz zerrissen.

Dennoch hat sie versucht, auch den anderen Kindern gerecht zu werden?

Meine Mutter war eine sehr fromme Frau. Eigentlich hat sie die ganze Familie in der Zeit getragen, aber das mindert ja den Schmerz nicht.

Und der Vater?

Für ihn war es nicht weniger entsetzlich. Aber er war auch stolz darauf, was Hans und Sophie gemacht hatten. Das half ihm dabei, den Tod seiner Kinder zu ertragen.

Ihre Familie hat immer eng zusammengehalten?

Wir waren ja fünf Kinder, die insgesamt nur fünf Jahre auseinander lagen. Von klein auf waren wir eine Freundesgruppe, wir waren nicht auf andere angewiesen. Und diese Geschwistergruppe blieb bestehen, selbst als wir schon älter waren.

Und weil wir uns gut verstanden, haben wir viel zusammen gemacht, sind auf Fahrt gegangen, sind Ski gelaufen, haben zusammen gelesen und anschließend über das Gelesene gesprochen. Das war keine Schwätzerei, wie man im Schwäbischen sagt, sondern wir führten wirkliche Diskussionen. Und immer ging es auch bei uns zu Hause um Politik, um Probleme, um Ängste und um Vorsicht.

Unter uns Geschwistern war Inge, meine älteste Schwester, die führende Person. Sie hatte ungeheuer viele Ideen gehabt, war musikalisch und konnte sehr gut zeichnen. Inge dachte sich Märchen aus, die sie dann mit uns inszenierte. Zu unseren Aufführungen in einem kleinen Garten in Forchtenberg wurden dann unsere Eltern eingeladen und alle, die sich dafür interessierten.

Sophie, meine jüngere Schwester, war von Kindheit an sehr selbstbewusst gewesen. Von ihr gab es den berühmten Spruch: «Die Bravste bin ich nicht, die Schönste will ich gar nicht sein, aber die Gescheiteste bin ich immer noch.» Sophie war sehr zart und auch mal krank. Hans war eigentlich ein sehr sanfter Bub, konnte aber auch jähzornig werden. Richtige Anfälle konnte er bekommen, aber das war selten. Und je älter er wurde, umso seltener traten sie auf. Von uns Geschwistern war er derjenige, der am ehesten auf Leute zugehen konnte. Wir anderen waren sehr schüchtern, auch die Sophie. Werner, mein jüngerer Bruder, war ein Mensch, der immer lachte, sogar beim Essen. Meinen Vater machte das manchmal sehr wütend. Wir nannten ihn deshalb «Krachlampf» – eine Abänderung von dem Wort «Lachkrampf». Ich selber war eine ganz arge Puppenmutter.

Wenn ich an Hans und Sophie denke, dann habe ich von ihnen ganz andere Bilder im Kopf, andere als die, die heute existieren. Es sind sehr private Erinnerungen.

Ihre Geschwister engagierten sich in der Hitlerjugend, wie standen Sie dazu?

Das gemeinsame Basteln und Singen hatte uns dafür eingenommen. Da waren plötzlich in einer Gruppe zwanzig junge Menschen, die alle das Gleiche taten und das Gleiche dachten, wodurch man sich auch untereinander anfreundete. Zu Problemen kam es dann, als wir, weil wir keine Nazi-Fahnen hatten, eigene Fahnen nähen sollten. Was wir auch taten, wobei wir auf das Hakenkreuz verzichteten und stattdessen Drachen darauf nähten. Diese Fahnen wurden verboten, und wir alle erhielten als Strafe eine Beurlaubung vom Jungmädel-Bund. Dadurch kam es zum endgültigen Bruch. Die Hitlerjugend war seitdem für uns gestorben.

Mein Bruder Werner war seit 1932 in der Bündischen Jugend gewesen. Er war in derselben Gruppe wie Fritz Hartnagel, der Verlobte von Sophie und mein späterer Mann, weshalb Fritz dann auch öfters bei uns zu Hause war.

Nach der Ermordung Ihrer Geschwister haben Sie dann den Freund Ihrer Schwester Sophie geheiratet, und auch Ihre Schwester Inge hat einen Freund der Familie aus einem den Nationalsozialisten kritisch gegenüberstehenden Umfeld geheiratet. War das zufällig?

Inge und Otl Aicher kannten sich schon lange. Otl, eigentlich hieß er ja Otto, war ein Schulfreund von Werner und ebenfalls Mitglied der Bündischen Jugend gewesen. Er weigerte sich, der Hitlerjugend beizutreten. Aus diesem Grund wurde er 1937 inhaftiert, 1941 bekam er sein Abitur aberkannt. Trotzdem wurde ihm bei seiner Einberufung in die Wehrmacht eine Offizierslaufbahn angeboten, die er jedoch ablehnte. Als Sophie und Hans verurteilt und hingerichtet wurden, stand er uns bei, und als er 1945 von der Wehrmacht desertierte, versteckten ihn meine Eltern. Durch diese enge Verbindung zu unserer Familie kam es dann, dass Otl 1952 meine Schwester Inge heiratete.

Fritz und Sophie schrieben sich regelmäßig Briefe. Da Fritz Offizier war, gestaltete sich die Freundschaft aber während des Krieges recht schwierig. Das letzte Mal sahen sich die beiden 1942, und den letzten Brief an Fritz schrieb Sophie am 16. Februar 1943, sechs Tage vor ihrem Tod. Stalingrad und all das hielt er nur durch, weil er immer daran dachte, meine Schwester wieder zu treffen. Das geht jedenfalls aus seinen Briefen hervor. Als ich dann aus dem Gefängnis entlassen wurde, habe ich mich bemüht, ihn über den Tod von der Sophie hinwegzutrösten. Er hat mir viel über meine Schwester erzählt, wie er sie erlebt hatte. Es ist ja ein Unterschied, ob man einen Menschen als Schwester wahrnimmt oder als Freundin und Geliebte. Und so habe ich Sophie von einer

Seite kennen gelernt, die ich bislang nicht kannte. Auf diese Weise kamen Fritz und ich uns nahe. Nach dem Krieg haben wir dann geheiratet und vier Kinder bekommen.

Meine Mutter hatte zunächst die romantische Vorstellung, dass Fritz der Sophie treu bis zu seinem Tod bleiben müsste, aber dann war sie doch froh, dass er so der Familie erhalten blieb.

Sie haben lange Zeit über Ihre Geschwister geschwiegen. Was war der Grund dafür gewesen?

Diese Rolle hat von Anfang an meine Schwester Inge übernommen. Mein Mann sagte immer, wir waren nicht im Widerstand gewesen, deshalb sei es besser, den Mund zu halten. Er hat es auch immer abgelehnt, über seine Erfahrung in Russland zu reden, weil er es so schrecklich fand, wenn ehemalige Soldaten mit ihren Erlebnissen aus dem Krieg auftrumpften. Er ist auch nie zu einem Kompanietreffen gegangen, und nachdem in der Bundesrepublik das Thema Wiederaufrüstung diskutiert wurde, engagierte er sich in der Friedensbewegung. Er konnte sich nicht vorstellen, dass man eine neue Bundeswehr aufstellen würde, ohne die alten Offiziere und Generäle mit ihren Orden und Ehrenzeichen zu übernehmen, bloß ohne Hakenkreuz.

War es für Sie auch eine Bürde, mit der Ermordung Ihrer Geschwister zu leben?

Als Bürde haben wir das eigentlich nie angesehen, sondern eher als Auszeichnung. Auch im Dritten Reich haben wir uns nie als die Unterlegenen oder die Verfolgten gefühlt, sondern wir waren felsenfest davon überzeugt, dass wir auf der richtigen Seite standen. Eher war es so, dass wir auf die anderen herabgeschaut haben.

Gab es in Ihrem späteren Leben Situationen, wo Sie sich überlegt haben,
wie Sophie und Hans jetzt wohl gehandelt hätten?

Sie waren für meinem Mann und mich später bei vielen politischen Dingen und Entscheidungen, die anstanden, wichtige Vorbilder. Wir haben uns oft überlegt, was würden Hans und Sophie jetzt dazu sagen, wie würden sie sich verhalten? Sie waren natürlich auch aus dem Grund Leitbilder, weil sie, wie soll ich es sagen, weil sie damit rechnen mussten, dass sie bei dem, was sie taten, umkommen konnten. Es war ja nicht so, dass man sagen konnte, das macht man mal eben. Immer gab es da die Gefahr. Ich weiß von einer Freundin von Sophie, mit der sie bis zum Tag ihrer Verhaftung viel zusammen war, dass meine Schwester ihr gesagt habe, sie würde jede Nacht von ihrer Verhaftung träumen. Diese Freundin wusste von den Flugblattaktionen, hatte sich aber selber nie daran beteiligt.

Sie haben einmal gesagt, dass Sophie und Hans ihre Hände über den
Köpfen zusammenschlagen würden, wüssten sie, dass sie heutzutage als
Helden bezeichnet werden.

Davon bin ich überzeugt. Helden, dieses Wort war für uns immer negativ besetzt gewesen. Und jeder, der Sophie kannte, wusste, dass sie selbstbewusst, aber bescheiden war. Sich zu wehren, das war für sie selbstverständlich – und beide wollten ja auch, dass sich auch andere Menschen wehren. Was mir ganz wichtig ist, dass Sophie und Hans keine Helden waren. Denn wenn sie als Helden betrachtet werden, dann ist das eine Entschuldigung auch für die anderen. Jeder kann dann sagen, zum Helden bin ich nicht geboren. Aber meiner Meinung nach wäre es im Dritten Reich möglich gewesen, nicht nur im stillen Kämmerlein gegen Hitler zu sein, sondern es auch auf die eine oder andere Weise zu zeigen.

Sie halten sich auch bei feierlichen Veranstaltungen zurück, wenn etwa der Todestag von Sophie und Hans begangen wird. Warum?

Ich empfinde diese Festivitäten als oberflächlich. Es gibt immer mehr Legenden, und es tauchen zunehmend Leute auf, die behaupten, sie hätten mitgemacht, sie wären auch Teil der Widerstandsbewegung gewesen. Dabei weiß ich, dass es einfach nicht stimmt.

Traute Lafrenz

«Mir war mein Platz zugewiesen. Ich nahm ihn an. Und sorgte, dass die Flugblätter weiter verbreitet wurden.»

«Sie haben mich also doch gefunden.» Leicht amüsiert begrüßt mich Traute Lafrenz auf ihrem Anwesen in Yong Island. Tatsächlich war es nicht leicht, sie aufzuspüren, trotz liebevoller und ausführlicher Wegbeschreibung, die sie ins Hotel faxen ließ. Eine kleine Odyssee liegt hinter mir. Als Orientierungshilfe diente ein Briefkasten am Rande einer verlassenen Straße, dann folgte ein großes Holztor – und plötzlich befindet sich der Besucher inmitten einer großen Parklandschaft mit Pferdekoppeln, Stallungen, einem kleinen Friedhof, auf dem die einstigen Besitzer begraben sind. Ein verlassener Holzliegestuhl steht unter einem hohen alten Baum, zum Meer hin ausgerichtet. In der Nähe ragt ein Bootssteg in eine einsame Lagune. Kurz: ein kleines Paradies in den Südstaaten Amerikas. Hierher, nach South Carolina, hat es die einstige Freundin von Hans und Sophie Scholl verschlagen. «Deutschland liegt weit weg, nicht nur geographisch», sagt die Siebenundachtzigjährige. Seit sechzig Jahren lebt sie in Amerika, fast ein ganzes Leben. Die Zeit in München war im Vergleich dazu nur ein kurzer Abschnitt. Und doch erinnert sie sich von Zeit zu Zeit an ihre deutschen Wurzeln, heute mehr als früher.

Geboren wurde Traute Lafrenz am 3. Mai 1919 in Hamburg. Ihr Vater Carl ist Beamter, Mutter Hermine Hausfrau. Traute ist die jüngste der drei Schwestern. Politik ist zu Hause kein Thema. Als Schülerin besucht sie die Hamburger Lichtwark-Schule. Diese Reformschule fördert die musisch-künstlerischen und die naturwissenschaftlichen Fächer. Im Vergleich zu anderen Institutionen herrscht hier ein freierer Unterricht, bis die Nationalsozialisten sie 1937 auflösen. Traute geht mit Heinz Kucharski, der später in Hamburg eine Widerstandsgruppe gründen wird, in die Klasse der regimekritischen Lehrerin Erna Stahl. Nach ihrer Strafversetzung im Jahr 1935 ruft die Lehrerin einen Lesekreis ins Leben. Dort kommt Traute nicht nur mit 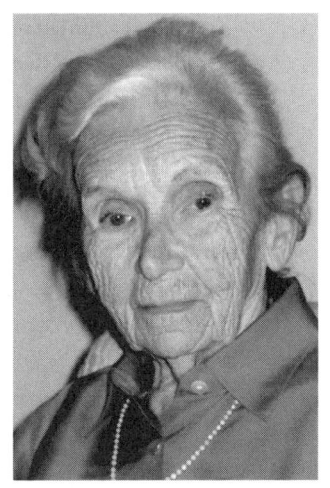 klassischer, sondern auch mit «entarteter» Literatur in Berührung.

Nach ihrem Abitur leistet sie ihren Arbeitsdienst in Ostpommern ab, wo sie erstmals Alexander Schmorell begegnet. Ab 1939 studiert die Zwanzigjährige Medizin an der Hamburger Universität. Nach einem kurzen Aufenthalt in Berlin kommt sie zum Sommersemester 1941 nach München, um ihr Studium fortzusetzen. Bei einem Konzertbesuch im April 41 trifft Traute Lafrenz überraschend Alexander Schmorell wieder. Er ist in Begleitung von Hans Scholl. Traute und Hans verlieben sich, werden ein Paar. «Einen kurzen, schönen Sommer lang», wie Traute Lafrenz heute sagt. Im Winter 1941 trennen sie sich, «weil es nicht mit uns passte». Doch der Kontakt zu ihm und zu seiner Familie reißt nicht ab. Auch nicht, als Hans mit Gisela Schertling befreundet war.

Im Spätsommer 1942 hilft die junge Medizinstudentin einige Wochen im Steuerbüro von Robert Scholl in Ulm aus. Dort lernt sie auch den Rest der Familie kennen. Ihr gefallen diese Scholls, ihre kritische Einstellung gegenüber dem Nationalsozialismus. Es wird viel geredet, diskutiert, debattiert, sowohl im Kreis der Familie als auch unter den Freunden in München, meist über

Theater und Literatur: «Die Studenten veranstalteten Leseabende, luden dazu Gäste ein, alles war aber nur literarisch und ohne politischen Hintergrund.» Zunächst noch. Dass ihre Freunde Hans und Alexander Flugblätter verfassen, davon ahnt sie nichts. Im Juni 1942 wird ihrer Vermieterin ein Flugblatt zugeschickt. Als diese es Traute Lafrenz zu lesen gibt, glaubt sie, die Verfasser zu kennen. Traute schließt durch deren Formulierungen auf die Urheber: «Aus Text, Art des Satzbaus, bekannten Stellen aus Goethe und Laotse erkannte ich sofort, dass das Blatt von ‹uns› verfasst sein musste, war aber noch im Zweifel, ob Hans selber es getan hat. Später wusste ich, dass er der Verfasser sein musste.»

Sie spricht Hans direkt darauf an. Doch der leugnet es zunächst. Nach einer Weile gibt er es ihr gegenüber zu. Seit dem Sommer 1942 weiß Traute Lafrenz über die Aktivitäten ihrer Freunde Bescheid. Und hilft mit. Im November 1942 fährt sie für einige Wochen nach Hamburg. Dort übergibt sie ihrem ehemaligen Mitschüler Heinz Kucharski und ähnlich Denkenden zwei Flugblätter der Weißen Rose. Die Studenten vervielfältigen und verteilen diese Exemplare in Hamburg.

Zurück in München, bittet Hans Scholl seine Freundin, ein Vervielfältigungsgerät zu besorgen. Traute fährt zu ihrem Onkel nach Wien, um Geld beziehungsweise einen derartigen Apparat aufzutreiben. Dort berichtet sie ihrer Tante und deren Freunden über die Flugblätter.

Traute Lafrenz ist es auch, die am 20. Februar 1943 nach Ulm fährt, um Robert und Magdalene Scholl über die Verhaftung ihrer beiden Kinder zu unterrichten. Im Nachhinein ist sie beeindruckt, wie scheinbar gefasst die Eltern auf ihre überbrachte Nachricht reagieren. Denn es musste ihnen doch klar gewesen sein, dass die Verhaftung das Todesurteil von Hans und Sophie bedeutet.

Noch am Tag des Prozesses bereiten Traute Lafrenz und Werner Scholl ein Gnadengesuch vor. Sie überbringen es auch Herta Probst, der Frau von Christoph Probst, zur Unterschrift an den Tegernsee. Nur wenige Wochen zuvor hatte Herta Probst ihr drittes Kind geboren und war an Kindbettfieber erkrankt. Nachdem Herta Probst unterschrieben hat, fahren Traute und Werner umgehend nach München zurück, um das Gesuch rechtzeitig einzureichen. Zu spät. Christoph Probst und die Geschwister Scholl sind bereits ermordet worden. Obwohl die Gestapo den Friedhof überwacht, begleitet Traute die Familie zur Beisetzung der Ermordeten. «Das war doch selbstverständlich», sagt sie heute.

Kurz darauf wird Traute erstmals von der Gestapo verhört: «Man entließ mich mit der nachdrücklichen Aufforderung, zu niemanden zu gehen, dessen Name ich im Verhör erfahren habe, um ihn zu warnen.» Dessen ungeachtet schafft sie es, Professor Kurt Huber zu verständigen. Er weiß zu diesem Zeitpunkt jedoch schon, dass ihn die Gestapo überwacht. Gemeinsam mit Werner gelingt es ihr zudem, verräterische Spuren der Weißen Rose zu verwischen. Sie vernichten Adressen und andere Dinge, die sie in der Wohnung von Sophie und Hans versteckt finden.

Am 15. März 1943, morgens um sieben Uhr, wird Traute Lafrenz verhaftet. Sie habe nur ein Flugblatt gelesen und es anschließend verbrannt, gesteht sie in den Verhören. Doch im zweiten Prozess der Weißen Rose, am 19. April 1943, wird sie vom Volksgerichtshof als Mitwisserin zu einem Jahr Gefängnis verurteilt. Nach Verbüßung ihrer Strafe kommt Traute Lafrenz am 14. März 1944 zunächst frei. Sie reist nach Hamburg und erfährt, dass auch hier Widerständler festgenommen wurden. Die Rückkehr nach München rettet sie nicht. Nach einer Hausdurchsuchung bei ihren Eltern in Hamburg wird Traute von der Gestapo in München aufgegriffen. Die Fünfundzwanzigjährige kommt erneut in Haft, nach Hamburg-Fuhlsbüttel. Diesmal wird sie in Zusammenhang mit den Aktionen ihrer Hamburger Freunde festgehalten und mehrmals in andere Strafanstalten überführt. Erst am 15. April 1945 wird Traute Lafrenz von amerikanischen Soldaten aus dem Gefängnis in Bayreuth befreit.

Nach dem Krieg arbeitet sie kurz als Dolmetscherin für die Amerikaner. 1946 beendet sie ihr Medizinstudium. Eine jüdische Freundin fordert sie auf, nach Amerika zu kommen, Traute kehrt Deutschland den Rücken.

Ihre erste Station ist San Francisco. Am 2. März 1949 heiratet sie den Mediziner Vernon Page, sie bekommen vier Kinder, eine Tochter und drei Söhne. Gemeinsam mit ihrem Mann führt sie eine Praxis für Allgemeinmedizin. Später baut sie die Esperanza School Chicago auf, eine nach dem Anthroposophen Rudolf Steiner ausgerichtete heilpädagogische Schule. Nach ihrer Pensionierung ziehen sie und ihr Mann nach South Carolina, in die Gegend von Charleston. Seit dem Tod von Vernon Page im Jahr 1995 lebt Traute Lafrenz allein in ihrem ehemaligen Sommerhaus. In Blickweite wohnt ihre Tochter mit Familie. Ob sie mit ihren Kindern über ihre Zeit in München gesprochen habe, will ich zum Abschied wissen. «Nein, warum sollte ich? Ich fand, dass es wichtigere Dinge gab. Angesichts der vielen Verbrechen, die unter den Nazis geschahen, war doch das, was ich tat, nur von geringer Bedeutung.»

Frau Lafrenz, erzählen Sie mir, wie Sie Alexander Schmorell kennen gelernt haben?

Wir waren damals, im Sommer 1939, zum Erntedienst in Pommern. Ich weiß bis heute nicht, wo das genau war, irgendwo in der Pommerschen Schweiz. Es war eine sehr bewegte Zeit mit sehr gemischten Gefühlen. Eines Abends trafen wir uns zufällig an einem wunderschönen See mit herrlichen Tannen drum herum. Wir beide waren mit dem Rad da. Zwei Stunden haben wir zusammen über Dostojewski und Tolstoi geschwärmt. Anschließend sind wir auf unsere Räder gestiegen und haben uns nicht mehr gesehen. Erst wieder, als ich nach München kam, um dort Medizin zu studieren. Ich wohnte in der Steinsdorfstraße 7, nicht weit vom Deutschen Museum entfernt. Meine Freundin Ulla Claudius, die Musik studierte, und ich besuchten ein Konzert. Ich glaube, es war das Schneiderhan-Quartett, und hinter mir ging plötzlich die Sonne auf. Denn wenn Alex lachte, dann ging die Sonne auf. Ich drehte mich um, und da war er. Zusammen mit Hans Scholl.

Was war Alexander Schmorell für ein Mensch?

Er war einfach wunderbar, sehr gefühlvoll, unglaublich begeisterungsfähig, ein junger Mensch mit viel positiver Ausstrahlung. Zudem war er ein leidenschaftlicher Reiter und liebte alles Künstlerische, das Malen, die Bildhauerei. Mir kam er sehr elegant vor.

Und wie waren Sie damals?

Durch die Lichtwark-Schule und meine Lehrerin Erna Stahl war ich zum Leben aufgewacht. Vorher war ich sehr verträumt gewesen. Als ich dann ein halbes Jahr in Berlin studierte, kam ich mit einer Gruppe von Menschen zusammen, die sehr kritisch gegenüber dem Nazi-Regime war und immer mehr in Opposition ging. Durch diese Menschen begriff ich auch, was mit uns, was mit Deutschland passierte.

Hörten Sie in Ihrem Elternhaus negative Äußerungen gegenüber Hitler?

Nur meine Lehrerin Erna Stahl versuchte, uns Schüler zum unabhängigen Denken zu erziehen. Das war ihre große Tat. Ich weiß gar nicht, inwieweit meine Eltern das tatsächlich mitbekommen haben. Ich habe eigentlich immer etwas in Opposition zu ihnen gelebt, vor allem zu meinem Vater. Meine Mutter, eine Wienerin, war eher gütig.

Was hat Ihr Vater beruflich gemacht?

Er war Amtmann bei der Grundsteuer. Im Grunde genommen war er ein sehr unabhängiger Mensch gewesen, doch wegen uns Kindern wohl auf Sicherheit eingestellt.

Dieses Konzert, in dem Sie auch Hans Scholl trafen, blieb für Sie nicht ohne Folgen?

Ich hatte Hans schon früher beobachtet, in einigen Vorlesungen. Obwohl dort immer an die hundert Studenten waren, ist er mir aufgefallen. Er trug Uniform, wie auch einige andere. Hans war ein sehr gut aussehender Mann, und eigentlich mochte ich diesen Typ von Mann überhaupt nicht. Er war beinahe schön, aber eben nur beinahe! Oft hat er mich nach diesem Konzertabend begleitet, wenn wir von einem Universitätsinstitut ins andere gehen mussten. Irgendwann unternahmen wir Ausflüge ins Isartal und kamen uns näher.

Wer war in dieser Zeit noch dabei?

Eigentlich ganz wenige. Alexander Schmorell natürlich, dann meine Freundin Ulla und ein paar andere. 1941 haben wir dann diese Leseabende gemacht, aber auch diese fanden in einem ziemlich kleinen Rahmen statt.

Damals gab es kein Fernsehen, nicht jeder hörte gerne Radio, und unsere Mittel waren zu beschränkt, um ständig ins Konzert gehen zu können. Und Reisen zu unternehmen, das war sowieso undenkbar. Also trafen wir uns abends, um zu lesen oder zu musizieren.

Dennoch gab es, was den finanziellen Hintergrund der einzelnen Familien betraf, kleine Unterschiede. Die Eltern von Hans wie auch meine waren, wie man hier in Amerika sagt, «middle class». Christoph Probst und Alex kamen aus besser situierten Familien.

Wie haben Sie die Geschwister Scholl wahrgenommen?

Was mich bei den Scholls so eingenommen hatte, war, dass alle fünf Kinder ganz eng zusammenhielten. Sie lasen und sprachen über dieselben Bücher, eigentlich taten sie überhaupt immer dieselben Sachen. Für mich war das eine sehr ungewöhnliche Familie. In meiner ging jeder seinen eigenen Weg, und keiner hörte auf den anderen. Das war bei den Scholls anders. Mir imponierte das sehr.

Im Sommer 41 freundete ich mich mit Inge Scholl an, als sie Hans in München besuchte. Es waren zu Beginn überhaupt meist Ulmer Freunde, die zu ihm kamen. Christoph Probst lernte ich erst 1942 kennen, der dann durch Alex zu unserer Gruppe stieß. Aber ich sah ihn nicht oft, denn später lebte er ja in Innsbruck. Manchmal begegnete ich auch Otl Aicher. Zusammen machten wir diese Skitour über Neujahr 1941/42. Einmal traf ich Falk Harnack, aber nur ganz kurz.

Diese Begegnung mit Hans Scholl, war das für Sie der Beginn einer große Liebe?

Es war mir sehr bald klar, dass es mit uns nicht klappen konnte. Warum, darüber möchte ich nicht sprechen. Mir gefiel an ihm, dass er ein bisschen draufgängerisch war. Und wir hatten eben dieselben Interessen, sind baden gegangen, haben Spaziergänge unternommen und Musik gehört. Als sein Vater aufgrund von Denunziation im Gefängnis saß, habe ich in Robert Scholls Steuer-Treuhandbüro ausgeholfen. Zusammen mit Inge Scholl haben wir lange Zahlenreihen addiert. Und da ihr Vater keine Addiermaschine besaß, machten wir alles im Kopf.

Die Mutter von Hans war Diakonissin gewesen. Sie war eine sehr religiöse Frau, sehr fein und sehr ernsthaft. Ich war damals im Februar 1943 bei ihr und ihrem Mann und erzählte ihnen, dass Hans und Sophie im Gefängnis waren. Ich weiß noch, dass wir abends zusammen Plätzchen backten, und während wir die Kekse ausstachen, sagte Hans' Mutter zu mir: «Weißt du, man tut eigentlich immer zu viel für seine eigenen Kinder und nicht genug für andere.» Das war irgendwie typisch für sie.

Von Hans' Geschwistern habe ich Elisabeth damals eigentlich kaum wahrgenommen, und auch Sophie erst viel später. Werner war zu dieser Zeit, glaube ich, in der Armee. Ich habe ihn öfters zu der Ulmer «Kuhbergkaserne» begleitet.

Werner soll von den Scholl-Geschwistern derjenige gewesen sein, der am kritischsten den Nationalsozialisten gegenüber eingestellt war?

Das war auch immer die Meinung von Hans gewesen. Er hat gesagt, dass der Werner richtig Mut hätte. Auf jeden Fall war er in seinem ganzen Wesen unabhängiger als die anderen, obwohl er der Jüngste war. In meiner Erinnerung sah er nicht so gut aus wie Hans, er war kleiner, aber er war sehr entschieden in seiner Haltung.

Sie waren mit Hans noch befreundet, obwohl Sie später kein Paar mehr waren?

Irgendwie ging es mit uns weiter, obwohl es vorbei war. Sicher hatte das auch mit meiner engen Verbindung zu seiner Familie zu tun. Das Ende unserer Beziehung empfand ich aber nicht als *das* tragische Ereignis. Es gab Schlimmeres, beispielsweise den Krieg. Mit der Zeit wurde ich auch immer kritischer gegenüber Hans und habe meine eigene Meinung zu den Dingen vertreten.

Wie haben Sie von der Existenz der Flugblätter erfahren?

Meine Wirtsleute hatten eins zugeschickt bekommen, und meine Wirtsfrau hat es mir zu lesen gegeben. Mir war sofort klar, woher das kam. In dem Flugblatt standen mehr oder weniger die Inhalte, die wir in unserem Kreis besprochen hatten. Es gab so viele Zitate aus Büchern, über die wir lange geredet hatten.

Und waren Sie überrascht?

Im ersten Moment dachte ich, dass Hans und Alex es nicht allein verfasst haben konnten. Ich war überzeugt davon, dass eine Organisation dahinter stehen musste. Als ich dann später mit Hans darüber sprach, antwortete er ganz gelassen, dass man nicht so viel darüber nachforschen solle, es sei gut, dass es so etwas gäbe. Aber ich konnte das Gefühl nicht loswerden, dass da wirklich eine Organisation existieren musste, über die sie nicht sprechen wollten. Ich hatte mir auch nicht vorstellen können, dass es so einfach wäre, Flugblätter zu vervielfältigen und zu verteilen. Ich dachte, dazu bräuchte man eine größere Organisation.

Wie reagierte Hans auf Ihren «Verdacht»?

Hans hatte nur abgewinkt und gesagt, man würde nur Menschen schädigen, wenn man immer alles genau wissen wolle. Ich solle nicht weiter drüber nachdenken, wer was mache.

Waren Sie enttäuscht, dass Sie nicht zu den Autoren der Flugblätter gehörten?

Als mir klar wurde, dass es anfangs tatsächlich nur Hans und Alex waren, die die Flugblätter schrieben, war das für mich ein großer Schock. Ich war sehr enttäuscht, traurig und auch sooo enttäuscht, dass sie mich nicht dazugeholt hatten.

Wie war die Reaktion Ihrer Wirtsleute auf das Flugblatt?

Die beiden waren begeistert, da sie überzeugte Gegner des Nationalsozialismus waren. Meine Wirtin, Frau Gmeling, hat der Gestapo immer ihre Meinung kundgetan, wenn diese kam. Sie sagte beispielsweise zu ihnen: «Ihr Dammel, es ist doch ein Blödsinn, was ihr da macht.»

Manchmal habe ich darüber nachgedacht, ob Hans Angst hatte, dass meine Vermieterin und ich zu offen über die Flugblätter sprechen könnten. Als ich dann herausgefunden hatte, dass er die Flugblätter formuliert hatte, fragte ich mich immer wieder: Warum gerade Hans? Zu Beginn unserer Beziehung, 1941, war ich eigentlich sehr viel vehementer in meinen Reaktionen gegen das Nazi-Regime als Hans. Ich war auch vielleicht mehr «sophisticated» angesichts meiner Berliner Erfahrung und meiner Auseinandersetzungen mit Erna Stahl, meiner kritischen Lehrerin aus Hamburg.

Welche Erinnerungen haben Sie an Sophie?

Sophie kam 1942 zum Studium nach München. Eigentlich weiß ich über Sophie sehr wenig, denn ich habe sie nicht sehr gut gekannt. In den Unterhaltungen, wenn mehrere dabei waren, war sie immer sehr still. Manchmal haben wir etwas zusammen unternommen, aber ein enges Verhältnis habe ich nie zu ihr gehabt. Als dann Hans und Sophie gemeinsam in die Franz-Joseph-Straße zogen, ans andere Ende von Schwabing, da war das dann schon ein wirkliches Bemühen, wenn man dort hinging.

Wie war es für Sie, als der Kreis dann größer wurde?

Das ist schwierig zu sagen. Es war mit Sicherheit nie so, wie man das heute annimmt. Keiner sprach von der Weißen Rose, keiner weiß ganz genau, warum Hans diese Flugblätter so genannt hat.

Man muss wissen, dass sie sich oft in der Kaserne der Studentenkompanie trafen. Und seit der Zeit, als Sophie und Hans eine Wohnung teilten, bin ich nur noch selten bei ihnen gewesen, ganz selten. Deshalb kann ich nicht sagen, was dort genau ablief. Bei den wirklich größeren Treffen waren alle versammelt, zum Beispiel bei den Treffen in Eickemeyers Atelier.

Erinnern Sie sich noch an den Tag, als Hans und die anderen damals nach Russland abfuhren?

Am Abend vorher gab es noch ein kleines Abschiedsfest. Sophie und ich haben im Anschluss daran aufgeräumt und sauber gemacht. Es gibt ja dieses berühmte Bild, auf dem Sophie zu sehen ist. Sie steht auf dem Münchner Ostbahnhof und sagt ihrem Bruder Hans, dem Willi Graf und Alexander Schmorell auf Wiedersehen. Lustigerweise haben Sophie und ich noch morgens gekuhhandelt, wer von uns beiden zum Ostbahnhof radeln darf, um sich von den Soldaten zu verabschieden. Wir hatten nämlich nur ein Fahrrad. Sophie wollte dorthin und ich natürlich auch. Ich sagte schließlich zu ihr: «Ach, geh du doch, ich bleib hier. Nimm das Rad und fahre zum Bahnhof.» Schade war, dass ihr dann unser einziges Fahrrad am Ostbahnhof gestohlen wurde.

Als die Männer wieder aus Russland zurückkamen, waren sie da verändert?

Ich weiß es nicht, ich weiß es nicht, ich weiß es nicht! Hans hat sich, besonders von mir, zurückgezogen. Es herrschte plötzlich eine große Distanz zwischen uns. Wie soll ich sagen? Er war nach seiner Rückkehr nicht mehr so offen.

Weitere Flugblätter wurden formuliert – hatte sich da Ihrer Meinung nach etwas im Ton verändert?

Offensichtlich war, dass der Inhalt mehr sachbezogen, ein bisschen weniger literarisch war. Ich weiß nicht, wie sehr ihre Erlebnisse an der Ostfront sie beeinflusst haben. Sie müssen ja einiges durchgemacht haben.

Sie haben ja auch die Vorlesungen von Professor Huber besucht. Was hat das Charisma dieses Menschen ausgemacht?

Er war ein ganz besonderer Mensch. Ich bin durch meine Freundin Käthe Schüddekopf, die ihren Doktor bei Huber machte, in seine Seminare gekommen. Wir haben über Sprache geredet, das war wunderbar. Er hat es zwar nicht gewagt, Worte von Hitler zu analysieren, aber in seinen Vorlesungen sprach er über die Prinzipien der Logik: «Wenn A gleich B ist und B gleich C und A gleich C und wenn Catull dichtete, wenn er nicht schlief, dann kann man von einem anderen sagen, wenn ER nicht schlief, dann führte ER Krieg.» Den Wahnsinn dieses Regimes belegte er mit Zitaten aus der Literatur.

Also war es so, dass viele kritische Studenten an seinen Seminaren teilgenommen haben?

Es war keine große Gruppe, nur ein paar Leute. Und es waren auch immer dieselben gewesen. Wie viele Studenten Hans Scholl durch Huber gewinnen konnte, das kann ich nicht mehr sagen. Ich war in dieser Zeit noch in einer anderen Gruppe, in der wir uns mit Rudolf Steiners Hauptwerk *Philosophie der Freiheit* intensiv beschäftigten.

Hatte Hans Scholl Sie nicht gebeten, ein Vervielfältigungsgerät zu be-
sorgen?

Ich fuhr daraufhin nach Wien zu meinem Onkel. Leider hatte er
kein solches Gerät. Einer meiner Tanten und Freunden zeigte ich
auch Flugblätter.

Haben Sie auch mitgeholfen, die Flugblätter zu verbreiten?

In Hamburg kannte ich eine Gruppe von Leuten, die dem Hitler-
Regime absolut kritisch gegenüber eingestellt waren. Dazu gehörten unter anderem mein früherer Mitschüler Heinz Kucharski
und Grete Rothe, die dann später, am 25. April 1945, im Gefängnis
Leipzig-Mensdorf umgekommen ist. Ihnen brachte ich zwei der
Flugblätter mit – das war ganz geheim. Ich weiß nicht, wie sie in
diesem Kreis aufgenommen wurden, da ich ihnen nur die Flugschriften übergeben hatte. Ich traf immer wieder auf Menschen,
mit denen man sich über das, was ablief, besprechen konnte. Aber
keiner von ihnen, außer Hans, wagte es wirklich, aktiv was zu tun.

Wie haben Sie reagiert, als Sie von den Parolen an den Wänden hörten?

Ich erinnere mich noch an einen Tag, an dem ich mit Hans zur Universität ging. Wir sahen, wie Putzfrauen mit Wasser, Besen und
Bürsten die Schriften entfernen wollten. Ich konnte beobachten,
wie Hans schmunzelte, als er das sah. Aber er sagte kein Wort. In
diesem Augenblick bekam ich wahnsinnige Angst um ihn. Ich habe
dann erst später erfahren, dass er und einige andere es tatsächlich
waren, die die Schriften aufgemalt hatten.

Wie konnten Ihre Freunde denn ihre politischen Aktivitäten vor Ihnen verheimlichen?

Ich weiß es nicht. Hans und ich waren den ganzen Sommer 41 bis zum Winter eng zusammen gewesen. Danach trafen wir uns ja nicht mehr so regelmäßig.

Erzählen Sie mir von Willi Graf. Was war er für ein Mensch? War er ein Schwärmer?

Keineswegs. Ich hielt ihn eher für einen mehr passiven Menschen, der durch die katholische Jugendgruppe gebildet war. Ich glaube, dass Hans durch seine Art die Leute mitreißen konnte. So war es wohl auch bei Willi Graf gewesen. Sicher wurde er auch durch Stalingrad aufgerüttelt, wo jeder dachte, dass es wirklich an der Zeit sei, etwas gegen das Nazi-Regime zu unternehmen. Und dann gab es noch diesen Auftritt am 13. Januar 1943 von Gauleiter Paul Giesler im Deutschen Museum, wo er die Studentinnen anpöbelte. In seiner Rede sagte er, dass die Studentinnen, statt sich an den Universitäten herumzutreiben, lieber dem Führer ein Kind schenken sollten. Als man das hörte, dachte man, jetzt müssen viele Leute aufwachen, jetzt muss die Zeit gekommen sein.

Wie haben Sie den 18. Februar 1943 erlebt, den Tag der Verhaftung von Hans und Sophie Scholl?

Ich war mit Willi Graf in einer Vorlesung von Professor Huber. Wir verließen sie kurz vor Ende, weil wir rechtzeitig zu einer anderen Vorlesung in der Nervenklinik erscheinen mussten. Nachdem wir die Saaltür hinter uns geschlossen hatten, begegneten wir Sophie und Hans mit einem Koffer in der Hand. Da wir vorhatten, am kommenden Wochenende, also in zwei Tagen, gemeinsam nach Ulm zu fahren, fragte ich Sophie: «Macht ihr heute schon blau?» Vielleicht habe ich es auch anders formuliert, ich weiß es nicht mehr genau. Sophie und Hans haben jedenfalls daraufhin nicht viel gesagt. Ich erinnere mich nur noch an die letzten Worte von Sophie: «Ja, die Skistiefel, wenn ich heute Nachmittag nicht zu Hause bin, die Skistiefel, die stehen hinten auf der Ablage, die kannst du dann einfach mitnehmen. Ja.» Anschließend verabschiedeten Willi und ich uns von den beiden Geschwistern, wir mussten ja rechtzeitig in der Pettenkoferstraße sein. Ich weiß nicht, ob Willi etwas wusste und nur nichts sagte, das kann ich nicht beurteilen. Jedenfalls machte er mir gegenüber keine Andeutungen. Ich fragte Willi, was sie denn mit dem Koffer vorhätten, aber er gab mir keine Antwort. Als wir später wieder an die Uni zurückkehrten, da war schon alles abgesperrt und Hans und Sophie verhaftet. Im ersten Moment war mir nicht klar, dass die ganze Geschichte nur die beiden betraf. Das erfuhr ich erst nach und nach.

Sind Sie mit Willi Graf zusammengeblieben, oder wie ging es dann weiter?

Ich suchte Josef Furtmeier auf, einen Freund aus früheren Tagen, der mit Hans und den anderen verschiedene Begegnungen hatte. Furtmeier war ein unglaublich gebildeter Mensch und ein großartiger Freigeist. Er hatte sich als Justizbeamter geweigert, in die Nationalsozialistische Partei einzutreten und war deshalb 1933 aus dem Staatsdienst entlassen worden. Er lebte von einer bescheidenen Pension, das war damals möglich. Wenn jeder Beamte, jeder Arzt, jeder Schauspieler, wenn alle so gehandelt und gesagt hätten, nee, das machen wir nicht, das hätte was bewirkt. Aber die meisten hatten eine Familie zu ernähren. Als ich bei Josef war, sagte ich ihm, er solle bloß alles wegpacken, was verdächtig wäre.

Haben Sie geahnt, wie gefährlich es für Hans und Sophie werden könnte?

Ja, schon. Aber bei Flugblättern wäre ich nie auf die Idee gekommen, dass in vier Tagen gleich alles vorbei sein würde. Man muss sich das mal vorstellen – in vier Tagen … Aber in einem totalitären Staat ist das eben so.

Hatten Sie Angst, dass man Sie auch festnehmen könnte?

Nachdem die Gestapo Willi Graf noch am selben Tag verhaftete, war auch ich in großer Unruhe. Aber es passierte erst einmal nichts. Zwei Tage später, am Samstag, bin ich dann, wie ich es auch beabsichtigt hatte, nach Ulm gefahren. Vorher war ich noch bei einem blinden Maler im Allgäu gewesen, bei dem ich mir mit Vorlesen Geld verdiente. Als ich vom Allgäu zurückkam, rief ich vom Hauptbahnhof Inge Scholl an. Ich fragte sie: «Hör mal zu, was ist los? Wie geht es euch?» Ich befürchtete, dass die gesamte Familie schon verhaftet sein könnte. Aber sie sagte nur: «Nein, hier ist gar nichts los, komm nur.» Können Sie sich das vorstellen? Die Gestapo hatte die Eltern nicht benachrichtigt. Auch später nicht. Kaum zu glauben.

Am nächsten Abend, am Sonntagabend, Werner war auf Fronturlaub zu Hause, haben sie dann einen anonymen Anruf bekommen. Jemand sagte ihnen, dass da eine Verhandlung sein würde, Montag früh. Und so kam es, dass wir noch Plätzchen backten für Hans und Sophie.

Am Montagmorgen sind wir alle gemeinsam von Ulm nach München gefahren. Ich bin nicht in die Verhandlung mit hineingegangen, aber die Eltern, Inge und Werner. Werner trug Uniform, das war sehr günstig. Ich bin nach Hause gegangen, aber genau weiß ich das nicht mehr. Jedenfalls haben Werner und ich uns später noch getroffen.

Aber da wussten Sie nicht, dass das Urteil an diesem Nachmittag bereits vollstreckt worden war?

Nein. Werner und ich haben ja noch am 23. Februar morgens um vier Uhr das Gnadengesuch zu Herta Probst, der Frau von Christoph Probst, an den Tegernsee gebracht, damit sie es unterschreiben konnte. Wir waren wie benommen. Wie wir das gemacht haben, weiß ich bis heute nicht. Ich weiß nur noch, als wir mit der Bahn vom Tegernsee nach München zurückfuhren, dass in diesem Moment die Sonne blutrot aufging. Wir schafften es dann noch, das Gnadengesuch vor neun einzureichen – bis dahin musste es nämlich eingegangen sein. Werner sagte noch, als er den blutroten Sonnenaufgang sah: «Nun ist vielleicht alles schon zu spät.» Und das war es auch. Sie hatten alle drei schon längst hingerichtet.

Wie haben Sie erfahren, dass man Hans, Sophie und Christoph am Tag ihres Prozesses getötet hatte?

Werner erzählte es mir. Die Eltern Scholl, Inge und Elisabeth waren nach zwei Tagen wieder in München, da war dann die Beerdigung.

Sie waren dabei?

Ja, ja.

Das war doch sehr mutig, zumal die Gestapo den Friedhof überwachte?

Man denkt nicht darüber nach, was mutig ist oder nicht, wenn man in so einer gedrückten Stimmung ist. Im Anschluss an die Beisetzung haben Werner und ich noch die Wohnung von Hans und Sophie ausgeräumt. Einige Adressen und noch anderes Zeugs haben wir vernichtet, die persönlichen Sachen schickten wir nach Ulm.

Waren Werner und Sie sich sehr nahe?

Ich würde sagen, es hätte etwas zwischen uns entstehen können. Aber das schreckliche Geschehen beherrschte alles und jeden, sodass man an solche Sachen gar nicht denken konnte. Manchmal denke ich, vielleicht hätte ich ihm irgendwie mehr Mut zusprechen sollen. Ich erinnere mich noch, wie ich diese elendige grüne Uniform gebügelt habe und wie wir anschließend zur Bahn gegangen sind, weil er wieder an die Front musste. Er war bestimmt von diesem Gefühl, dass alles furchtbar sei. Hätte ich mit ihm in dieser Situation mehr über die Zukunft reden sollen? Ich weiß es nicht.

Später wurde gesagt, dass es sehr leichtsinnig von Hans Scholl gewesen sei, den Flugblattentwurf von Christoph Probst bei sich in der Tasche zu haben, als sie die Flugblätter in der Uni verteilten. Geschah das unüberlegt?

Das war furchtbar ungeschickt gewesen, nicht sehr überlegt. Ich gehe doch nicht auf eine solche Mission mit so einem Flugblattentwurf in der Tasche. Man muss dazu sagen: Wir waren ja auch nicht besonders politisch geschult gewesen.

Hans hatte bestimmt auch eine etwas waghalsige Seite an sich. Wenn man waghalsig ist, kann man nicht planen. Dass er diesen Entwurf bei sich trug, das war nicht richtig durchdacht. Er wollte es nicht so. Die Sachen passierten einfach. In diesem Kreis ging es nicht wie in einer kommunistischen Zelle zu, wo alles exakt organisiert wurde. Einmal erklärte mir Hans seine Strategie: «Der Plan ist, dass nur einer alles weiß und wissen muss. Die anderen wissen nicht, was die Einzelnen machen. Deshalb nicht, weil, wenn man verhört wird, es viel einfacher ist, zu sagen, dass man nichts weiß, wenn man wirklich nichts weiß.» Das war sein Plan, aber ob er den auch wirklich befolgt hat?

Ist das vielleicht auch der Grund, warum so viele, die heute noch leben, so
wenig über die anderen wissen?

Sicherlich. Hinzu kommt, dass dieser Kreis ja nur für eine ganz
kurze Zeit existierte. Es befand sich ja keine bewusste Zielsetzung
dahinter. Erst gab es diese Mischung von literarischen, schöngeis-
tigen und religiösen Themen, und dann kamen plötzlich die Flugblätter raus. Das war ja nicht eine politisch geplante Sache. Mir
persönlich wäre eine richtige Organisation näher gewesen.
Als ich viel später noch einmal die Flugblätter las, da habe ich
mich gefragt: An wen haben wir uns damals eigentlich gewandt?
Ich meine, als ob die Leute alle so waren wie wir. Wir lebten in
unserer Gedankenwelt und glaubten, die Dinge müssten derart
sein, wie wir sie sahen – aber so war es nicht. Wir waren jung und
so von uns überzeugt, dass wir dachten, so müsste es richtig sein,
so müsste die Welt denken. Aber im Grunde genommen steckte
wenig Realität in den Flugblättern.

Sie sind selber festgenommen worden. Wissen Sie noch, wann das war?

Wenige Tage nachdem wir die Wohnung von Hans und Sophie ausgeräumt hatten, sind wir nach Ulm gefahren. In dieser Zeit waren
alle Mitglieder der Familie Scholl – außer Werner – in Haft. Als
Werners Heimaturlaub zu Ende war, bin ich wieder nach München
zurückgekehrt und wurde das erste Mal verhört – später wurde ich
dann auch festgenommen. Ich war zu Hause bei meinen Vermie-
tern, als das passierte. Die Gestapo brachte mich ins Wittelsbacher
Palais. Meine Zelle teile ich mit einer phantastischen Frau, sie war
Kostümdesignerin beim Ballett. Wenn abends keine SS-Wache
mehr da war und man das Licht ausgeschaltet hatte, dann zündete
sie eine Kerze an und stellte sie unters Bett. Auf dem Fußboden
liegend hat sie dann Ringelnatz vorgelesen. Das war eine tolle
Person! Ich habe nie herausgefunden, was mit ihr passiert ist.

Wie waren die Verhöre?

Der Kerl, der mich vernahm, der war so dumm. Man konnte ihn an der Nase herumführen, schon deshalb, weil er alles wissen wollte, was er kriegen konnte. In Hamburg war es dann später anders.

War Ihnen während der Haft klar, was Ihnen geschehen konnte?

Nein! Zunächst einmal war ich noch völlig davon erschlagen, dass Hans mir nichts von den Aktionen erzählt, dass er mich nicht einbezogen hatte. Ich kam mir vor wie ein Opfer, das man nicht hatte annehmen wollen. Wenn du in diesem Gefühl lebst, dann ist alles andere völlig egal. Später hatte ich große Furcht, dass sie mich ins KZ bringen würden, davor graute mir.

Haben Sie etwas über die anderen erfahren, als Sie in Untersuchungshaft saßen?

Ich sah nur Anneliese Graf, die Schwester von Willi, und Angelika Probst, die Schwester von Christoph. Aber wir haben nicht miteinander gesprochen. Beide Frauen kannte ich nur wenig, ich hatte sie einige Male bei Willi getroffen. Sie waren privilegiert, denn die durften immer spazieren gehen. Warum die das waren, das weiß ich nicht.

Welche Erinnerung haben Sie an Ihren Prozess, der am 19. April 1943 stattfand?

Kein Mensch hat sich um uns gekümmert. Die Schertling und die Hirzel sahen wie BDM-Mädchen aus. Freisler hat uns Frauen alle zusammengesteckt. Er war der Auffassung: «Wir wüssten nicht so recht, was los ist.» Es ging hauptsächlich um Graf und Schmorell. Und um Huber! Gleich zu Beginn des Prozesses schmiss Freisler das Gesetzbuch mit den Worten «Wir brauchen das nicht, wir brauchen keine Gesetze, wir richten danach, was das Volk will» auf den Tisch. Aber in dem Gerichtssaal saß kein Volk, nur SS. Es war unglaublich!

Kurt Huber hatte anfangs noch versucht, für uns Studenten zu werben, das lag ihm am Herzen. Aber Freisler hat ihn immer nur heruntergeputzt. Als er ihn schließlich anbrüllte, sagte Huber, dass das sechste Flugblatt, das ja er verfasst hatte, nichts anderes als die Gedanken von dem Philosophen Johann Gottlieb Fichte beinhalten würde. Daraufhin schrie Freisler: «Sie sind kein Fichte!»

Und wie erging es den anderen?

Alexander Schmorell war ziemlich fertig. Und Willi Graf auch. Es war furchtbar. Und Kurt Huber, oh mein Gott.

Und Sie selber?

Ich hatte das Gefühl, dass ich da gar nicht involviert war. Was mich betraf, das war im Vergleich zu dem, was um mich herum passierte, unwichtig. Ich weiß nur noch, als wir dann alle mit der Minna wieder zurück ins Gefängnis gebracht wurden, da wurde es sehr emotional. Kurt Huber zeigte Bilder von seiner Familie. Er hatte die ganze Zeit gehofft, dass man ihn nicht zum Tode verurteilen würde.

Empfanden Sie auch Stolz, als Sie auf der Anklagebank saßen, dass Sie zu diesen Leuten gehörten?

Stolz ist vielleicht zu viel gesagt, aber das Gefühl, dass ich Gott sei Dank zu denen gehöre, das war schon da. Es war das Gefühl, dass wir im Recht waren. Wir hatten immerhin etwas getan.

Wie lange waren Sie inhaftiert?

Ein Jahr. Nach meiner Entlassung erfuhr ich, dass die Gruppe um Heinz Kucharski inhaftiert worden war. Dadurch bin ich ein zweites Mal in München festgenommen worden und wurde nach Hamburg gebracht. Hier wurde ich von einem Mann namens Reinhard verhört, der gehörte zu einer ganz anderen Sorte von Gestapo-Vernehmern. Um etwas aus mir herauszukriegen, sagte er mir, meine Mutter dürfe mich im Gefängnis besuchen. Weil sie mich aber für verstockt erklärten, haben sie mich wieder abgeführt und mich gewaltsam in die Minna geschmissen. Meine Mutter stand daneben, aber ich durfte sie nicht sprechen. Als ich drinnen im Wagen war, habe ich geheult. Hinten saßen zwei ältere Gefangene, die ganz gelb im Gesicht waren. Der eine von ihnen sagte noch zu mir: «Mensch, Deern, weinen, das kannst du nachher, wenn du allein in deiner Zelle bist. Da hast du viel Zeit! Lass uns das nicht mit anhören.» Es war schlimm. Aber es war auch furchtbar für meine Eltern gewesen, besonders für meinen Vater, seine akademisch gebildete Tochter war im Gefängnis …

Erinnern Sie sich noch an Ihre endgültige Freilassung?

Das passierte im April 1945 durch Divisionen der Third Army. Das war in Bayreuth. Gleichsam meine *Götterdämmerung*. Da ich genug Englisch konnte, habe ich für die Amerikaner übersetzt. Zum ersten Mal wurde ich mit dem ganzen Elend des Dritten Reichs konfrontiert. Es ergab sich eine Gelegenheit, mit dem Bus nach Bergen-Belsen zu fahren. Ich hatte keine Ahnung und nie zuvor etwas über dieses KZ gehört. Wie wir da ankamen, wie diese Leute, die noch laufen konnten, aus dem Lager kamen, es war entsetzlich.

Wenn Sie heute zurückschauen, wie wichtig war Ihnen der Kontakt mit den Menschen um die Weiße Rose?

Für mich war es bereichernd. Ich konnte dadurch etwas in mir ausleben, was unter den damaligen Bedingungen sonst nicht möglich gewesen wäre.

Waren es für Sie Helden?

Nee!

Wenn Sie die Möglichkeit hätten, Hans und Sophie und den anderen nochmal zu begegnen und ihnen eine zu Frage stellen, welche würde es sein?

Ich könnte ihnen gar keine Frage stellen. Ich würde nur sagen, es war gut, was ihr getan habt. Das musste man tun.

Und Sie würden sie ermutigen, das jederzeit zu wiederholen?

Nein. Ich würde sagen, ihr müsst ein bisschen mehr nachdenken, wenn ihr wieder in solche Situationen geraten solltet. Im Grunde waren sie eine Stimme für viele Deutsche, die ähnlich wie wir dachten, aber sich nicht trauten, etwas zu machen. Wenn man dies als politischen Auftrag begriffen hätte, dann hätte man sagen müssen: «Kinder, das geht so nicht.» Wenn man aber nicht politisch, sondern weltgeschichtlich denkt, dann muss man zugestehen, dass dadurch ein anderes Deutschland zur Sprache gekommen ist.

Welche Erinnerung haben Sie an die Eltern von Sophie und Hans, mit denen Sie auch nach dem Tod ihrer Kinder noch Kontakt hielten?

Besonders zu der Mutter fühlte ich mich sehr hingezogen. Inge hatte mir später einmal erzählt, dass es ihrer Mutter sehr zugesetzt hätte, dass Hans den Christoph in die ganze Sache hineingezogen hätte, zumal er nicht mehr in München lebte und gar nicht mehr so sehr in ihre Aktionen involviert war.

Ich erinnere mich auch an einen Spaziergang mit dem Vater, Robert Scholl, an der Donau entlang, wo er Goethe zitierte: «Vom Eise befreit sind Strom und Bäche …»

An der Familie Scholl mochte ich auch, dass alle so häuslich begabt waren – im Gegensatz zu mir. Sophie sagte einmal bei einem Spaziergang den legendären Satz zu mir: «Du kannst noch nicht mal Blumen pflücken! Fegen schon gar nicht!»

War Ihr weiteres Leben durch die Weiße Rose bestimmt?

Ich habe nach dem Krieg ein heilpädagogisches Zentrum für Kinder aufgebaut. Das war eine sehr schöne Arbeit, aber ich glaube, dass sie nicht auf meine Erlebnisse mit Hans oder den anderen zurückzuführen ist. Ich bin überzeugte Anthroposophin und denke, dass man nach bestem Wissen und Gewissen so leben muss, wie es der eigenen inneren Überzeugung entspricht – natürlich im Rahmen der gegebenen Grenzen und Möglichkeiten.

Wäre nicht Inge gewesen, die immer alles über ihre Geschwister gesammelt hat, vielleicht wären Hans und Sophie auch vergessen worden. Es wäre ihnen nicht anders ergangen wie all den Menschen, die auch versucht haben umzudenken, an die sich aber kaum noch jemand erinnert.

Einige litten darunter, dass jahrzehntelang nur Hans und Sophie Scholl im Fokus standen.

Das verstehe ich, aber in vielen Familien gab es keine Inge. Alexander Schmorell hatte keine Schwester, die an diese Zeit erinnern konnte. So ist Geschichte – und die ist leider nicht sehr gerecht.

Wann war für Sie eigentlich klar, dass Sie Deutschland verlassen wollten?

Ich hatte eine jüdische Freundin, die während des Krieges nach Amerika fliehen konnte. Mit ihren «Care»-Paketen finanzierte sie im Prinzip mein Studium, denn ich konnte die Sachen, die sie mir schickte, gut auf dem Schwarzmarkt verkaufen. Nach dem Krieg schrieb sie mir immer wieder, dass ich sie doch mal besuchen und mir alles mal angucken solle. Da Werner auch nicht mehr lebte, hatte ich eigentlich gar nichts mehr, was mich in Deutschland hielt.

Haben Sie dann später mit Ihrem amerikanischen Mann über die Zeit mit Hans gesprochen?

Gar nicht, überhaupt nicht.

Warum nicht?

Wie hätte ich von dieser schrecklichen Zeit erzählen können, in der so viele Leute unschuldig umgekommen sind? Es ist eine Zeit, die keiner ganz begreift – hier in Amerika schon gar nicht.

Und wie verfuhren Sie bei Ihren Kindern?

Ich denke, man sollte seine Kinder nicht belasten mit seiner eigenen Persönlichkeit. Du sollst nicht jemand Besonderes sein! Kinder müssen selber eine Person werden. Jedenfalls denke ich so …

Aber Ihre Kinder wissen Bescheid?

Jetzt kann man es ja nicht mehr verheimlichen, besonders die Enkelkinder hören im Schulunterricht davon.

Anneliese Knoop-Graf

«Du sollst bestimmt sein, mein Andenken und mein Wollen aufrechtzuerhalten.»

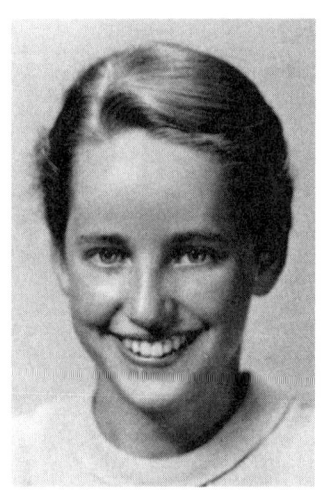

Das ist der Wunsch ihres Bruders Willi Graf, den er in seinem Abschiedsbrief an sie geäußert hatte. Es ist dieses Weitertragen seines Wollens, dem sich Anneliese Knoop-Graf verpflichtet fühlt. Heute wie damals. Anneliese Knoop-Graf ist die jüngere Schwester von Willi Graf, der am 12. Oktober 1943 in München-Stadelheim hingerichtet wurde. Die heute Fünfundachtzigjährige wirkt auf den ersten Blick sehr resolut, man glaubt ihr sofort, dass sie in der Vergangenheit ein Internat geleitet hat. Und doch ist sie auch ein Mensch, der viel Sympathie, Wärme und vor allem Humor verströmt. «Wir haben auch viel gelacht, es war nicht alles voller Bedeutungsschwere, müssen Sie wissen», sagt sie gleich zu Beginn des Gesprächs und gibt dadurch unmissverständlich zu verstehen, wogegen sie sich verwahrt: den Bruder als Märtyrer darzustellen. Viel wichtiger ist es für sie, ihn so zu zeigen, wie er ihrer Meinung nach war. «Er konnte kühl und reserviert sein, und er gab sich nur ganz, wenn es sich lohnte. Dann aber strahlte er eine Wärme und Herzlichkeit aus, die man so gar nicht bei ihm vermutete.»

Anneliese Knoop-Graf sieht es als ihre Aufgabe an, die Erinnerung an ihren Bruder zu bewahren, der aufrecht durch sein Leben ging. Und wie wichtig ihr diese ist, wird dem Besucher schnell klar: Während des Interviews klingelt immer wieder das Telefon oder geht das Faxgerät an. Ob sie nicht berichten könne, so lauten die Anfragen, über das Vermächtnis der Weißen Rose, über das Leben ihres Bruders, der Familie, über ihr eigenes Leben.

Dieses beginnt am 30. Januar 1921 in Kuchenheim bei Euskirchen im Rheinland. Ihr Bruder war am 2. Januar 1918 in demselben Ort zur Welt gekommen. 1922 zieht die Familie Graf nach Saarbrücken. Der Vater, der eine Weingroßhandlung mit einem Restaurant führt, ist deutschnational eingestellt und wird 1935 Mitglied der NSDAP. Die Mutter ist unpolitisch, streng religiös und legt bei ihren drei Kindern – Mathilde, Willi und Anneliese – großen Wert auf eine katholische Erziehung.

Anneliese studiert nach ihrem Abitur Deutsch, Französisch und Englisch in Heidelberg. Im Dezember 1942 folgt die Einundzwanzigjährige ihrem Bruder nach München, um dort weiterzustudieren. Seit April 1942 setzt Willi in dieser Stadt sein Medizinstudium fort, das er 1937 in Bonn begonnen hatte. Bevor sie ihr Zimmer bewohnen kann, bei Wirtsleuten, die auch ihrem Bruder eine Unterkunft vermietet haben, bringt Willi sie für ein paar Tage in der Wohnung von Hans und Sophie Scholl unter. Es sind insgesamt eher flüchtige Begegnungen mit dem Freundeskreis ihres Bruders, den Mitgliedern der Weißen Rose, die Anneliese Graf hat. Von deren Widerstand, von ihren Aktionen gegen den Nationalsozialismus ahnt sie nur etwas. Sie weiß jedoch nicht, dass ihr Bruder einer der führenden Köpfe ist.

Gemeinsam wird sie mit ihrem fünfundzwanzigjährigen Bruder am 18. Februar 1943 spätabends in ihrer Unterkunft von der Gestapo festgenommen. Anneliese Graf bleibt vier Monate in Untersuchungshaft. Die Zelle teilt sie mit Angelika Probst, der Schwester von Christoph Probst und der großen Liebe von Alexander Schmorell.

Beide Frauen suchen und finden gegenseitig Trost, Zuflucht und seelischen Beistand. Anneliese Graf, die noch für ihren Bruder hofft, und Angelika Probst, die um Christoph trauert. Christoph Probst ist zusammen mit den Geschwistern Scholl im ersten Prozess gegen die Weiße Rose am 22. Februar vom Volksgerichtshof unter Vorsitz von Roland Freisler zum Tode verurteilt worden. Noch am gleichen Tag wurde das Urteil vollstreckt. Es ist eine ganz besondere Beziehung zwischen diesen beiden Frauen, die bis zum Tod von Angelika Probst dauert.

Am 19. April 1943 findet der zweite Weiße-Rose-Prozess vor dem Volksgerichtshof statt. Angeklagt sind insgesamt vierzehn Personen. Willi Graf, Alexander Schmorell und Professor Kurt Huber wird vorgeworfen, «im Kriege in Flugblättern zur Sabotage der Rüstung und zum Sturz der nationalsozialistischen Lebensform unseres Volkes aufgerufen, defätistische Gedanken propagiert und den Führer aufs gemeinste beschimpft und dadurch den Feind begünstigt und unsere Wehrkraft zersetzt» zu haben. Die Richter verurteilen die drei, die von einem Münchner Pflichtanwalt verteidigt werden, zum Tode. Die weiteren Angeklagten erhalten Gefängnis- und Zuchthausstrafen, nur einer, Falk Harnack, wird freigesprochen. Da die Eltern Graf seit dem 28. Februar 1943 ebenfalls in Haft sind, können sie erst nach dem Prozess und ihrer eigenen Entlassung einen Anwalt beauftragen. Die Gnadengesuche für ihren Sohn werden von Hitler in einem Schreiben vom 25. Juni 1943 abgelehnt.

Im Juni 1943 wird Anneliese Graf aus der Haft entlassen. Die Familie reicht weitere Gnadengesuche ein, sie haben eine Hoffnung. Denn Monat für Monat ist vergangen, ohne dass die Reichsstaatsanwaltschaft einen Termin für die Vollstreckung seines Todesurteils angewiesen hat. Doch sie hoffen vergebens. Am 12. Oktober 1943 wird Willi Graf hingerichtet.

Anneliese Graf setzt ihr Studium der Germanistik, Anglistik und Romanistik in Freiburg fort. Als die Stadt ihren schwersten Bombenangriff am 27. November 1944 erlebt, verlässt sie fluchtartig Freiburg und sucht Angelika Probst auf, die mittlerweile in der Nähe von Lüneburg wohnt. Dort trifft sie auf Bernhard Knoop, dem Mann ihrer Freundin, der zwei Jahre lang Christoph Probst als Lehrer unterrichtet hatte.

Die Ehe zwischen Angelika und Bernhard kriselt schon seit einiger Zeit. 1946 heiraten Anneliese Graf und Bernhard Knoop und bekommen drei Töchter. Bis 1969 hat das Ehepaar Knoop-Graf die Internatsschule Marienau bei Lüneburg geführt, später gründeten sie eine Internatsberatung. Seit 1987 ist Anneliese Knoop-Graf zweite Vorsitzende der Weiße Rose Stiftung e. V. in München. Seit dem Tod ihres Mannes lebt sie im badischen Bühl, hoch über der Rheinebene, mit Blick auf die Weinberge.

«Alles war miteinander verwoben», sagt Anneliese Knoop-Graf zum Abschied. «Ich brauche nicht getröstet zu werden, denn die Existenz meines Bruders ist mir Trost und Bestätigung genug.»

Frau Knoop-Graf, welche Erinnerungen haben Sie an Ihren Bruder?

Es dauerte viele Monate, bis Willi nach dem zweiten Weiße-Rose-Prozess hingerichtet wurde, nach vielen ergebnislosen Verhören. Der Prozess war ja im April 1943, die Tötung durch das Fallbeil erst im Oktober 1943, genauer gesagt am 12. Oktober im Münchner Gefängnis Stadelheim. Alexander Schmorell und Kurt Huber, die mit meinem Bruder zum Tode verurteilt wurden, waren schon am 13. Juli 1943 ermordet worden. Es muss furchtbar gewesen sein, in der Todeszelle zu sitzen, Tag für Tag, immer wartend, nie wissend, wann diese Stunde kommen wird.

Meine Eltern hatten, begreiflicherweise, wie auch die Eltern von Alexander Schmorell, mehrere Gnadengesuche eingereicht. Dadurch hoffte man, dass die Todesstrafe möglicherweise in eine Haftstrafe umgewandelt würde. Mein Vater hatte dafür – welche Demütigung für diesen Mann – Nazi-Größen in Saarbrücken aufgetan, die bezeugen sollten, dass er doch immer versucht hätte, seinen Sohn entsprechend der nationalsozialistischen Gesinnung zu erziehen. Hitler hat das Gnadengesuch mit seiner persönlichen Unterschrift abgelehnt. Das alles spielte sich ab zwischen dem Tag des zweiten Weiße-Rose-Prozesses am 19. April 1944 bis zu Willis Todestag am 12. Oktober 1944. In diesen langen Monaten haben meine Schwester Mathilde, mein Schwager Oskar, meine Eltern und ich Willi im Gefängnis sprechen dürfen. Ich erst ab Juni, denn bis dahin saß ich selber noch im Wittelsbacher Palais in München in Haft. Zusammen war ich ja mit meinem Bruder am 18. Februar 43 von der Gestapo verhaftet worden. Unsere Eltern wiederum saßen vier Wochen lang in verschiedenen Gefängnissen im Saargebiet.

Als ich Willi besuchen durfte, war unser Gespräch nur kurz. Wir redeten ganz leise, damit wir von dem wachhabenden Gestapo-Beamten nicht gehört wurden. Ich flüsterte ihm zu: «Vater hat ein Gnadengesuch eingereicht.» Ich bekam von ihm keine Antwort, er schüttelte nur leicht, aber bestimmt den Kopf. Dieses Kopfschütteln ist mir ewig in Erinnerung geblieben. Das bedeutete: «Ich glaube nicht daran.» Aus heutiger Sicht bin ich versucht zu sagen, er hat nicht daran geglaubt, weil er sich schon zu sehr auf seinen Tod eingestimmt hatte – in jeder Beziehung, auch in einer metaphysischen. Vielleicht dachte er auch, dass es diesem Hitler bestimmt nicht zuzutrauen ist, dass einer, der im Widerstand war, von ihm begnadigt wird. Ich weiß es nicht, wir haben nicht darüber gesprochen. Geblieben sind mir nur sein Blick und das Kopfschütteln.

Im Oktober, ich war gerade zusammen mit meiner Mutter bei Verwandten in Bonn, erhielten wir die Nachricht, dass Willi hingerichtet worden sei. Ein Vollzugsbeamter hatte meine Cousine, die in München wohnte, informiert. Er ist extra mit dem Fahrrad nach Pasing geradelt, wo sie wohnte, um ihr das zu sagen – der Beamte wusste die Stunde der Hinrichtung, bevor es Willi erfahren hat. Meine Cousine traute sich nicht, meine Eltern in Saarbrücken anzurufen, sondern kontaktierte unseren Pfarrer. Dieser machte sich sofort auf den Weg zu der Wohnung meiner Eltern. Mein Vater packte seine Sachen zusammen und fuhr in derselben Nacht noch nach München, in der Hoffnung, seinen Sohn ein letztes Mal lebend zu sehen. Als er in Stadelheim ankam, war Willi aber schon tot.

Wir hatten versucht, uns mit dem Gedanken einer Hinrichtung vertraut zu machen. Wir wussten ja, dass die Geschwister Scholl und Christoph Probst vor Monaten ermordet worden waren, und wir wussten, dass man Alex Schmorell und Kurt Huber auch schon getötet hatte. Aber Willi wurde immer wieder vernommen, weil die Gestapo Namen von Mitwissern aus ihm herauspressen wollte. So hatte sich in uns die Hoffnung verstärkt, dass er vielleicht doch noch begnadigt werden könnte. Übrigens hatten meine Eltern nie Kontakt mit den Eltern oder Verwandten der anderen Hingerichteten aufgenommen.

Sie sind also nicht nach München gefahren?

Als meine Mutter und ich wieder in Saarbrücken waren, befand sich mein Vater schon wieder zu Hause. Er sagte uns, dass Willi tot sei. Meine Schwester Mathilde und ich versuchten dann, unsere Eltern zu trösten. Ich weiß nicht, ob uns dies gelang. Wir waren ja genauso betroffen, und ich in einem ganz besonderen Maße, weil ich eine sehr enge Beziehung zu meinem Bruder hatte und ihn als Letzte aus der Familie im Gefängnis besucht hatte. Das waren Emotionen, die ich gar nicht mehr beschreiben kann. Was empfindet man, wenn man seinen Bruder auf diese Weise verliert? Es war ja kein Verkehrsunfall – eine Hinrichtung hat etwas sehr Gewaltsames und Verbrecherisches an sich. Das war eine ganz andere Dimension.

Haben Sie Abschied von Ihrem Bruder nehmen können?

Wir haben damals nicht in Erfahrung bringen können, wo und wann Willi beerdigt wurde. Als meine Eltern dies 1947 herausgefunden hatten, veranlassten sie, dass seine Leiche nach Saarbrücken überführt wurde. Er bekam ein sehr schönes Grab. Aber ich konnte meinen Bruder nie als Leichnam sehen. In meiner Erinnerung stand er immer vor mir, so wie er war, eben lebendig.

Wie waren Sie als junges Mädchen, und was für ein Junge war Ihr Bruder Willi?

Wir waren drei Geschwister. Mathilde war die Älteste, danach kamen Willi und ich. Zwischen meinem Bruder und mir lagen drei Jahre Altersunterschied. Wir wuchsen in einem streng katholischen, übrigens total unpolitischen Elternhaus auf – wenigstens im Vergleich zum Hause Scholl. Dort war der Vater, Robert Scholl, politisch sehr engagiert. Nie wurde bei uns beispielsweise über die Judenverfolgung gesprochen. Für meine Mutter war nichts wichtiger, als dass wir ständig in die Kirche gingen. Willi besuchte in Saarbrücken ein humanistisches Gymnasium, das Ludwigsgymnasium, ich ging auf eine Schule, die von katholischen Nonnen geführt wurde. Als Kinder haben wir sehr intensiv zusammen gespielt, sicher bis ich zehn war. Willi war ein sehr liebevoller Bruder, er zimmerte mir Puppenschränke und ähnliches Spielzeug, aber diese nahe Verbindung hörte auf, weil wir, je älter wir wurden, uns sehr auseinander entwickelten. Willi war in meinen Augen ein gedanklich abgehobener Junge, der hauptsächlich mit seinen Freunden gelesen hat, auf Fahrten gegangen ist und nur da, in seinem Freundeskreis, Erfüllung fand. Seine kleine Schwester und alles, was es zu Hause noch gab, waren für ihn ab einem bestimmten Zeitpunkt nicht mehr so wichtig.

Im Vergleich zu mir – ich war ein ungewöhnlich fröhliches Kind – war mein großer Bruder sehr ernsthaft. Er war auch sehr darauf aus, dass ich seinen Freunden möglichst fernblieb. Diese Freunde fand ich alle toll, und die fanden mich auch ganz toll – nur Willi wollte davon nichts wissen, um es mal auf diesen Nenner zu bringen. Wenn es bei uns an der Haustür klingelte, raste ich immer hin, aus dem einfachen Grund, dass ich diese herrlichen Exemplare von «männlichen Jugendlichen» sehen wollte. Aber mit einem starken Griff – mein Bruder war sehr kräftig – schob Willi mich beiseite und führte die Besucher sofort in sein Zimmer. Das waren seine Leute. Er wachte genau darüber, dass sich seine Freunde nicht an mich ranmachten oder umgekehrt. Vielleicht übertreibe ich bei dieser Schilderung, aber ich will damit den Unterschied unserer Charaktere und Lebensvorstellungen deutlich machen: Ich hatte dauernd Liebesgeschichten und Willi überhaupt nicht. Er las nur gute Literatur, interessierte sich zunehmend für Geschichte und Religion. Mein Bruder war herb, ich war dagegen die fröhliche Tochter, das so genannte Lieblingskind in der Familie. Er führte ein Eigenleben, ich wollte an allem teilnehmen.

War Ihr Bruder streng?

Er war streng in seiner Haltung. Aber dieser Wesenszug war mit Sicherheit wichtig für das, was später folgte. Es gibt so viele Äußerungen von ihm, die ich nicht so schnell vergessen werde. Er sagte beispielsweise: «Ich bin der und der Meinung, aber du hast deinen freien Willen, das musst du selber entscheiden.» Mir wäre es ja lieber gewesen, mein von mir sehr verehrter Bruder hätte mir gesagt, wo's langgeht. Aber nein, ich sollte das selber entscheiden.

Wie kam Ihr Bruder nach München?

Willi hat erst in Bonn Medizin studiert, nachdem er 1937 sein Abitur gemacht und den Reichsarbeitsdienst absolviert hatte. Im Krieg wurde die Universität Bonn dann aber geschlossen, und er musste sich eine suchen, die noch offen war, und das war die Ludwig-Maximilians-Universität in München. Im Januar, Februar 1940 wurde er eingezogen und als Sanitäter an verschiedenen Fronten, in Frankreich und Belgien, später auch in Polen und Russland, eingesetzt. Von allen, die aus dem Kreis der Weißen Rose im Krieg waren, dauerten seine Einsätze am längsten. Im Sommer 1942 wurde er einer Studentenkompanie zugewiesen, wobei alle Medizinstudenten, die es wollten, eine Zeit lang wieder studieren durften, nicht um ihnen ein schönes Studium zu bescheren, sondern um sie für den Einsatz an der Front als Kriegsärzte fit zu machen.

Wie haben sich Ihr Bruder und Hans Scholl getroffen?

Es gibt eine Tagebucheintragung, die aus dem Juli 42 stammt: «Hans Scholl kennen gelernt. Hoffentlich komme ich noch oft mit ihm zusammen.» Das sind nur zwei Sätze, aber die waren für sein weiteres Leben entscheidend. Willi fasste sich immer kurz, und es war auch nur ein kleines Tagebuch, in dem er jedoch sämtliche Begegnungen aufschrieb. Aber dieser Zusatz: «Hoffentlich komme ich noch oft mit ihm zusammen» – der ist schon ungewöhnlich. Er beinhaltet mehr als die üblichen Formulierungen, die mein Bruder bei seinen knappen Aufzeichnungen verwendete, wie beispielsweise «Abends bei Scholls» oder «Wir redeten lange». Das sind verschlüsselte Sätze, und nur wenn man weiß, um was es sich handelt, kann man sie auch entziffern. Wenn im Tagebuch «Arbeit» stand, dann waren damit die Flugblätter gemeint.

Dieses kleine Tagebuch, das man zwischen anderen Büchern verstecken konnte, habe ich erst nach dem Krieg entdeckt. Ich habe es lange Zeit nicht gelesen, nicht weil ich es nicht wollte, aber ich dachte, dass er das Tagebuch ja nicht für uns, sondern für sich geschrieben hatte. Vielleicht wäre es ihm nicht recht gewesen, wenn es in die Hände von Angehörigen gelangte. Ich hatte da ein sehr schlechtes Gewissen. Das Problem war, dass ich nicht wusste, was ich erfahren würde, da mein Bruder ja ein verschlossener Mensch gewesen war. Als ich das Tagebuch dann schließlich doch las – Willi hatte eine gut lesbare Schrift, sodass ich alles ohne Mühen entziffern konnte –, wurde mir zum ersten Mal klar, dass er, der starke Bruder, unter Einsamkeit gelitten hatte. Das hatte er sich zu Lebzeiten nie anmerken lassen. Er war für mich immer der starke Bruder gewesen, der alles schaffte, alles hinkriegte. Und wenn er auch nie über sein Innenleben oder über Beziehungen zu Mädchen erzählte, so dachte ich stets, dass es einzig daran lag, dass er von seinem Wesen her ein schweigsamer Mensch war. Nun aber begriff ich, dass mein Bruder überhaupt keine engen und nachhaltigen Beziehungen hatte.

Können Sie mir vorlesen, womit das Tagebuch endet? Und mit welchem Datum?

Die letzte Eintragung machte Willi am 15. Februar 1943, da heißt es: «Herrlicher Sonnenschein in der Stadt. Aber so musste es ja kommen, ich bin im Ärger, nun wieder in der Stadt zu sein. War vorher in den Bergen zum Fechten. Appell. Anneliese ist nicht zurück. Ich vermisse ihre Anwesenheit. Mit Rias Besuch» das war die Frau eines Freundes – «wurde es nichts.» Nach diesem 15. Februar folgt dann keine Entragung mehr.

In dem Tagebuch war noch ein Zettel drin, ein Bon von einem Abendessen in der Kaserne – und zwar vom selben Tag. Gott sei Dank hat die Gestapo dieses Buch nicht gefunden, denn es stehen dort Namen von Personen, die dadurch in diese Geschichte reingerissen worden wären.

Wie kamen Sie nach München?

Willi hatte mich gebeten, zu ihm nach München zu ziehen. Ich
war sehr stolz, dass mein großer Bruder mich dies fragte, insgesamt dreimal sogar. Ich hatte zu dieser Zeit ein Stipendium in
Genf erhalten, das ich mir schwer erkämpft hatte – ich studierte
ja Deutsch, Französisch und Englisch. Das schrieb ich meinem
Bruder auch, doch er antwortete nur: «Lass das doch sausen, das
kannst du doch noch später machen.» In gewisser Weise wunderte ich mich über meinen Bruder und sein seltsam gegensätzliches Verhalten, einerseits war da der Willi, der mich von seinen
Freunden fern gehalten hatte, und andererseits gab es denjenigen,
der mich nun beschwor, zu ihm nach München zu kommen. Aber
man muss wissen, dass wir uns in der Zwischenzeit wieder angenähert hatten. Während er an der Front war, führten wir einen intensiven Briefwechsel. Diese Briefe sind 1988 veröffentlicht worden,
und sie sagen mehr über mich als über meinen Bruder aus. Willi
hatte in der Wohnung seiner Wirtin auch ein Zimmer für mich
besorgt. Als ich dann nach München kam, war es aber noch nicht
frei. Aus diesem Grund wohnte ich dann mehrere Tage bei Hans
und Sophie Scholl.

Wie wurden Ihnen die Geschwister vorgestellt?

Mein Bruder sagte nur, es seien Freunde von ihm, sie würden
mich für ein paar Tage aufnehmen. Viel hatte ich nicht mit ihnen
zu tun. In deren kleiner Wohnung schlief ich nachts auf dem Sofa,
die Abende verbrachte ich bei Willi, und tagsüber studierten wir,
Willi und Hans Medizin, Sophie Biologie und Philosophie und ich
meine Sprachen. Wir alle waren sehr eifrige Studenten.

Gab es nach dem Tod Ihres Bruders noch Erlebnisse, die Ihr Bild von Willi nachhaltig prägten?

Es existiert ein Brief, den mein Vater mir schrieb, der mich aber nie erreichte. Als er ihn verfasste, saß er in Saarbrücken im Gefängnis und ich in München. Diesen Brief habe ich erst vor einigen Monaten erhalten, ein Student entdeckte ihn im Saarland-Archiv. Er umfasst mehrere Seiten – derart viel hatte mir mein Vater zuvor noch nie geschrieben. Man muss dabei berücksichtigen, dass er beim Formulieren an Zensur dachte, immerhin waren Absender und Adressat Insassen eines Gefängnisses. In diesem Brief steht ein Satz, der mich ein Leben lang beschäftigte, er befindet sich ganz am Ende seiner Gedanken: «Mutter und ich», heißt es da, «mussten sechzig Jahre alt werden, um mit so etwas wie einem Gefängnis in Berührung zu kommen. Ich weiß nicht, wie ich in der Öffentlichkeit damit umgehen soll.» Dieser Satz bedrückt mich immer noch. Da hat dieser Mann, der so viel Leid um seinen Sohn durchzustehen hatte, sich auch noch mit dem Gedanken gequält, was die Leute dazu sagen könnten. Das hat ihn so bewegt, dass er es sogar mir mitteilen musste. Als er wieder draußen war, haben Menschen in unserer näheren Nachbarschaft zwar nicht gesagt: «Das war ja toll, was Ihr Sohn gemacht hat», aber sie haben ihm die Hand gedrückt und ihn freundlich angeschaut. Mein Vater und meine Mutter wurden in der Öffentlichkeit ausgesprochen ehrfurchtsvoll behandelt. Im Gegensatz zu den Eltern von Sophie und Hans Scholl.

Denken Sie, dass Ihr Vater später Verständnis für Ihren Bruder hatte?

Dieser Brief von meinem Vater zeigte mir, dass er das, was Willis Anliegen war, nicht begriffen hatte. Im Stillen wird er sich wohl gedacht haben, dass man so etwas nicht hätte tun dürfen. Mein Vater war kein Nazi gewesen, überhaupt nicht, dafür haben die viel zu sehr gegen die Kirche gearbeitet. Das war schon Grund genug, dagegen zu sein. Aber dass man meinen Bruder wegen Hoch- und Landesverrats, Wehrkraftzersetzung und Feindbegünstigung verurteilte, das verstörte ihn als rechtschaffenen Deutschen. Er wurde plötzlich mit Vokabeln konfrontiert – jetzt meine ich das etwas ironisch –, die in seiner Welt keinen Platz hatten. Und unsere katholische Verwandtschaft hatte auch nur eine Äußerung parat, und zwar bis zum Tod meiner Eltern: «Wie konnte der Junge das seinen Eltern nur antun?» Das war nicht besonders hilfreich. Ich selber hatte aber auch nicht genügend Schneid, alles mit meinem Vater konsequent durchzusprechen. Ich hab's nicht fertig gebracht, ihm zu sagen: «Versuch uns doch mal zu verstehen.» Hinzu kam, dass ich mit meiner eigenen Familie weit entfernt, in Norddeutschland, lebte.

Wahrscheinlich tat es meinem Vater sehr weh, dass er das Verhalten des eigenen Sohns nicht nachvollziehen konnte. Meine Mutter hatte es mit ihrer tiefen Frömmigkeit leichter gehabt, eine Antwort zu finden. Sie sagte immer in ihrem rheinischen Dialekt: «Der liebe Jott hat dat so jewollt.»

Denken Sie, dass Ihre Eltern daran zerbrochen sind?

Meine Schwester war davon überzeugt gewesen, ich bin da anderer Meinung. Auch wenn in den fünfziger Jahren Widerstand in der Bundesrepublik nicht gerade gefragt war, meine Eltern wurden auf jeden Fall nicht geächtet. Vielleicht ist es richtiger, wenn man davon ausgeht, dass sie nicht mit sich im Reinen gewesen waren. Sie werden sich gefragt haben: Wieso musste Willi so handeln, dass ihn das das Leben kostete und sie Kummer und einen Aufenthalt im Strafgefängnis?

Sie hatten keine Probleme mit dem, was Ihr Bruder getan hat? Oder gab es Momente des Zweifelns?

Nicht einen einzigen. Ich war ja die ganze Zeit mit ihm zusammen gewesen. Ich habe seine Freunde kennen gelernt und wusste auch, dass sie irgendetwas vorhatten, wenn ich auch nicht genau sagen konnte, was es war. Ich war ganz auf seiner Seite – und bin es heute noch. Und ich glaube, das wusste mein Bruder auch. In seinem letzten Brief an mich, den er dem Gefängnisgeistlichen mitgab, schrieb er: «Du weißt, dass ich nicht leichtsinnig gehandelt habe, sondern dass ich aus tiefster Sorge und dem Bewusstsein der ernsten Lage gehandelt habe, und du sollst bestimmt sein, mein Andenken und mein Wollen aufrechtzuerhalten.» Diesen Worten habe ich entnommen, dass er der festen Meinung war, dass ich stets zu ihm halten werde. Diesen Brief schmuggelte der Gefängnisgeistliche aus Stadelheim heraus. Es war kein offizieller. Er wäre mein Untergang gewesen. Ich habe ihn auch erst nach dem Krieg zu lesen bekommen. In ihm stand weiterhin: «Alle meine Bücher und Schriften hinterlasse ich dir, du magst nach deinem Gutdünken damit umgehen.»

Wie kommt man als junges Mädchen mit dem Schmerz über den Tod des Bruders überhaupt zurecht?

Gar nicht. Viele haben mich gefragt, ob ich das aufgearbeitet hätte, und jedes Mal antwortete ich darauf: «Ich will das gar nicht aufarbeiten, dann wäre es ja weg. Ich will diesen Schmerz für mein Leben und für meine Erinnerungen behalten. Manchmal habe ich jedoch das Gefühl, dass diese Erinnerungen sich auch verändern, weil ich nicht mehr genau weiß, ob ich das selber erlebt oder nur gehört habe. Ich bin ja sehr selbstkritisch und versuche auch Spekulationen, die gerade bei Menschen aus dem näheren und entfernteren Kreis der Weißen Rose im Umlauf sind, entgegenzuwirken.»

75

Machen wir einen Sprung zurück. Erzählen Sie mir von Ihren Begegnungen mit der Weißen Rose. Was wissen Sie davon noch?

Ganz wichtig ist, dass ich nicht die geringste Ahnung davon hatte, dass mein Bruder, die Geschwister Scholl und die anderen aktiv im Widerstand tätig waren. Der Willi hat mich in seiner bekannt einsilbigen und wenig mitteilsamen Art nicht einbezogen. Ich wusste zwar, dass sie über alles redeten, ich war manchmal dabei, wenn sie sagten, es müsse doch endlich was geschehen, aber mir war nicht klar, dass sie auch etwas unternahmen. Willi hatte mich wohl sehr bewusst aus dem aktiven Part herausgehalten, sodass ich diese Menschen einfach als Freunde von meinem Bruder betrachtete, die sehr interessant waren und immer äußerst intensive Gespräche führten. Wir sind sehr oft zusammen in Konzerte gegangen, aber in dieser kurzen Zeit, in der ich ihnen begegnete, habe ich sie nie als «Widerständler» empfunden. Sie waren für mich ganz eindeutig Oppositionelle, das war mir aber schon bewusst, bevor ich nach München kam.

Mein Bruder hatte sich stets mit Menschen umgeben, die wie er dachten. Zuerst war er in dem katholischen Schülerbund «Neudeutschland». Nach der Machtergreifung der Nationalsozialisten wurde dieser Bund verboten. 1934 hatte Willi sich dem «Grauen Orden» angeschlossen, ein weiterer verbotener Jugendbund, und 1938 wurde er mit anderen Mitgliedern des Grauen Ordens verhaftet und wegen «bündischer Umtriebe» angeklagt.

Mir war also schon klar, dass Willi mit Menschen zusammen war, die gegen das Hitler-Regime waren. Sehr beeindruckt war ich von Hans Scholl, der auch ungewöhnlich attraktiv war. Sophie fand ich dagegen nicht weiter aufregend. Es ist mir nicht aufgefallen, oder ich habe es nicht gemerkt, dass sie etwas Besonderes ist. Ich habe nur geschaut, wie sie aussah und gekleidet ist, ob sie badisch oder schwäbisch spricht. Und ich habe gedacht, was für 'nen tollen Bruder sie hat. Das ist zwar sehr simpel, aber ein Jugendleben besteht auch aus solchen Dingen.

Und wie haben Sie Alexander Schmorell wahrgenommen?

Den habe ich gelegentlich gesehen, der war in meinen Augen eine ungeheuer imponierende Gestalt. Ein besseres Wort als «Gestalt» fällt mir in seinem Zusammenhang nicht ein. Er war ja so groß und so schön, und dann dieser russische Akzent und sein ungeheuer kraftvolles Lachen. Ansonsten habe ich eher sehr vage Erinnerungen an ihn und weiß auch in diesem Fall nicht recht, ob es meine eigenen sind oder die der anderen. Da ich einige Monate im Münchner Wittelsbacher Palais zusammen mit der Schwester von Christoph Probst, Angelika Probst, eine Zelle geteilt habe, weiß ich im Grunde mehr über Christoph als über Alex Schmorell, obwohl ich ihn öfter gesehen hatte.

Die wertvollsten Erinnerungen sind mir aber die, die meinen Bruder betreffen. Geblieben sind mir seine Briefe, sein Auftrag, «Du sollst bestimmt sein ...», seine Augen, ihr Ausdruck, als ich ihn das letzte Mal in der Gefängniszelle sah. Geblieben ist mir auch der Mensch, mit dem ich groß wurde, den ich berühren und in die Arme nehmen konnte. Das war mit den anderen aus dem Kreis der Weißen Rose nicht möglich. Diese Erlebnisse kann mir niemand nehmen. Kein Buch, kein Bericht, keine Freunde, die sagen, der war so und so.

Erzählen Sie mir von seinen Augen.

Sie waren sehr blau, so richtig schön blau. Und es waren keine traurigen Augen gewesen, sondern strahlende Augen, was man auch auf einigen Fotos sehen kann. Und Willi konnte ungeheuer gut schwindeln, wenn er nicht mit der Wahrheit herausrücken wollte. Das konnte man daran erkennen, dass die Pupillen riesig und schwarz wurden und sich das Blau weitgehend zurückzog. Blaue Augen, die schwarz werden konnten, das war für mich etwas ganz Besonderes.

Wie erfuhren Sie davon, dass Ihr Bruder und seine Freunde nicht nur diskutiert, sondern auch aktiv gegen das Hitler-Regime gekämpft hatten?

Im Gefängnis. Ich wurde am 18. Februar 1943 spätabends zusammen mit Willi in der Wohnung unserer Wirtsleute verhaftet. Das lief nicht undramatisch ab. Hans und Sophie waren am selben Tag um elf vormittags in der Universität festgenommen worden. Ich war gerade aus einer Vorlesung gekommen und hörte im Flüsterton, dass alles abgesperrt sei, dass da ein Student und eine Studentin inhaftiert worden seien. In diesem Moment wusste ich, das konnten nur Hans und Sophie Scholl sein, obwohl ich keinerlei konkrete Hinweise hatte. Es war eine Ahnung, ein Gespür. Ich spitzte meine Ohren, um ja alles aufzuschnappen, was um mich herum geredet wurde. Immer klarer wurde mir, das können nur die beiden sein. Und ich dachte, jetzt wird's ganz schrecklich.

Ich traute mich nicht nach Hause, obwohl ich ja nur die Information hatte, es seien zwei Studenten verhaftet worden. Nicht mehr. Ich verbrachte den ganzen Nachmittag und fast den gesamten Abend bei einer Schulfreundin, die in München Kunst studierte und auch meinen Bruder kannte. Ich hatte sie in der Uni abgefangen und sagte ihr, ich müsse mit zu ihr nach Hause kommen, ich hätte ihr was zu erzählen. Als ich in ihrem Zimmer saß, berichtete ich ihr von meiner Annahme und sagte, dass ich eine wahnsinnige Angst hätte, Angst auch um meinen Bruder, er könnte ja ebenfalls gefasst worden sein. Meine Freundin meinte, sie hätten nur von zwei Studenten gesprochen, es sei gut möglich, dass man ihn nicht erwischt hätte. Ihre Worte haben mich dann ein bisschen aufgerichtet.

War es für Sie schwer gewesen, diesen unglaublichen Verdacht in Worte zu fassen?

Nein, wir beide hatten schon öfters über den Naziterror gesprochen. Irgendwann war aber klar, dass ich nicht länger mit meiner

Freundin in ihrem Zimmer herumsitzen konnte, ich musste zurück in unsere Wohnung. Inzwischen war es zehn Uhr abends, und wie ich es mir gedacht hatte, war die Gestapo schon da, zwei Mann hoch, und unterhielt sich mit unserer Wirtin, die eine ausgesprochene Antinazi-Frau war. Mit ihr konnte man offen über alles reden, und diese tolle Vermieterin musste sich nun mit diesen Kerlen unterhalten. Über was die gesprochen haben, habe ich nicht in Erfahrung bringen können, aber dem Gesichtsausdruck dieser Frau nach war es nicht gerade angenehm gewesen. Willi hatte am Morgen noch zu mir gesagt: «Du, ich gehe heute Abend zu unseren Verwandten.» Es war nicht so, dass wir uns ständig Rechenschaft gaben, wo jeder von uns hinging, und auch an diesem Morgen hatte er sein Vorhaben nur so beiläufig geäußert. Als ich die Wohnung betrat, fragten mich die Gestapo-Beamten sofort: «Wo ist denn Ihr Bruder?» Ich erwiderte: «Der ist bei meinen Verwandten.» – «Ha», meinte daraufhin der eine Typ – ich höre dieses fiese «Ha» noch heute –, «das glauben Sie doch wohl selber nicht.» Ich antwortete nur: «Rufen Sie doch da an.» Angesichts der damaligen Situation reagierte ich für meine Verhältnisse sogar etwas keck. Denn ich wiederholte: «Nun, so rufen Sie doch dort an.» Der Gestapo-Beamte machte dies dann auch tatsächlich, und meine Cousine am anderen Ende der Leitung sagte: «Ja, der Willi ist hier gewesen, aber gerade hat er sich auf den Heimweg gemacht.» Da meine Cousine in Pasing wohnte und wir in Schwabing, war das mit dem Fahrrad ein weiter Weg. Gemeinsam mit dem Gestapo-Beamten wartete ich nun im Wohnzimmer unserer Vermieterin.

Plötzlich hörte ich, wie ein Schlüssel in der Wohnungstür umgedreht wurde. In diesem Augenblick habe ich eine meiner wenigen kühnen Taten begangen und bin aus diesem erlesenen Kreis – den zwei Gestapo-Beamten und der Vermieterin – aufgestanden und an die Tür gerannt, um Willi wenigstens ein Zeichen zu geben, dass die Gestapo da sei. Lautes Sprechen war ja nicht möglich.

Natürlich wurde ich von den beiden Beamten im selben Moment zurückgepfiffen, das sei ja eine Unverschämtheit, einfach aufzustehen, aber ich war froh darüber, Willi wenigstens vorher gewarnt zu haben. Ich hatte nicht lange darüber nachgedacht, aber dass ich so reagieren musste, das war für mich selbstverständlich. Willi kam also in das Wohnzimmer der Wirtin, völlig ruhig. Ich hatte natürlich keine Ahnung, was er schon wusste, ob er darüber informiert war, dass Hans und Sophie verhaftet worden waren. Wir konnten von diesem Moment an kein Wort mehr miteinander alleine reden. Es war völlig ausgeschlossen, ihn etwas zu fragen. Die Gestapo-Beamten sagten nun, dass wir beide mitkommen müssten. Mein Bruder gab ihnen aber zu verstehen, dass er noch einen Moment bräuchte, weil er sich seine Uniform anziehen wolle. Er verschwand aus dem Wohnzimmer, ging in sein Zimmer und schaffte es gerade noch, sein kleines Tagebuch aus einer Tasche zu ziehen und hinter seinen Büchern zu verstecken, und zwar so gut, dass es die Gestapo nicht fand. Ich habe es dann erst viel später entdeckt.

Nachdem Ihr Bruder in seinem Zimmer verschwunden war, was geschah dann?

Die Gestapo-Leute wollten ihn natürlich davon abhalten und sagten: «Sie brauchen nicht Ihre Uniform anzuziehen. Wenn das stimmt, was Ihnen vorgeworfen wird, werden Sie sowieso nicht vor ein Kriegs-, sondern vor den Volksgerichtshof gestellt.» Dadurch wusste ich, mit was ich zu rechnen hatte.

Sie kannten den Unterschied?

Das Kriegsgericht urteilte milder – wie auch immer man das Wort «milder» damals auslegte – als der Volksgerichtshof. Willis Verhalten entnahm ich jedenfalls, dass mein Bruder mit den anderen darüber gesprochen haben musste, dass es, im Falle einer Verhaftung, besser sei, als Soldat und nicht als Zivilist abgeführt zu werden. Anschließend mussten wir beide in eine schwarze Limousine steigen. Die Gestapo-Beamten saßen in ihren langen Ledermänteln vorne im Auto, wir hinten. Willi nahm meine Hand, obwohl wir kein sehr zärtliches Geschwisterpaar waren. Ganz fest hielt er aber meine Hand, was mir eine ungeheure Kraft gab. Ich dachte in diesem Moment, dass er vielleicht doch nicht so ganz tief drinsteckte.

Und was fühlten Sie?

Ich hatte wahnsinnige Angst. Noch viele Jahre war diese Angst in mir. Selbst heute zucke ich noch zusammen, wenn ein Polizeiauto an mir vorbeifährt.

Sie wurden dann in eine Zelle gebracht?

Wir kamen in das Gefängnis in der Brienner Straße, das im Wittelsbacher Palais untergebracht war. Heute existiert das Gebäude nicht mehr. In diesem Gefängnis landeten auch SS-Leute, die beispielsweise schwarz geschlachtet hatten. Im Grunde genommen war das kein Untersuchungsgefängnis, sondern ein Gestapo-Gefängnis. Meine Haft deklarierte man auch nie als Untersuchungshaft, weshalb ich auch nie einen Prozess und eine Verurteilung erfuhr.

Willi und ich wurden dann getrennt. Man führte mich in eine Zelle, in der die Gestapo polnische Fremdarbeiterinnen gesteckt hatte. Sie waren verhaftet worden, weil sie was mit deutschen Soldaten hatten. Für mich war das eine etwas ungewohnte Umgebung. Die vier oder fünf Frauen weinten nur, und auch ich heulte unablässig. Es war furchtbar.

Kurz nach meiner Einweisung wurde ich verhört. Gleich zu

Anfang stellte man mir folgende Frage, weitere Fragen habe ich nicht mehr in Erinnerung: «Kennen Sie Gisela Schertling?» Gisela war die Freundin von Hans Scholl, und die muss, so wie es sich mir darstellte, unsere Namen erwähnt haben. Da ich daraufhin nichts erwiderte, fragten sie mich erneut: «Kennen Sie die?» Ich antwortete nun mit einem schlichten «Ja». Hatte Gisela uns etwa verpfiffen? Ich glaubte das nicht. Später erfuhr ich, dass sie in die Wohnung von Sophie und Hans gelaufen war, als sie mitbekommen hatte, dass ihr Freund festgenommen worden war. Als sie dort auftauchte, erwartete sie schon die Gestapo. Mit Sicherheit wurde sie gefragt: «Wer geht denn sonst noch hier aus und ein?», und weil sie nicht wusste, wer zu dem Kreis gehörte und wer nicht, wird sie möglicherweise gesagt haben, dass gelegentlich die Geschwister Graf vorbeischauen würden. Mehr nicht. Woher sonst sollte die Gestapo die Information erhalten haben?! Meinen Bruder habe ich dann nochmal kurz gesehen, als Ermittlungsfotos von uns gemacht und unsere Fingerabdrücke abgenommen wurden.

Wie lief diese Begegnung ab?

Willi hat mich nur angeguckt und den Kopf geschüttelt. Das gab mir die Hoffnung, zu denken, dass er nicht bei allen Aktivitäten der Weißen Rose mitgemacht habe. Und nur darum ging es, um bestimmte Aktivitäten.

Wann erfuhren Sie von der Ermordung der Geschwister Scholl?

Das weiß ich nicht mehr. Interessanterweise bekommt man im Gefängnis sehr viel mit, es gelangt mehr durch die Türritzen, als man annehmen möchte. Es gab eine Inhaftierte, Else Gebel, die alle Neuaufnahmen registrierte. Sie teilte mit Sophie eine Zelle und war auch in ihren letzten Stunden bei ihr. Diese Frau erzählte mir, wer noch aus dem Kreis der Weißen Rose verhaftet worden war. Zudem durften wir alle paar Tage im Gefängnishof herumgehen. Da sah ich dann auch die Eltern von Alexander Schmorell, Clara Huber, die Ehefrau von Kurt Huber, und seine Schwestern sowie die Schwester von Christoph Probst. Wir durften jedoch nicht miteinander sprechen. Eines Tages legte man mich mit Angelika Probst zusammen, vielleicht aus Platzgründen, andere Gründe fallen mir nicht ein. Für die Schwester von Christoph Probst und mich war das die Rettung, da wir uns gegenseitig unterstützten. Als wir eine Zelle teilten, war Christoph schon tot, denn Angelika wurde beim Begräbnis ihres Bruders festgenommen. Vom Grab weg verhaftet. So seltsam es auch war, aber wir beide haben später sehr viel gelacht, meist über merkwürdige Situationen, wie man sie nur in einem Gefängnis erleben kann. Es war ein verzweifeltes Lachen gewesen, aber es gab uns Kraft.

Überstanden haben wir die Monate, weil wir uns alle Bücher kommen ließen, die wir lesen wollten. Wir waren ja nicht verurteilt, aus diesem Grund war das möglich. Angelika und ich lernten zusammen Gedichte, die wir uns dann gegenseitig vortrugen. Ich kannte damals bestimmt über hundert Gedichte auswendig. Auch strickte ich pausenlos für die Frau des Gefängnisdirektors. Sie gab mir aufgeribbelte Wolle, und da ich gut im Stricken war, konnten wir auf diese Weise unsere Verpflegung etwas aufbessern.

Was wollten die Gestapo-Leute von Ihnen wissen?

Im Einzelnen weiß ich das nicht mehr so genau. Natürlich fragte man mich als Erstes, ob ich etwas wüsste. «Nein», sagte ich daraufhin, was ja auch stimmte. Diese Aussage vermochte ich auch tatsächlich durchzuhalten, weil ich ja wirklich nichts wusste. Hätte ich was gewusst, ich hätte das «Nein» nicht vier Monate lang derart vehement beibehalten können. Ich war nicht so mutig oder schlagfertig. Dann fragte man mich, wer denn die Freunde meines Bruders gewesen wären. Ich erwiderte, dass er mir diese immer vorenthalten hätte. Das, was mich damals in jungen Jahren sehr geärgert hatte, schlachtete ich jetzt aus, sagte, mein Bruder hätte mich nie mit seinen Freunden bekannt gemacht. Die Gestapo glaubte mir das sogar. Und die Sophie gab in ihren Verhören nie zu verstehen, dass ich bei meiner Ankunft in München einige Tage bei ihr und ihrem Bruder gewohnt hatte. Und ich habe davon auch nichts erzählt, ich wurde ja nicht danach gefragt. Immerhin wäre das ein Verdachtsmoment gewesen, fünf Tage zusammen in der gleichen Wohnung zu leben. Eine weitere Frage war, wer denn Willi in unserer Unterkunft besucht hätte? Kühn antwortete ich: «Es gab da welche, die meinen Bruder besucht haben, aber ich kenne diese Leute nicht.» Dabei hätte ich sie alle mit Namen nennen können. Ich war ja eine furchtbar neugierige Schwester, ich wusste genau, wer zu uns kam.

Kannten Sie die Inhalte der Flugblätter? Wussten Sie, worum es eigentlich ging?

Ich habe nie ein Flugblatt gesehen, geschweige denn eines zugeschickt bekommen. Erst viele Monate später konnte ich mir vieles zusammenreimen und Verbindungen herstellen.

Waren Sie nie wütend gewesen, weil Sie völlig unverschuldet im Gefängnis saßen?

Nie war ich böse auf Willi. Ich fragte mich auch nie, warum er «so was» gemacht hatte. Das beschäftigte, wie ich schon sagte, eher meine Eltern.

Wann konnten Sie zum ersten Mal Ihre Eltern sehen?

Das war im Gefängnis, zu einem Zeitpunkt, als Willi schon zum Tode verurteilt war. Sie waren gerade selber aus dem Gefängnis entlassen worden und kamen sofort nach München angereist. Man hatte uns erlaubt, drei Minuten mit Willi zu sprechen. Aber in diesen wenigen Minuten kam überhaupt kein Gespräch zustande. Vor lauter Tränen konnten wir alle nicht sprechen. Ich habe mühsam meinen Bruder unterstützt, der nun mit dieser weinenden Mutter, der weinenden Schwester Mathilde und dem weinenden Vater konfrontiert war. Für ihn war das auch eine furchtbare Situation. Zumal wir uns alle nicht berühren konnten. Es war eine Glaswand dazwischen. Willi war schlecht rasiert, und sein Gesicht war voller Pickel, aber seine Augen waren klar, und wie immer leuchteten sie.

Denken Sie heute, dass Ihre Eltern Willi den Abschied schwer gemacht haben?

Mein Bruder durfte alle vierzehn Tage einen Brief aus dem Gefängnis schreiben. Das ist ein trauriger Schatz, diese Briefe, da es von Sophie, Hans und Christoph keine Gefängnisbriefe gibt, sie wurden ja gleich hingerichtet. In einem dieser Briefe steht: «Wenn ihr nur aushaltet, ich schaffe es schon, denn ich weiß ja, wozu.» In dem besagten letzten Brief an mich schrieb er: «Ich hab dir nie gesagt, wie lieb ich dich gehabt habe.» Solche Worte von ihm waren ganz ungewohnt. In dieser Situation, den sicheren Tod vor Augen, doch nicht wissend, wann es sein wird, muss im Innern meines Bruders eine Menge geschehen sein.

Wenn ich es mir nur vorstelle: Jederzeit hätte es sein können, dass sich die Zellentür öffnet und einem der Tag und die Uhrzeit der Hinrichtung gesagt wird. Ich denke, dass diese Briefe, aber auch die Besuche, mehr ein Trost für uns waren als für ihn. Er war auch in diesem Moment der starke Bruder.

Glauben Sie, dass Ihr Bruder im Einklang mit sich war?

Ganz bestimmt. Ebenso fühlte er sich eins mit den im Tode vorausgegangenen Freunden, mit Hans und Alex. Willi sagte meiner Schwester bei einem Besuch: «Sage dem Vater, es war kein Dummer-Jungen-Streich, er wird einmal stolz auf mich sein.» Für mich war das ein Indiz, dass er hinter dem stand, was er getan hatte.

Wie sah Ihr Tagesablauf im Gefängnis aus?

Ganz früh aufstehen, was hieß, dass um sechs Uhr gegen die Zellentür gerüttelt wurde. Anschließend mussten wir aufstehen und unsere Pritschen machen. Es gab fließendes Wasser und ein Klo in der Zelle – Dinge, die für das eigene Leben in einer solchen Situation extrem wichtig sein können. Immer wenn ein Gestapo-Beamter die Zelle betrat, beispielsweise wenn uns ein Buch gebracht wurde, mussten wir uns von unseren Pritschen oder Stühlen erheben. Weil Angelika und ich das für unnötig befanden, haben wir das meist nicht gemacht. Glücklicherweise blieb das ohne Konsequenzen. Ein großes Glück war auch, dass mich meine Cousine aus Pasing jede Woche besuchte und mir jedes Mal ein Glas Kartoffelsalat mit vier hart gekochten Eiern überreichte. Das Essen spielte eine ganz große Rolle.

Wie oft wurden Sie vernommen?

Verhört wurde ich vier Mal, es können auch sechs Mal gewesen sein. Bei den ersten Vernehmungen holte man mich meist gegen vier Uhr nachts aus dem Bett. Das war eine sehr beliebte Zeit für Verhöre. Und immer war Scheinwerferlicht auf einen gerichtet.

Welche Erinnerungen haben Sie an Ihren Vernehmungsbeamten?

Das war dieselbe Person, die auch Sophie Scholl verhört hat, Robert Mohr. Der Mann war eigentlich ganz nett. Ich weiß noch, wie ich mit Angelika, die auch von ihm vernommen wurde, darüber sprach, ob wir einen solchen Menschen überhaupt nett finden können, er würde doch zu den Schergen gehören. Bei jedem Verhör bandelte er so ein bisschen mehr an. Immerhin waren wir zwei ansehnliche junge Frauen, denen er nichts nachweisen konnte, die also gewissermaßen unschuldig, aber dennoch durch die jeweiligen Brüder belastet waren. Er zeigte so etwas wie Mitleid, aber er war ja auch der Überlegenere. Er hatte uns in der Hand. Und das vergaß ich nie.

Eines Sonntags, es war im Juni 1943, tat sich die Gefängnistür für uns auf. Es war mittags und ein heißer Sommertag. Der Direktor des Gefängnisses sagte nur: «Hinaus mit euch.» Das war unsere Entlassung aus der Haft. Da standen wir plötzlich draußen in unseren Wintermänteln, wir waren ja im Februar festgenommen worden, im gleißenden Sonnenlicht. Angelika und ich waren überhaupt nicht glücklich. Zum einen gab es in unserer Zelle noch Else Gebel, die wir zurücklassen mussten, zum anderen hieß es nun, dass wir uns trennen mussten. Für uns war das ein sehr schmerzhafter Gedanke, denn durch diese Enge in der Zelle waren wir uns sehr nahe gekommen. Angelika fuhr dann zu ihrer Familie und ich zu meinen Verwandten nach Pasing, und von dort aus nach Saarbrücken. Meine Eltern waren erleichtert, als ich ankam.

Hatten sie Sorgen, dass auch ihre Tochter involviert war?

Ich hätte es ihnen gesagt, wäre dies der Fall gewesen. Sie vertrauten mir. Und sie bekamen ja auch mit, dass ich nie einen Prozess bekommen habe, es wurde nie eine Anklageschrift aufgesetzt. Angelika und ich waren verdächtig gewesen, Mitwisser zu sein.

Man brauchte nichts weiter getan zu haben, es reichte, Mitwisser zu sein, um unter Strafe gestellt zu werden. Doch nichts dergleichen geschah.

Sie haben anschließend Ihre Zelte in München abgebrochen?

Ich wollte nie wieder in diese Stadt zurückkehren. Unsere Zimmer bei der Vermieterin waren versiegelt, es war alles durchsucht worden. Ich weiß aber nicht mehr, wann ich noch einmal in die Wohnung zurückgegangen bin und meine Sachen geholt habe.

Was ist Ihnen über den Tod hinaus von Ihrem Bruder geblieben?

Es sollte nicht vergessen werden, dass es Menschen gibt, denen die Freiheit wichtiger ist als die eigene Existenz. Das ist natürlich ein großes Wort, und ich möchte keineswegs, dass deshalb jemand sterben muss. Willi ist heute der Star einiger Historiker, das ist immerhin eine gewisse Genugtuung für mich. Sie sagen, dass meinen Bruder eine gewisse Gradlinigkeit auszeichnete. Es stimmt. Willi war nie in der HJ gewesen. Er war von vornherein darauf aus, gemäß seinem Gewissen zu leben, wie es von Katholiken immer beansprucht wird.

Wie wichtig war für Ihren Bruder christliches Denken?

Ich denke, dass es bei Willi, im Vergleich zu all den anderen Mitgliedern der Weißen Rose, die größte Rolle spielte. Er hat sich mit theologischen und philosophischen Schriften zu diesem Thema beschäftigt, insbesondere mit den Werken von Augustinus. War er fromm? Ja, er war sicher auch fromm.

Hat er Sie nie gefragt, ob Sie mitmachen würden?

Bei einem Gefängnisbesuch habe ich ihn einmal gefragt: «Warum hast du mir denn nichts davon gesagt?» Natürlich achtete ich darauf, dass keiner uns zuhörte. Ich fragte das mit einem Unterton, der meinen Kummer diesbezüglich zum Ausdruck brachte. Mein Bruder sagte daraufhin: «Das war doch nichts für dich.» Wörtlich. Mehr nicht. Und damit muss ich leben. Das war also nichts für mich. Vielleicht hat er Recht gehabt. Trost gab mir nur jener für mich so wichtige Satz aus dem letzten Brief: «Du sollst bestimmt sein ...» Das war mein offizieller Auftrag. Dennoch würde ich ihn heute gern fragen, ob er je mit dem Gedanken gespielt hat, mich in diesen Kreis einzuweisen. Immerhin hatte er mich nach München gelockt, und ich lernte Hans Scholl und Alex Schmorell kennen. Mit Hubert Furtwängler waren wir auch häufig essen, er war einer von den Freunden Willis, die aus dem Umfeld der Weißen Rose kamen, mit dem ich am meisten zusammen war. Dennoch glaube ich nicht, dass mein Bruder die Absicht hatte, mich an ihren Aktivitäten teilnehmen zu lassen.

Wie lebten Sie weiter nach der Ermordung Ihres Bruders?

Erst dachte ich, dass man mir jetzt meine Zukunft verbauen würde. Doch ich erhielt die Möglichkeit, weiterzustudieren. Ich entschied mich für Freiburg. Die ganze Zeit über lebte ich in der Angst, es könnte der Gestapo noch etwas einfallen, um mich erneut zu verhaften. In einem Willkürregime war alles möglich. Am 27. November 1944 gab es den großen Luftangriff auf Freiburg. Als die Bomben fielen, begab ich mich nicht in den Luftschutzkeller, sondern rannte zu dem Haus in der Schusterstraße, in der Nähe vom Münster, in dem ich zur Untermiete wohnte. Das Haus brannte. Mein Fahrrad, das im Flur stand, war von der Hitze schon völlig verbogen. Doch nichts hielt mich davon ab, in das Gebäude hineinzugehen, um das Bündelchen Briefe von Willi zu retten. Nur dieses nahm ich mit, nichts anderes. Komisch, dass man das dann plötzlich fertig bringt. Ich bin kein kühner Mensch, dennoch lief ich das brennende Treppenhaus hinauf, insgesamt zwei Stockwerke.

Nach diesem Angriff zog ich von Freiburg fort, weil die Stadt völlig in Trümmern lag. Nach Saarbrücken konnte ich aber auch nicht gehen, meine Eltern hatten ihre Wohnung räumen müssen und waren woanders untergebracht worden. Ich bin dann zu Angelika Probst in die Nähe von Lüneburg gefahren. 1946, mit fünfundzwanzig, heiratete ich dann den früheren Mann von Angelika. Sie hatten sich schon vorher entschlossen, sich zu trennen. Wir leiteten zusammen bis 1969 das Landerziehungsheim Marienau, eine renommierte Internatsschule.

Bis zu ihrem Lebensende waren wir aufs engste mit Angelika befreundet. Mein Mann war übrigens eine Zeit lang der Lehrer von Christoph Probst gewesen. Alles war miteinander verwoben. Ich dachte damals, dass ich auch gar keinen anderen Menschen hätte heiraten können als jemanden, der mit der Weißen Rose verbunden ist.

Ist es Ihnen zu irgendeinem Zeitpunkt schwer gefallen, den Auftrag Ihres Bruders zu erfüllen?

Ich habe dies nie als Last empfunden. Eher war es für mich eine Gnade. Mein Bruder hatte mir durch seinen schrecklichen Tod, durch das, was er mir hinterließ, sein Tagebuch, seine Briefe, ein ungeheures Geschenk gemacht. Ich sah in dieser Gabe eine Verantwortung für die Gegenwart. Seine Hinrichtung hatte mich nicht nur in die Vergangenheit katapultiert, ich hatte auch das Gefühl, dass es vorwärts ging. Und ich hatte plötzlich das Bedürfnis, über alles intensiver nachzudenken, als ich es bislang getan hatte. Ich bin sehr offensiv mit der Hinterlassenschaft von Willi umgegangen, aber in den fünfziger Jahren dachte man mehr daran, die Wirtschaft wieder anzukurbeln und die neuen «Erzfeinde», die Kommunisten und die Russen, anzugreifen.

Was ist Ihre Erklärung dafür, dass es kaum einen Zusammenhalt oder einen Austausch zwischen den Angehörigen der Weißen Rose gibt?

Ich weiß es nicht. Immerhin versuche ich wieder und wieder, Verbindungen herzustellen.

Wenn Ihr Bruder Sie heute sehen würde, wäre er stolz auf seine Schwester?

Ja, aber nicht in allem. Ich lebe sehr freizügig, vielleicht auch ein bisschen aufwändig, ich weiß nicht, ob er das so gut gefunden hätte.

Haben Sie in all den Jahren Trost gebraucht?

Ich brauche nicht getröstet zu werden, denn die Existenz meines Bruders ist mir Trost und Bestätigung genug. Er ist nicht mehr da – die Nazis haben ihn auf dem Gewissen. Aber er ist doch da!

Haben Sie, als Sie später dann die Flugblätter lasen, Ihren Bruder darin wiedergefunden?

Willi hat bei der Formulierung der Flugblätter nicht mitgewirkt. Wenn ich seine Briefe oder das Tagebuch lese, dann denke ich manchmal, dass Gedanken, die diesen Kreis bewegt haben, bei ihm in diese Briefe eingegangen sind. Sie sind in den Flugblättern zu finden, ja, aber dieses Deutsch, in dem sie geschrieben sind, das war nicht seine Sprache, es war nicht seine Diktion.

Welche Rolle hat er denn dann gespielt? Und wie würden Sie die der anderen sehen?

Willi war ein guter Mitmacher. Er half dabei, die Flugblätter zu vervielfältigen und in München zu verteilen. Er hat auch Parolen an Hauswände gemalt, wie «Freiheit!» oder «Nieder mit Hitler», und er ist nach Bonn, Saarbrücken und Freiburg gefahren, um ähnlich Denkende davon zu überzeugen, bei der Sache mitzumachen. Deswegen ist er ja verurteilt worden.

Noch heute bin ich der Meinung, dass die Flugblätter in sich sehr stimmig sind. Doch eigentlich waren sie für die Menschen auf der Straße nicht zumutbar. Wer sollte denn diese klugen Passagen lesen? Die ersten vier Flugblätter sind so abgehoben und mit literarischem Wissen angefüllt, dass sie eigentlich schon keine Flugblätter mehr sind. Ich kann es mir regelrecht vorstellen: Da saßen die drei abends zusammen – der Alex, der Hans und der Willi – und empfanden eine gewisse Freude, wenn sie beim Formulieren aus dem Schatz ihrer umfassenden literarischen Kenntnisse schöpften. Der Hans entwickelte sich durch das Schreiben, er konnte mit der Zeit alles immer besser darstellen. Er war auch derjenige, der stets sehr viel geredet hat, im Gegensatz zu seiner Schwester, und er war derjenige, der stets das passende Wort parat hatte. Er war ironisch, und zugleich durfte man ihm nicht zu nahe kommen – das war eine Mischung, die ihn ungeheuer anziehend machte.

Sympathien hatte ich jedoch mehr für Alex. Seine Aktivitäten waren immer größer gewesen, als man ihm zubilligte. Er war in jeder Beziehung der Attraktivste aus diesem Kreis. Hans hatte sicherlich die Fähigkeit, andere zu begeistern, aber immer gab es diese Distanz, weil er sich für etwas Besseres hielt. Trotzdem hatte er gerade dadurch etwas sehr Erotisches an sich. Und aus meiner heutigen Sicht besaß er etwas Untergründiges, was bestätigt wird, wenn ich manche seiner Fotos anschaue. Davon hatte Alex wiederum nichts. Der war einfach nur unglaublich toll. Da kam man gar nicht auf die Idee, dass ihn Mädchen überhaupt interessieren könnten. Aber er hatte lange Zeit eine enge Beziehung zu Angelika Probst.

Also waren es eigentlich auch sehr lebenslustige Menschen?

Voll und ganz, mein Bruder vielleicht noch am wenigsten. Aber Alex und Hans waren es mit Sicherheit – und offenbar auch Sophie, jedenfalls haben ihre beiden Schwestern dies gesagt. Ich habe das nicht so gemerkt, ich fand sie sehr liebenswürdig und ernst. Aber das war in der allerletzten Phase gewesen, von November 1942 bis Februar 1943. Nur aus dieser Zeit kannte ich sie ja auch.

Wie war es für Sie, als alle aus diesem Kreis später als Märtyrer hingestellt wurden?

Ich mag das Märtyrerbild nicht, ich versuche dagegen anzukämpfen. Was bringt eine solche Bezeichnung für die heutige Jugend? Mein Anliegen ist es, meinen Bruder und seine Freunde von der menschlichen Seite her zu sehen, mit ihren Fehlern und Zweifeln. Das ist mir wichtiger. Meine Schwester und ich wollten ihn nie als Helden darstellen.

Jürgen Wittenstein

«Ich lernte schon früh, dass es wichtig ist, alle Regeln und Gesetze nach Möglichkeit zu kennen.»

«‹Es ist höchste Zeit, der Volksgerichtshof tagt und die Verhandlung ist bereits in vollem Gang. Wir müssen uns auf das Schlimmste gefasst machen.› Meine Mutter fragte den Studenten tapfer: ‹Werden sie sterben müssen?› Der nickte verzweifelt und konnte seine Erregung kaum mehr beherrschen. ‹Hätte ich einen einzigen Panzer›, rief er in ohnmächtigem Schmerz, ‹und eine Hand voll Leute – ich könnte sie noch befreien, ich würde die Verhandlung sprengen und sie an die Grenze bringen.›» Mit diesen Worten schildert Inge Aicher-Scholl in ihrem Buch *Die Weiße Rose* die Begegnung ihrer Eltern mit einem jungen Studenten. Er heißt Jürgen Wittenstein. Am Morgen des 22. Februar 1943 hatte er Magdalene und Robert Scholl und ihren Sohn Werner am Münchner Bahnhof erwartet, um sie zum Gerichtsgebäude zu führen, in dem der Prozess gegen Hans und Sophie Scholl stattfinden sollte. Jürgen Wittenstein war es auch, der die Eltern am Abend zuvor über die Verhandlung am nächsten Tag informiert hatte, durch einen anonymen Anruf in ihrer Wohnung in Ulm.

In den Abhandlungen über die Weiße Rose wird Jürgen Wittenstein selten erwähnt. Als sein Name immer wieder von meinen anderen Gesprächspartnern erwähnt wurde, wollte ich herausfinden,

94

welche Rolle er damals in diesem Freundeskreis hatte. Was konnte er über die Menschen
des Widerstands erzählen? Um dies in Erfahrung zu bringen, reiste ich im April 2006
nach Kalifornien. George J. Wittenstein, wie
er heute heißt, lebt in Santa Barbara.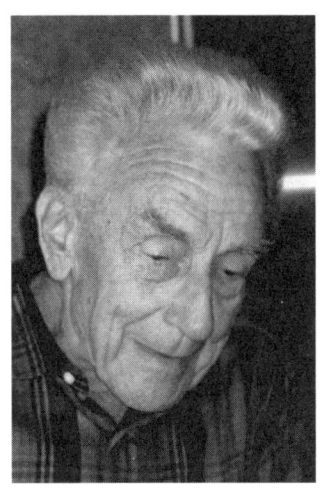
Der Siebenundachtzigjährige lässt es sich
nicht nehmen, mich persönlich von meinem
Hotel abzuholen. Nach einer halbstündigen
Fahrt in seinem Wagen gelangen wir zu einer
parkähnlichen Anlage, über deren Torein-
fahrt der Name «RANCH OF HOPE» in
großen Buchstaben geschrieben steht. Diese
ehemalige Ranch eines Großgrundbesitzers
ist heute ein nobles Wohngebiet mit stattlichen Villen und Herren-
häusern, rund um die Uhr durch einen eigenen Sicherheitsdienst
bewacht.

Die Villa von George J. Wittenstein liegt ganz oben auf einem
der grünen Hügel. Von hier aus hat man einen atemberaubenden
Blick auf den Pazifik und die davor gelagerten kleinen Inseln. Das
Haus ist umgeben von einem riesigen Garten mit zahlreichen
Orangen-, Zitronen- und anderen exotischen Obstbäumen. Seine
Frau Christel Bejenke erwartet uns und bittet ins Wohnzimmer,
das mit mexikanischer Kunst und sakralen Gegenständen aus aller
Welt eingerichtet ist. Hier, so scheint es, leben Menschen, für die
der amerikanische Traum Realität geworden ist.

In einem Nebenraum stapeln sich Kartons und Kisten. «Alles
ist im Umbruch», sagt Christel Bejenke mit Blick auf die Stapel.
«Mein Mann ist dabei, die zahlreichen Fotos und Dokumente, die
sich im Laufe der Zeit ansammelten, zu sichten, aufzuräumen und
somit quasi sein Leben zu ordnen.»

Dieses Leben, das am 26. April 1919 in Tübingen begann,
schien zunächst unter keinem guten Stern zu stehen. Vier Wochen

vor Ende des Ersten Weltkriegs, noch vor seiner Geburt, stirbt sein Vater. Die Mutter, die nur vier Monate nach ihrer Hochzeit bereits Witwe wird, muss den Sohn alleine großziehen. Finanziell fehlt es ihnen an nichts, denn die Eltern stammten beide aus alteingesessenen, großbürgerlichen Familien, die durch die Fabrikation und Färberei von Stoffen zu Wohlstand gekommen waren. «Meine Mutter hat den Tod ihres Mannes eigentlich nie verwunden», sagt George J. Wittenstein, «aber sie tat alles, um mich das nicht spüren zu lassen.»

Die Witwe zieht mit ihrem Sohn in das württembergische Städtchen Beilstein, in der Nähe von Heilbronn. Sie leben hier zusammen auf einem Gut, bis er als Elfjähriger 1930 ins Internat Schloss Salem kommt. Nach dem Abitur im Jahr 1937 absolviert er seinen Arbeitsdienst auf der Schwäbischen Alb und leistet danach seinen Militärdienst bei der Panzerabwehr, zunächst in Grafenwöhr in der Oberpfalz und ab 1938 in München. In der Münchner Kaserne teilt er die Stube unter anderem mit Alexander Schmorell.

Die beiden freunden sich an, durch Schmorell wird Wittenstein später die Bekanntschaft von Christoph Probst machen. Wittenstein fühlt sich Probst besonders verbunden.

Neben der Literatur, der Kunst und dem Theater interessieren sich beide für das Fechten, lernen gemeinsam bei einem Fechtmeister den Umgang mit Florett, Degen und Säbel. «Das Fechten war eine wunderbare, sehr elegante körperliche Betätigung, die uns junge Männer faszinierte», erinnert sich George J. Wittenstein.

Als Zwanzigjähriger beginnt er im Sommersemester 1939 neben Medizin auch Psychologie und Psychotherapie an der Münchner Universität zu studieren. An der medizinischen Fakultät lernt er den Studenten Hellmut Hartert kennen, der aus einer wohlhabenden Familie kommt und ein Freund von Hans Scholl ist.

Durch Hellmut trifft er Hans Scholl. Über sechzig Jahre nach seiner Begegnung mit dem jungen Mann aus Ulm kann sich George J. Wittenstein auch heute noch sehr gut an ihn erinnern, als ob es gestern gewesen wäre: «Hans war außerordentlich überzeugend, er konnte begeistern – aber auch impulsiv und unüberlegt handeln», sagte er, und der leise Vorwurf, der in seinen Äußerungen mitschwingt, ist unüberhörbar. Nach einer längeren Pause fügt er hinzu, dass es eben diese Unüberlegtheit von Hans Scholl gewesen sei, die Christoph Probst das Leben gekostet habe – und das könne er ihm nie verzeihen.

1940 werden die Freunde zu unterschiedlichen militärischen Einsatzorten abkommandiert: Schmorell und Scholl zieht man als Truppensanitäter im so genannten Frankreichfeldzug ein, Hartert wird zur Luftwaffe versetzt, Wittenstein leistet in Prag Sanitätsdienst. Nach ihrer Rückkehr nehmen die jungen Männer im Oktober 1940 ihr Studium wieder auf, ab April 1941 werden sie Mitglieder der 2. Studentenkompanie. Das heißt, sie können normal weiterstudieren, müssen aber der Wehrmacht angehören und in den Semesterferien Wehrdienst leisten. Neben Schmorell, Scholl und Wittenstein gehörten später auch Hubert Furtwängler und Willi Graf der 2. Studentenkompanie an. Schon früh ist Jürgen Wittenstein über die Flugblätter und ihre Verfasser informiert.

Mit großer Leidenschaft widmet er sich der Fotografie. Dieser ist es zu verdanken, dass so viele Bilder aus dieser Zeit existieren, wie etwa die berühmten Abschiedsaufnahmen von den Freunden am Münchner Ostbahnhof vom 23. Juli 1942. Es ist der Tag, an dem Schmorell, Scholl, Furtwängler, Graf und Wittenstein zur russischen Front aufbrechen. Sophie Scholl verabschiedet die jungen Männer. Weiterhin gibt es Momentaufnahmen von der Bahnfahrt, die sie zu ihrer ersten militärischen Station bringt, in der Nähe von Ghatsk.

Nach ihrer Rückkehr aus Russland im November 1942 ist Wittenstein nur noch selten bei den Treffen der Gruppe um Hans Scholl und Alexander Schmorell dabei. «Ich habe mich in den Besprechungen zurückgehalten und meine Meinung nur dann geäußert, wenn ich fand, dass es richtig sei. Die Beschlüsse habe ich meistens den anderen überlassen.» Denn immer größer sei seine Angst geworden, dass die Gestapo, die ihn schon im Jahre 1939 wegen seines Kontaktes zu einem jüdischen Kunsthistoriker im Visier hatte, ihm folgen könnte und die Sache so gefährdet würde, sagt Wittenstein heute.

Im Dezember 1942 und Januar 1943 sucht Jürgen Wittenstein den mittlerweile in Berlin lebenden Hellmut Hartert auf, um ihn für eine Mitarbeit bei der Weißen Rose zu gewinnen. Doch Hartert zögert, eine Zusammenarbeit kommt nicht zustande.

Der Verhaftungswelle, die nach der Festnahme und Ermordung von Sophie und Hans Scholl und Christoph Probst erfolgt, entgeht Wittenstein. Im Oktober 1944 muss er an die italienische Front, hier bleibt er bis Juni 1945. Ein Jahr später heiratet er Elisabeth Hartert, die jüngere Schwester von Hellmut Hartert. Im selben Jahr emigriert er nach England, zwei Jahre später, im Juni 1948, nach Amerika. Dort macht er sich einen Namen als Herzchirurg. Vier Kinder werden geboren, drei Mädchen und ein Junge. Nach dem Tod seiner Frau Elisabeth im Januar 1966 ehelicht er Christel Bejenke, eine Fachärztin für Anästhesie. Seit vierzig Jahren leben sie nun in Santa Barbara.

Während unseres Gesprächs greift Christel Bejenke immer wieder bestimmend ein, wenn es darum geht, die «besonderen Seiten» ihres Mannes herauszustellen: seine soziale Kompetenz, seine Verantwortung, seinen Mut und nicht zuletzt seine Bescheidenheit, die ihn in den vergangenen Jahrzehnten über sein Engagement bei der Weißen Rose hat schweigen lassen. Über die Rolle, die Jürgen Wittenstein innerhalb dieser Gruppe spielte, gehen die Meinungen der «Fachleute» jedoch auseinander. George J.

Wittenstein bezeichnet sich selber als einen Menschen, der dem engeren Kreis angehörte. Einige Historiker sind da anderer Meinung. Sie verweisen auf das Fehlen seines Namens in den Briefen oder den Tagebüchern der Freunde. Die Tatsache, dass er von 1940 bis 1945 Anwärter der NSDAP war, wird ebenfalls kritisch kommentiert, auch wenn ihm nach dem Krieg im Rahmen seiner Entnazifizierung attestiert wurde, dass er nur Parteianwärter war, «um ungestört gegen die Partei (NSDAP) arbeiten zu können».

Unbestritten ist in jedem Fall Wittensteins großer persönlicher Einsatz für die Hinterbliebenen der Geschwister Scholl und für die Witwe von Professor Kurt Huber, die er finanziell unterstützte. Auf die Frage, warum er sich trotz aller Angst letztlich doch in Gefahr begeben hat, indem er den Angehörigen half, antwortet Wittenstein: «Einer musste es doch machen.»

Herr Wittenstein, wie würden Sie Ihre Rolle, die Sie bei der Weißen Rose gespielt haben, beschreiben?

Schwierige Frage. Ich würde sagen, eine helfende, unterstützende Rolle, nicht eine führende. Jemand, der innerhalb dieser Gruppe aus Gründen der Freundschaft das getan hat, was er für richtig hielt. Ich habe Kritik geübt, wo ich sie für angebracht hielt, wenn ich gewisse Pläne beispielsweise für zu leichtsinnig hielt. Zudem versuchte ich, meinen Beitrag auf rein literarischem Gebiet zu leisten, soweit es nötig war; und ich half mit, die Verbindungen nach Berlin herzustellen. Das ist eigentlich alles.

Bevor wir uns über Ihre Münchner Zeit, über die Begegnungen mit Ihren Freunden, den späteren Mitgliedern der Weißen Rose, unterhalten, würde ich gerne etwas über Ihren familiären Hintergrund erfahren.

Meine Eltern stammen väterlicherseits aus dem Bergischen Land, aus Westfalen, und mütterlicherseits aus Württemberg. Beide Großväter hatten es zum einen mit der Fabrikation von Trikotagen, zum anderen mit der Färberei zu einem gewissen Wohlstand gebracht. Meine Großeltern waren weltoffene, sozial engagierte Menschen.

Mein Vater, Oskar Jürgen Wittenstein, war Mitbegründer der Neuen Künstlervereinigung, zusammen mit dem russischen Maler Alexej Jawlensky. Im Ersten Weltkrieg diente er als Aufklärungsflieger und machte Fotoaufnahmen, vor allem auf dem Balkan. Er überzeugte die militärische Führung davon, dass man von der Luft aus sehr viel mehr herauskriegen konnte als von den ausgeschickten Spähtrupps. Und wie es im Ersten und später auch im Zweiten Weltkrieg üblich war, zog man die besten Piloten von der Front zurück, um sie als Testpiloten zu verwenden. Es sollten zur Zeit meines Vaters Riesenflugzeuge statt Zeppeline eingesetzt werden, zwei Firmen hatten diese neuen Flieger gebaut. Mein Onkel war Testpilot in der einen Fabrik, mein Vater in der anderen, und beide stürzten sie tödlich ab. Meine Mutter war nur vier Monate mit meinem Vater verheiratet. Ich weiß nicht, ob mein Vater überhaupt wusste, dass seine Frau schwanger war.

Wie haben Sie Ihre Kindheit empfunden?

Es war eine wunderschöne Kindheit. Ich habe den Vater vermisst, natürlich, aber ich wusste nicht, wie es ist, einen Vater zu haben. Ich habe ihn nie erlebt, und so war es für mich nicht so schlimm, ihn zu verlieren. Für meine Mutter war es dagegen eine harte Zeit. Sie war alleine und musste sich um mich kümmern, und sie hat sich sehr bemüht, es gut zu machen. Wir wohnten nach dem Tod meines Vaters in Beilstein, auf einem kleinen Weingut mit einer Burgruine, das unserer Familie mütterlicherseits gehörte. Das war aufregend, denn wer wächst schon in einer solchen Umgebung auf? Es gab Höhlen, Weinberge, Hunde – ich konnte mir keine besseren Spielmöglichkeiten vorstellen.

Sie gingen dann in Beilstein zur Schule?

Zunächst ja. Die Schule in Beilstein habe ich gehasst. Das war eine Volksschule mit fürchterlichen Lehrern, die uns Kinder ungerecht behandelten und sogar quälten. Als meine Mutter aus finanziellen Gründen in der Trikotfabrik ihrer Familie in Stuttgart arbeiten musste, nahm sie sich ein Zimmer bei ihrer Schwester, die dort lebte. Ich kam daraufhin 1930, mit elf Jahren, ins Internat nach Salem.

Wie wurden Sie als Schüler in Salem mit dem Nationalsozialismus konfrontiert?

Zwei Erlebnisse möchte ich dazu erzählen. Ein Klassenkamerad von mir war ein überzeugter Kommunist. In einer Auseinandersetzung mit einem Mitschüler hatte er eine Hakenkreuzfahne auf den Boden geworfen und trampelte darauf herum. Danach ging es ihm an den Kragen, und zwar, weil das ein Verstoß gegen das demokratische Prinzip der Schule war, nicht etwa wegen des Obrigkeitsdenkens. Er bekam zu hören: «So geht das nicht. Man muss die Meinungen anderer zulassen und anerkennen.» Das war die eine Begebenheit.

Das andere war: Eines Tages rief mich ein Lehrer zu sich und sagte, er müsse mit mir sprechen. Als wir in seinem Zimmer waren, gab er mir zu verstehen: «Ich muss mich bei dir entschuldigen, ich hab dich immer für einen Halbjuden gehalten.» Ich dachte, ich höre nicht recht! Meine besten Freunde in Salem waren entweder «Volljuden» oder «Halbjuden». Glücklicherweise konnten sie alle rechtzeitig das Land verlassen. Als sich mein Lehrer dann lang und breit bei mir entschuldigt hatte, fragte er: «Warum bist du eigentlich nicht in der HJ?» Ich antwortete: «Weil ich nicht will.» Es gab eine Reihe von Schülern, die der Hitlerjugend beitraten. Nach dem Krieg brachte ich in Erfahrung, dass es auch einige gab, die bei der SS waren.

Wann verließen Sie Salem?

Ich machte 1937 Abitur. Nachdem ich meinen Arbeitsdienst in einem Lager in der Nähe von Meßkirch auf der Schwäbischen Alb abgeleistet hatte, kam ich zur Panzerabwehrabteilung 7 nach Grafenwöhr, da die Kaserne in München noch nicht fertig war. 1938 konnten wir Soldaten aber in diese einziehen.

Ich lernte sehr bald, dass es wichtig war, alle Regeln und Gesetze nach Möglichkeit zu kennen. In dieser Zeit habe ich erstmalig erlebt, was es heißt, sich bedroht zu fühlen. Mein damaliger Kompaniekommandant zitierte mich eines Tages zu sich und sagte: «Die Gestapo hat sich Ihretwegen mit mir in Verbindung gesetzt. Ihnen wird vorgeworfen, mit einem Juden zu verkehren, und er als Kompaniechef habe mir zu sagen, dass das für mich als Arier und als zukünftigen Offizier absolut unzulässig sei. «Auf Geheiß der Gestapo muss ich Ihnen den Befehl erteilen, diesen Mann nie wieder zu sehen.» Dieser Mann, um den es hier ging, war sehr wichtig für mich. Es war Kurt Badt, Kunsthistoriker und einer meiner Mentoren. Da ich keinen Vater hatte, suchte ich mehr oder weniger bewusst nach einem Ersatz. Badt hatte mich seit meiner Salemer Schulzeit auf meinem Weg als väterlicher Freund begleitet, mit ihm konnte ich über Literatur und Kunst diskutieren, konnte viel von ihm lernen. Nun sollte mir also der Umgang mit diesem Menschen verboten werden. Das Interessante aber war, dass der Kompaniechef dann am Ende seiner langen Rede zu mir sagte: «Was Sie in Ihrem Zivilleben tun, das ist Ihre Sache.» Der Blockwart des Hauses, in dem mein Mentor wohnte, hatte offensichtlich beobachtet, dass ich Badt stets in Uniform aufsuchte. Aber woher wusste er, dass dieser Mann Jude war? Ich bin dann trotzdem noch zu ihm gegangen, aber nur in Zivil. Ein Jahr später konnte Kurt Badt nach England fliehen. Gleichzeitig galt seine große Sorge mir. Denn aufgrund dieses Vorfalls war es offensichtlich, dass ich bereits eine Zeit lang von der Gestapo beobachtet wurde, dass meine «Vergehen» dokumentiert waren. Für mich war es das erste Mal, dass ich das persönlich spürte, diese Angst vor der Gestapo.

Nach Schule, Arbeitsdienst und Militär begannen Sie mit dem Studium.

Der Traum meiner Mutter war es gewesen, dass ich eines Tages unsere Stofffabrik übernehmen würde. Sie sah aber ein, dass ich das nicht wollte und dass ich mich auch nicht dafür eignete. So ließ sie mir bei der Wahl meiner Studienfächer freie Hand. Da ich Psychotherapeut werden wollte, begann ich gleichzeitig Medizin einschließlich Psychiatrie sowie Psychologie und Psychoanalyse zu studieren.

Wie würden Sie die Zeit damals beschreiben?

Druck- und Durchhaltegefühle wechselten sich mit größter Lebensfreude ab. Ich hatte Arbeitsdienst, Militärausbildung, also diese ganzen Schikanen, denen man ausgesetzt wurde, durchgemacht, und plötzlich war ich ein freier Student. Ich konnte tun und lassen, was ich wollte. Ich konnte reisen, abends noch überall hingehen, tagsüber am Wochenende in den Bergen wandern – das waren alles Dinge, die vorher nicht möglich waren. Und was mir am wichtigsten war, ich konnte Menschen kennen lernen, die keine Soldaten waren.

*Als Sie den Mitgliedern der Weißen Rose begegneten, tasteten Sie sich da
ab? Versuchten Sie gegenseitig die jeweilige politische Einstellung herauszufinden?*

Als wir uns kennen lernten, da gab es ja noch keine Weiße Rose,
sie entstand ja erst 1942. Wenn man sich begegnete, wusste man
nie, wer der andere war und wie er dachte. Man hat sich «beschnüf-
felt», und ab und zu hat man mal was gesagt, was die eigene Meinung durchblicken ließ. Es hat sicher ein halbes Jahr, manchmal
sogar ein Jahr gedauert, bis man wirklich so weit war, dass man
jemandem vertrauen konnte. Und in diesem Zusammenhang kann
ich nicht genug betonen, dass von fast allen die Weiße Rose falsch
verstanden wird. Sie war keine politische Organisation, der man
beitrat, sondern die Weiße Rose war eine Gruppe von jungen Studenten, unter denen es intensive Freundschaften gab. Den Anfang
machten Christoph Probst und Alexander Schmorell. Sie fanden
sich zusammen, weil sie miteinander zu tun hatten. Zwischen den
beiden entwickelte sich eine Freundschaft, und für die meisten von
uns war Freundschaft ein ganz besonders hoher, nahezu heiliger
Wert. Schmorell hatte zusammen mit Christoph Probst für einige
Zeit in München dieselbe Schule besucht. Zwei Jahre später, beim
Militär, wurden sie dann gemeinsam für ein halbes Jahr zur Sani-
tätsschule abkommandiert. Dort bildete man sie zum Sanitäter aus,
beide wollten ja Medizin studieren. Ich hatte Alex Schmorell bereits 1938 kennen gelernt. Zufällig waren Alex und ich in derselben
Kasernenstube untergebracht, zusammen mit sechs oder sieben anderen Soldaten. Christoph Probst, Hans Scholl und Hellmut Hartert begegnete ich 1939.

Können Sie sich noch konkret an die erste Begegnung mit Alexander Schmorell erinnern?

Mir fiel auf, dass er so völlig anders war als die sonstigen Soldaten. Sicherlich nicht gleich am ersten Tag, aber ziemlich bald wurde mir das bewusst. Er hatte einen ganz eigenen Kopf, mit ganz eigenen Interessen. Schmorell zeichnete sich durch seine künstlerischen Neigungen aus, seine Begeisterungsfähigkeit und seine Offenheit – zumindest mir gegenüber. Ich habe in meiner ersten Veröffentlichung über die Weiße Rose in der Zeitung *Die Welt* 1947 ein besonderes Erlebnis mit ihm beschrieben. Wir saßen auf unserer Stube, und Schurik (eine russische Koseform für Alexander) sagte zu mir, dass vielleicht eines Tages an der Tür unserer Stube ein Schild hängen würde mit den Worten: «Von hier nahm die Bewegung ihren Fortgang.» Damals war das eine vage Hoffnung, dass vielleicht einmal mit anderen Gleichgesinnten eine revolutionäre Bewegung entstehen würde. Gleichzeitig war die Formulierung «die Bewegung» auch eine ironische Anspielung. Die Nazis bezeichneten München ja als «Hauptstadt der Bewegung».

Welche Erinnerung haben Sie an Christoph Probst?

Mit Christoph fühlte ich mich am meisten verbunden. Ich konnte mit ihm über Dinge sprechen, die mich besonders bewegten. So haben wir sehr bald zueinander gefunden. Als wir zusammen in München studierten, waren wir ein paarmal so in unsere Gespräche vertieft, dass er seinen letzten Zug verpasste – Christoph wohnte ja nicht in München. Er übernachtete dann in meinem winzigen Zimmer, und zwar auf dem Fußboden. Ich habe sogar noch eine Aufnahme davon. Es gibt auch Fotos, die ich beim Fechten von uns gemacht habe. Wir waren zu dritt – Christoph Probst und ich, und später kam auch Willi Graf dazu.

Christoph war so, dass man sich als Frau sofort in ihn verlieben konnte. Er war verträumt, und er hat vielleicht von allen am wenigsten gelacht. Dabei konnte er wunderbar lachen, aber das Leben war für ihn viel zu ernst. Er hatte Probleme, die keiner von uns kannte, denn er musste für Frau und Kinder sorgen. Als Student war das eine enorme Verantwortung. Aus diesem Grund versuchten wir alle, ihn zu schützen.

Und Willi Graf?

Willi Graf kam erst kurz vor unserem Einsatz in Russland dazu. Er war von allen der Tiefsinnigste, und er war religiös. Er war derjenige, der am meisten von der Sache überzeugt war, wahrscheinlich auch deshalb, weil er einfach der Reifste war.

Fiel die Gruppe von jungen, wohl auch attraktiven Männern auf?

Das kann man so sagen. Es gab einen, der das richtig ausgenutzt hat: Hans Scholl. Er hat öfters seine Freundinnen gewechselt.

Wie würden Sie Hans Scholl noch beschreiben?

Er besaß zweifellos Charisma. Dadurch war er ungemein beeindruckend. Hans konnte sich leicht für etwas begeistern und hatte die große Fähigkeit, andere ebenfalls mitzureißen, ja fast zu bezaubern. Er war außerordentlich überzeugend. So wurde er in einer Gruppe schnell zum Mittelpunkt und oft zur führenden Person. Er sprach sehr dezidiert über seine Ideen: wovon er etwas hielt, wofür oder wogegen er war. Seine ganze Ausdrucksweise war klar und deutlich, basiert und fundiert auf einer klassischen Bildung. Er konnte aber auch impulsiv und unüberlegt handeln. Alle haben sich zum Beispiel geärgert, dass er einmal eine überzeugte Nazi zu einer Besprechung mitbrachte; die dabei teilgenommen hatten, waren außer sich. Christl und Hellmut fanden ihn «waghalsig» beziehungsweise «leichtsinnig». Sie meinten, der erhoffte Erfolg rechtfertige die Risiken nicht, sie würden nur das Ziel gefährden. Deshalb zögerte Hellmut, wollte die Aufrufe in Berlin selber machen und die Sache sehr viel vorsichtiger aufziehen. Was ich persönlich Hans nicht verzeihen kann, ist, dass er am Tag, an dem er diese waghalsige Unternehmung in der Universität vornahm, einen Flugblattentwurf von Christoph Probst in der Tasche hatte. Das hat Christl das Leben gekostet. Wäre das nicht gewesen, dann wäre er möglicherweise zwar auch verhaftet und von der Gestapo vernommen worden, aber man hätte ihm nichts nachweisen können. Er saß ja in Innsbruck, mehr als hundert Kilometer entfernt, und nirgends gab's in München Sachen von ihm. Man hätte ihm also nur vorwerfen können, dass er mit Freunden verkehrte, die in der Weißen Rose waren. Die Ermordung meiner Freunde war für mich unbeschreiblich schrecklich. Aber nichts hat mich so zutiefst erschüttert und mitgenommen wie Christls Ermordung, gerade dieses Menschen, den wir doch alle versucht hatten zu schützen. Seine junge Frau wurde Witwe, seine drei Kinder Waisen – alle einem ungewissen Schicksal ausgeliefert. Das war so furchtbar.

Denken Sie, dass es Leichtsinn war?

Ja.

Und wie haben Sie Sophie Scholl wahrgenommen?

Sie war ein großartiges Mädchen, einerseits sehr ernst, sehr überzeugt, sehr geradlinig, auf der anderen Seite konnte sie unglaublich fröhlich und heiter sein und übermütig. Sie war etwas Besonderes, eine ungewöhnliche, bemerkenswerte Mischung. Eine Persönlichkeit. Über ihre Begabungen, Neigungen, Einstellungen wurde ja in letzter Zeit viel veröffentlicht.

Da war zum Beispiel Hellmut Hartert, den ich gleich zu Beginn des Studiums kennen lernte. Durch ihn wurde ich mit seinem besten Freund, Hans Scholl, bekannt. Zwischen Hans und Hellmut bestand eine außerordentlich tiefe Freundschaft. Sie haben ganz zu Anfang als Studenten sogar zusammengewohnt, was damals ungewöhnlich war. Sie sind sehr oft nach Bad Tölz gefahren, in das Sommerhaus von Hellmuts Eltern, und zum Wandern und Skilaufen. Diese Freundschaft ging dann im zweiten Semester 1940 auseinander. Details weiß ich nicht, aber Hellmut war wegen irgendetwas maßlos enttäuscht. Er ging weg von München, zuerst nach Freiburg, dann nach Berlin. Aber eine gewisse Beziehung zwischen den beiden blieb bestehen. Denn Hans hatte im Sommersemester 1942 mit mir besprochen, dass ich Hellmut für die Gründung einer «Zelle» an seiner Universität gewinnen solle. Aber dann kam unser Russlandeinsatz dazwischen.

Im Dezember 1942 gelang es mir, die ersten vier Flugblätter zu Hellmut nach Berlin zu bringen, wo ich ihn in die Details der Aktivitäten und Pläne einweihte und versuchte, ihn dafür zu gewinnen. Im Januar 1943 schaffte ich es ein zweites Mal zu Hellmut nach Berlin, mit dem fünften Flugblatt.

Welche Erinnerungen haben Sie an Hildegard Brücher?

Ich lernte sie durch meinen Vetter kennen, der bei Professor Heinrich Wieland Doktorand war. Professor Wieland schützte viele «Halbjuden» in seinem Labor, darunter Hans Leipelt, auf den ich noch später eingehen möchte, und Hildegard Brücher. Ich habe sie oft gesehen und viele Male in Starnberg besucht, wo sie damals lebte. Sie war sehr gebildet, charmant und attraktiv. Und ich war besorgt um sie, weil ihr eine akademische Karriere wegen ihrer ethnischen «Belastung» sehr wahrscheinlich versagt bleiben würde.

Ich verliebte mich in sie, und wir wurden gute Freunde, so gute Freunde, dass sie zweimal nach Beilstein kam. Ihre ganze Familie traf ich, ihre beiden Brüder und ihre Schwester, die dadurch, dass sie «Halbjuden» waren, große Probleme hatten. Ich war sehr in Hildegard verliebt, ich wollte sie sogar heiraten. Aber sie vertröstete mich immer wieder, indem sie mir sagte: «Ich bin jemand, der Zeit braucht, du musst mir Zeit lassen.» Erst aus ihren Memoiren erfuhr ich, dass zu dieser Zeit Hubert Furtwängler ihre große Liebe war.

Kannten Sie auch Hubert Furtwängler?

Natürlich. Er spielte Cello, und auch er war anders als die sonstigen Studenten. Das kann man überhaupt von allen aus diesem Kreis sagen, sie waren nicht so wie die große Masse.

Wie würden Sie Professor Kurt Huber charakterisieren?

Professor Kurt Huber war mein Doktorvater und in vielerlei Hinsicht ein ganz außergewöhnlicher Mensch. Er hatte zwar eine körperliche Behinderung und eine Sprachstörung, sodass es schwierig für ihn war, sich auszudrücken. Aber wenn er im Redefluss war, war er wie verwandelt, sprach völlig frei und riss uns alle mit. Seine Vorlesungen waren immer voll, nicht nur von Studenten seines Fachgebiets, sondern aller Fakultäten. Ich werde seine Vorlesung über Heine nie vergessen. Er begann damit, diesen «degenerierten Juden» als sprachlichen Abschaum zu beschreiben, aber am Ende war jedem klar, dass Heine einer der größten Dichter war.

Es gab die gemeinsamen Interessen in diesem Kreis, was Musik, Literatur und Kunst anging, darüber hinaus entspannten sich auch politische Diskussionen über das, was in Deutschland geschah, was Hitler anrichtete. Waren Sie bei diesen Treffen dabei?

Ich hatte Ihnen ja bereits von meiner Erfahrung mit der Gestapo berichtet. Und das war der Grund, warum ich sehr vorsichtig war. Ich habe praktisch nie an Beratungen der Weißen Rose teilgenommen, etwa bei Treffen im Atelier Eickemeyer, weil ich Angst hatte, dass mich die Gestapo beobachten könnte, mir folgen könnte und ich sie dann zu meinen Freunden führen würde. Ich wollte meine Freunde nicht in Gefahr bringen. Andererseits traf ich mich oft mit Einzelnen, dort, wo man unbeobachtet war, im Labor, beim Essen. Mein Vorsichtigsein ging noch weiter. In Tagebüchern und Briefen nannte ich selten Namen und nie die von Personen, die ich hätte gefährden können.

Wann wurden Sie zum ersten Mal mit den Flugblättern konfrontiert?

Das war im Juni 1942. Ich bekam anonym einen Briefumschlag zugeschickt – und darin war ein Flugblatt der Weißen Rose. Eine Woche später erhielt ich das zweite Flugblatt. Nach Inhalt und Sprache war mir klar, dass es nur von Hans Scholl oder Schurik sein konnte. Als ich zu Hans sagte: «Hör mal, das hast du doch geschrieben», gab er es sofort zu. Und weil er von meinen literarischen Betätigungen wusste, ich hatte einiges Unveröffentlichte in meinem Schreibtisch, fragte er mich, ob ich vielleicht die nächsten Flugblätter im Hinblick auf Stil und Grammatik redigieren könnte. Den Inhalt sollte ich dabei außer Acht lassen. Das habe ich auch gemacht, und eben zudem einige Flugblätter verteilt.

Warum hat Hans Scholl Ihnen die beiden Flugblätter nicht persönlich ge-
geben? Wollte er erst einmal sehen, wie Sie auf diese reagieren?

Wahrscheinlich. Furtwängler ist es genauso ergangen, der hat
sie auch auf diese anonyme Weise bekommen. Aber er hat Hans
erst auf der Fahrt nach Russland, also Wochen später, zur Rede
gestellt. Sicher wissen Sie, dass die Flugblätter hauptsächlich an
Studenten und Professoren geschickt wurden, in der Hoffnung,
dass diese Intellektuellen die richtigen Adressaten waren. Die
Auflagen waren ja sehr klein, sie haben ja nur einmal die Tausend
überschritten. Vieles war etwas hochtrabend geschrieben, was
Nichtakademiker kaum verstanden hätten. Man hätte sich an die
allgemeine Bevölkerung richten müssen, denn nur die konnte,
wenn überhaupt, was ausrichten. Es war zu dieser Zeit klar, dass
es unmöglich war, eine Organisation zu schaffen, die einen Aufstand anzetteln konnte. Da jegliche Kommunikation im Staat
überwacht war, war die Verbindung zu anderen praktisch unmöglich. Ich habe erst Jahrzehnte später auf einer Karte gesehen, wo
es überall in Deutschland Widerstandsgruppen gab: Über drei-
hundertfünfzig waren es, und keine Gruppe wusste von den anderen, aus dem einfachen Grund, weil es keine Kommunikation
gab.

Welche Ereignisse hatten Ihrer Meinung nach Einfluss auf die weitere
Entwicklung der Weißen Rose?

Stalingrad war da schon entscheidend. Deutschland konnte seitdem
nur noch gerettet werden, indem es den Krieg verlor. Für jemand,
der sein Land liebte, für jeden Deutschen, war das eine furchtbare
Erkenntnis. Als Soldat hattest du eine Waffe, um dein Land zu verteidigen, und nun war ein verlorener Krieg der einzige Ausweg.
Entsetzlich war das.

Hat diese bittere Erkenntnis Sie auch zusammengeschweißt?

Bestimmt. Bei Schurik ging das, aufgrund seiner russischen Herkunft, vielleicht noch weiter. Er hatte sich mit dem Gedanken getragen, zu den Russen überzulaufen. Wie er sich das genau vorgestellt hatte, ist mir auch im Nachhinein nicht klar geworden. Aber unser Einsatz an der russischen Front spielte als Schlüsselerlebnis eine große Rolle. Nicht nur, weil wir sahen, was da vorging, wir wurden auch in dem bestätigt, was wir durch Falk Harnack schon wussten.

Historiker haben nach dem Krieg darauf hingewiesen, dass die Weiße Rose offenbar die einzige Widerstandsgruppe war, die besonders für zwei Themen stand. Sie hat über die Judenverfolgung und -vernichtung geschrieben, und sie hat sich, mit Ausnahme des Kreisauer Kreises, Gedanken darüber gemacht, wie Deutschland nach dem Krieg aussehen, welche Art Regierung es haben sollte. Die anderen Gruppen haben eher gekämpft, Bomben gelegt und was weiß ich.

Im Juli 1942 wurden Sie alle, bis auf Christoph Probst, nach Russland eingezogen?

Ich habe noch die mittlerweile berühmten Abschiedsbilder auf dem Münchner Ostbahnhof gemacht. Auf diesen ist Sophie Scholl zu sehen, wie sie ihrem Bruder und uns anderen Lebewohl sagte: Alexander Schmorell, Willi Graf, Hubert Furtwängler, einem weiteren Medizinstudenten, Raimund Samüller, und mir. Der letzte Ort, an dem wir, die Freunde, noch zusammen waren, war Ghatsk. Von dort wurden wir aufgeteilt, und zwar fast alle zu irgendwelchen Verbandsplätzen. Hier bekamen die eingelieferten verwundeten Soldaten erste Hilfe. Furtwängler, Scholl, Schmorell und Graf hatten Glück, ihre Verbandsplätze lagen eng genug beieinander, dass sie sich immer mal wieder gegenseitig besuchen konnten. Ich war nur eine Woche lang in ihrer Nähe, dann wurde ich in das Divisionslazarett nach Wjasma versetzt und habe sie danach bei diesem Einsatz nicht mehr gesehen. Nur aus ihren Erzählungen weiß ich, was sie direkt an der Front erlebt hatten, zum Teil waren sie richtig unter Beschuss gewesen. Besonders schlimm war es für Willi Graf, für ihn war es das zweite Mal. Denn er war ja schon einmal in Russland gewesen, als Soldat.

Hatte der Einsatz an der Front Sie alle verändert? Ließ er Sie entschiedener im Kampf gegen das System werden?

Russland war nicht der einzige Grund. Wir waren schon vorher immer nachdenklicher geworden. Wir kämpften ja nicht nur mit den alltäglichen Problemen, um durch den Krieg zu kommen, sondern wir setzten uns auch damit auseinander, wie ein Staat zu sein hatte, wie das Verhältnis des Staates zum Bürger aussehen sollte sowie unsere Verantwortung als Bürger. Das hat uns geprägt.

Wie war denn die Stimmung insgesamt unter den Studenten?

Ein wichtiges Ereignis war der 13. Januar 1943 im Deutschen Museum in München, wo sich sämtliche Studenten aller Fakultäten zu einem Treffen mit dem Gauleiter Gießler einzufinden hatten. Auf sehr unflätige Weise fing Gießler an, dass die Studentinnen gar kein Recht hätten zu studieren, sie sollten lieber «ihrem Führer ein Kind schenken». Er ging so weit zu sagen: «Wenn einige Mädels nicht hübsch genug sind, einen Freund zu finden, werde ich ihnen gerne einen meiner Adjutanten zuweisen … und ich kann ihr ein erfreuliches Erlebnis versprechen.» Die auf der Empore sitzenden Studentinnen reagierten mit lauten Protestrufen und wurden verhaftet, als sie versuchten, den Saal zu verlassen. Daraufhin gab es einen Riesenaufruhr. Die Studenten, darunter ein Leutnant in Uniform, stürmten das Podium und nahmen den NS-Studentenführer als Geisel fest, bis die Studentinnen freigelassen wurden. Dieser Aufruhr ging draußen auf den Straßen noch weiter, mit Sprechchören. Als die herbeigerufene Polizei sie auseinander trieb, haben die Studenten versucht, im nächsten Haus Schutz zu suchen. Kein Mensch hat ihnen die Tür geöffnet. Das war die erste spontane Massenkundgebung gegen die Nazis in Deutschland. Und das hat, denke ich, Hans Scholl ermutigt, mehr zu unternehmen.

Wurde in den Gesprächen unter den Freunden auch thematisiert, wie gefährlich das Verfassen und die Verbreitung der Flugblätter sind?

Das Schreiben der Flugblätter habe ich zumindest als nicht so gefährlich eingestuft. Gefährlicher war der technische Vorgang, Papier zu beschaffen, die Vervielfältigungsmaschinen – und natürlich deren Verbreitung. Die Idee war ja, an möglichst vielen Universitäten eine Zelle zu schaffen, die dann ihrerseits die Flugblätter vervielfältigen oder ihre eigenen Flugblätter möglichst über ganz Deutschland verteilen würde. Es war klar, dass man nichts direkt unternehmen konnte. Die einzige Organisation, die etwas hätte bewerkstelligen und bewirken können, war das Militär gewesen. Wir konnten also nur darauf bauen, möglichst viele Deutsche aufzuklären, darüber, was vor sich ging, beispielsweise im Osten, was mit den Juden gemacht wurde. Uns blieb nur die Hoffnung, dass dadurch eines Tages das ganze Volk sich dagegenstellen würde. Man war so machtlos, wissen Sie, wir versuchten, mit Papier einen Drachen anzugreifen.

Es gab einiges, was meiner Ansicht nach zu gefährlich war, eben diese Mauerparolen, die natürlich enormen Eindruck machten. Aber das Risiko, entdeckt zu werden, war unverhältnismäßig groß. Es brauchte ja nur eine Streife vorbeizukommen, deren es unzählige gab, und man war geschnappt. Aus war es dann mit allem! So begnügte ich mich damit, in den Klos der Universität dieselben Parolen mit einer schwarzen Tusche anzumalen, die sehr schwer zu entfernen ist. Das war völlig sicher, denn solange man im Häuschen saß, wurde man ja nicht gesehen. Irgendjemand sagte später zu mir: «Was hast du dir dabei eigentlich gedacht? Das ist doch längst nicht so eindrucksvoll, wie an die Wände der Universität zu schreiben.» Meine Antwort darauf war: «Wenn jemand auf dem Klo sitzt, das liest und Zeit hat, darüber nachzudenken, dann hinterlässt das hoffentlich die gleiche Wirkung. Und das sind vielleicht Hunderte am Tag, Studenten und Professoren ...»

Wie haben Sie von der Verhaftung von Sophie und Hans Scholl und Christoph Probst am 18. Februar 1943 erfahren?

Die Sanitätskompanie rief am nächsten Tag, am 19. Februar, alle Studenten in ihren Unterkünften an oder schickte Boten aus, wir sollten sofort in die Kaserne kommen. Uns wurde nicht gesagt, was der Grund war. Normalerweise hatten wir uns nur samstags zum Appell in der Kaserne einzufinden, es war aber ein Freitag. Die wildesten Gerüchte tauchten nun auf, etwa, dass wir alle sofort nach Russland geschickt werden würden.

Beim Antreten wurden stets die Namen verlesen. Und einer von uns hatte fast immer bei den Appellen gefehlt. Dann hat meistens ein Freund oder Kamerad «Hier» gerufen. Bei über hundert Leuten merkte der Feldwebel, der da vorne die Namen verlas, natürlich nicht, wenn ein anderer «Hier» schrie. Schmorell und Scholl waren an diesem Freitag nicht da. Ich hatte mir eingebildet, dass der Furtwängler «Hier» gerufen hatte, als Schmorell vorgelesen wurde. Aber Furtwängler hat das später korrigiert, sagte, es sei nicht er gewesen, sondern ein anderer. Der Kommandant teilte uns mit, dass Studenten an der Universität wegen hochverräterischer Umtriebe verhaftet worden seien. Einer davon, fuhr er fort, sei ein Mitglied unserer Kompanie. Aus diesem Grund dürften wir die Kaserne bis auf weiteres nicht verlassen.

Von Flugblättern hatte der Kommandant zwar nichts gesagt. Aber es war besprochen worden, in der Universität Flugblätter zu verteilen. Da Hans und Schurik fehlten, konnte es nur einer der beiden gewesen sein. Da jedoch mindestens zehn weitere Leute nicht anwesend waren, sagte der Kommandant: «Wenn einer weiß, wo die sein könnten, dann melden Sie sich bei mir. Wir können dann jemanden dorthin schicken.» Ich ging zu ihm hin und sagte: «Ich weiß, dass der Schmorell ein Zimmer auf dem Land gemietet hat, damit er ungestört von Bomben studieren kann. Er hat da kein Telefon. Wenn Sie mich rauslassen, setz ich mich auf ein Rad und hol ihn.» Natürlich war das alles reine Erfindung, was ich da von mir gegeben hatte. Aber der Kommandant ließ mich gehen. Ich bin also raus aus der Kaserne, stieg auf mein Fahrrad und fuhr zur Praxis von Schmorells Vater – in der Erwartung, dass da die Gestapo herumsitzen würde. Das tat sie dann auch. Nun wusste ich, dass man als Soldat zu einem Zivilarzt gehen durfte, wenn man selber bezahlt. Ich saß also eine Weile im Wartezimmer neben dem Gestapobeamten und wurde dann in das Behandlungszimmer von Schuriks Vater vorgelassen. Damit der Gestapo-Beamte nicht hörte, was wir besprachen, hat Schmorells Vater die ganze Zeit mit einem Hämmerchen rumgehämmert. Er wusste, was ich noch nicht wusste, nämlich, dass beide Scholls verhaftet worden waren. Ich bat ihn, Schurik an unsere Abmachung zu erinnern, falls es seinem Sohn gelingen sollte, sich auf Umwegen mit seiner Familie in Verbindung zu setzen. Es war nämlich mit allen in der Gruppe verabredet, dass sie im Falle einer drohenden Verhaftung versuchen sollten, sich nach Beilstein, unserem Gut nördlich von Stuttgart, durchzuschlagen. Obwohl meine Mutter weder etwas über die Weiße Rose noch etwas über meine «Beschäftigung» mit dem Widerstand wusste, hätte sie Freunde von mir sofort versteckt. Sie hatte bereits anderen geholfen, in die Schweiz zu fliehen, Juden zum Beispiel. Ich fürchtete, dass Schurik das in seiner Angst und Aufregung vergessen haben könnte.

Ich habe später erfahren, dass Schmorell zunächst nach Schloss Elmau geflohen ist und von dort in die Schweiz wollte, was aber nicht klappte. Ich hab nie verstanden, warum keiner meiner Freunde nach Beilstein geflohen ist. Erst vor wenigen Jahren erfuhr ich von Lilo Ramdohr, dass Schurik ihr «schmunzelnd» und, wie ich ihn kannte, sicher auch mit Genugtuung und Schadenfreude erzählte, «dass da ein Student in die Praxis des Vaters gekommen sei, direkt unter der Nase der Gestapo». Er entschied sich wohl gegen Beilstein, weil die Straßen bereits zu stark überwacht waren.

Wer informierte Sie, dass Sophie und Hans Scholl und Christoph Probst der Prozess gemacht werden sollte?

Die Nazis hatten alles über die Verhaftungen unterdrückt, nirgends wurden sie publik gemacht. Sie wollten nicht, dass die Leute erfuhren, dass es ausgerechnet in München so etwas wie eine groß angelegte Widerstandsbewegung gab. Erst nach dem Prozess und der Hinrichtung erschien eine kurze Notiz in den Zeitungen. In einigen Publikationen wurde daraus zwar eine Schlagzeile gemacht, aber auch nur, um dem Volk zu zeigen, wie gut der Staat die Menschen schützen könne, indem er sofort alle Verräter eliminiere. Allerdings wurden alle Medizinstudenten in einen Hörsaal beordert, wo verkundet wurde, dass zwei Studenten der Universität Hochverräter seien. Zu meinem Entsetzen sagte ein Student zwei Reihen vor mir: «Ich hoffe, die hängen die am Baum vor der Universität auf!»

Ich erfuhr durch einen befreundeten Anwalt, Dr. Kartini, dass der Volksgerichtshof am nächsten Tag nach München kommen würde. Da er sonst immer in Berlin tagte, konnte ich mir schon denken, was das bedeutete. Ich rief daraufhin sofort die Eltern

Scholl, die ich nicht kannte, in Ulm an und sagte ihnen, sie müssten am nächsten Morgen mit dem ersten Zug nach München kommen, ich würde sie abholen und ihnen sagen, worum es ging.

Hatten Sie sich den Eltern von Sophie und Hans Scholl zu erkennen gegeben?

Am Telefon nannte ich ihnen meinen Namen natürlich nicht, ich beschrieb nur, wie ich aussehen und dass ich an der Uniform eine Schützenschnur tragen würde. Sie beschrieben mir ihr Äußeres. Ich wusste genau, wie gefährlich das war, aber sonst hätten die Eltern ihre Kinder ja nicht mehr wiedergesehen. Ich musste schließlich annehmen, dass die Telefonate der Scholls abgehört wurden und dass ein Gestapobeamter in Zivil inkognito im Zug mitfahren würde, um zu sehen, wer die Eltern abholt.

Trotzdem habe ich den Vater und die Mutter von Sophie und Hans vom Münchner Hauptbahnhof abgeholt und in Eile direkt zum Justizpalast gebracht, bin aber nicht mit reingegangen. Auf dem Weg dorthin hatte ich die Ereignisse zusammengefasst. Der Vater schien sehr gefasst. Die Mutter war sehr gläubig, sehr fromm und fragte: «Werden sie sterben müssen?» Beide waren in großer Sorge um ihre Kinder.

Was haben Sie gemacht, nachdem sich Ihre Wege getrennt hatten?

Ich ging in die Wohnung von Hans und Sophie, wobei ich dabei äußerst vorsichtig vorging. Erst als ich mir sicher war, dass keine Posten vor dem Haus standen und in der Wohnung waren, begab ich mich hinein und nahm alles mit, was mir gehörte, Bücher und noch einige andere Dinge.

Zwei Tage nach der Hinrichtung lief ich wie in Trance zu irgendeiner Vorlesung – und plötzlich stand eine junge Frau vor mir. Es war Elisabeth Scholl, die jüngere Schwester von Hans und Sophie, die mir sagte, dass sie gerade eben zur Beerdigung in München eingetroffen sei. Sie erwartete, dass ich dabei sein würde. Ich habe sehr mit mir gerungen, aber schließlich kam ich zu dem Schluss, dass ich mit Sicherheit in eine Falle geraten würde. Auf dem Friedhof, so hatte ich überlegt, würden bestimmt Gestapo-Leute auf der Lauer liegen. Im Nachhinein bestätigte sich meine Vermutung. Wenn ich dazu in Uniform erschienen wäre, als Soldat musste ich ja Uniform tragen, hätten sie mich gleich geschnappt. Ungefähr eine Woche nach dem Begräbnis bin ich mit einem großen Kranz in der Straßenbahn zum Friedhof gefahren. Da die Gräber nicht markiert waren, musste ich mich durchfragen – das war nicht einfach und auch nicht ungefährlich gewesen, nach letzten Stätten von Hochverrätern zu suchen.

Die Weiße Rose war damit vorbei. Hellmut Hartert wurde von der Gestapo in Berlin verhört, wie auch viele andere. Knapp zwei Monate später kam es dann ja zu dem zweiten Volksgerichtshofprozess, bei dem weitere Mitglieder verurteilt, einige sogar ermordet wurden.

Und Sie, wurden Sie ebenfalls von der Gestapo verhört?

Nicht sofort. Das war erst später. Im November 1943 bin ich von der Gestapo vorgeladen worden. Meine Zimmervermieterin Greiner hatte mich bei der Gestapo denunziert. Sie war eine überzeugte Nationalsozialistin und psychisch krank. Immer wieder hatte sie mich sogar tätlich angegriffen und mir gedroht, mich bei der Gestapo anzuzeigen. Im November 1943 wurde ich dann also von der Gestapo vorgeladen. Im Verlauf des Verhörs konnte ich durch Dokumente der psychiatrischen Anstalt beweisen, dass Frau Greiner psychotisch sei. Im Laufe des Verhörs ließ der Gestapo-Beamte so «nebenbei» den Namen Scholl fallen, wobei er mich sehr genau beobachtete, und etwas später die Namen der anderen. Er fragte, ob ich sie gekannt hätte, und versuchte, mich aufs Glatteis zu führen. Ich erklärte ihm, dass es bei der kleinen Zahl der Angehörigen der Studentenkompanie unumgänglich war, dass ich sie natürlich vom Sehen kannte und dass wir uns in Vorlesungen und Laboren begegneten. Ich leugnete aber jegliche andere Beziehung.

Und was war der Anlass, dass Sie später zur Vernehmung bei einem Kriegsgericht vorgeladen wurden?

Über Marie-Luise Jahn, eine junge Chemiestudentin, die in meiner Straße wohnte, hatte ich ihren Freund Hans Leipelt kennen gelernt. Hans Leipelt hat mich sehr beeindruckt, er war ein fanatischer Antinazi, und er war sehr gebildet. Als Marie-Luise ausgebombt wurde, brachten wir sie in der Wohnung meiner Vermieterin unter.

Hans Leipelt hatte ein paar Flugblätter der Weißen Rose erhalten. Auf jeden Fall waren er und seine Freundin so beeindruckt davon, dass sie das sechste Flugblatt auf einer Schreibmaschine abschrieben und verbreiteten. Marie-Luise hatte mir gesagt: «Hans Leipelt wird sicher eines Tages verhaftet werden, und dann geht's auch mir an den Kragen. Wenn ich 'ne Weile nicht auftauche, ruf meine Mutter an.» Tatsächlich wurden beide kurz darauf festgenommen, und ich rief Marie-Luises Mutter an.

Eines Tages erhielt ich einen Anruf von einer Frau Leipelt, sie sei eben aus Hamburg angekommen und wollte wissen, wo ihr Sohn sei. Mir lief's kalt über den Rücken – woher wusste sie von mir? Und wenn SIE von mir wusste, was wusste dann die Gestapo? Wir trafen uns in der Stadt, und ich gab ihr die Antwort: «Hans ist verhaftet und sitzt im Wittelsbacher Palais. Versuchen Sie auf keinen Fall, ihn zu sehen. Sie sind Jüdin, Sie sind in größter Lebensgefahr. Sie müssen so schnell wie möglich untertauchen, ehe die Gestapo Sie findet.» Ich machte dann, weil sie mir so wahnsinnig leid tat, einen Fehler. Ich sagte ihr: «Wenn alle Stricke reißen, können wir Sie verstecken.»

Erstaunlicherweise tat die Gestapo diesmal etwas, wozu sie gesetzmäßig verpflichtet war, was sie aber bei meinen Freunden unterlassen hatte: Sie leitete meine Unterlagen an das Kriegsgericht weiter, von dem ich eine Vorladung für den 3. März 1944 erhielt.

Was erwartete Sie vor dem Kriegsgericht?

Ich wurde von einem Hauptmann vernommen. Dieser fragte, wieso ich denn überhaupt mit einer Jüdin, also mit Frau Leipelt, gesprochen hätte. Ich antwortete: «Wissen Sie, ich bin Mediziner und habe als Arzt die Pflicht, für einen kranken, leidenden Menschen zu sorgen, ganz egal, was für eine Religion, was für eine Rasse er hat. Diese Frau war in höchster psychischer Not wegen ihres Sohnes. Ihr musste geholfen werden.»

Hat der Hauptmann diese Begründung akzeptiert?

An dieser Stelle muss ich etwas ausholen. Meine beiden Mentoren, Kurt Badt und Dr. Keller, ein ehemaliger Prior des Benediktinerklosters Beuron, mit dem ich seit Jahren befreundet war, hatten mir schon 1939 geraten, mich bei der NSDAP als Anwärter anzumelden, als Rückendeckung und Tarnung sozusagen. Auch in Anbetracht der Tatsache, dass die Gestapo bereits seit 1938 ein Dossier über mich hatte und mich zweifellos weiter im Auge behalten würde. Ich war also seit 1939/40 in Beilstein als Parteianwärter gemeldet. Das fiel mir in diesem Moment ein. Ich sagte schnell: «Als Parteianwärter würde ich doch niemals mit Juden verkehren. Aber wenn ein Mensch, der Hilfe braucht, zu mir kommt, muss ich als Arzt diesem Menschen helfen.» Diese Begründung nahm er mir ab, aber dann kam ein unglaublich kritischer Augenblick. Er fragte mich: «Wieso haben Sie ihr angeboten, sie zu verstecken?» Wie sollte ich mich nur aus dieser Schlinge ziehen? Ich überlegte scharf und war mir sicher, dass in all meinen Papieren sowohl bei der Universität wie auch beim Militär Stuttgart als meine Heimatadresse vermerkt war. Schließlich erwiderte ich: «Die Frau muss gefoltert worden sein. Das kann ich ihr nicht angeboten haben, denn unser Haus ist vor einem Jahr bei einem Bombenangriff vollständig zerstört worden. Das hat sie erfunden, damit sie nicht weiter gefoltert wird.» Diese Aussage hat mich vor dem Kriegsgericht gerettet.

War es Kaltschnäuzigkeit, die Sie etwas Derartiges sagen ließ?

Ich weiß nicht, ob es Kaltschnäuzigkeit war. Die Sache war viel zu ernst: Als Soldat einer Jüdin ein Versteck anzubieten hätte zumindest KZ bedeutet. In diesem Moment war eher genaues Überlegen gefordert: Was konnte ich machen, was angeben, damit man mir glauben würde? Das war eine ziemlich heikle Situation, und ich musste alles heranziehen.

Sind Sie tatsächlich nie in die NSDAP eingetreten?

Parteimitglied wurde ich nie. Natürlich war mir eine Bewerbungsnummer zugeteilt worden, die bei einer Mitgliedschaft wohl beibehalten worden wäre. Wegen dieser «Nummer» behaupten nun einige, ich sei Parteimitglied gewesen. Der Bescheid der Spruchkammer Brackenheim vom 9. Dezember 1946 stellt jedoch fest, dass ich von 1940 bis 1945 «nur Anwärter der NSDAP» war. Wäre ich Parteimitglied gewesen, dann hätte ich mir kein Parteiabzeichen ausleihen müssen. Dann hätte ich ja selbst eins besessen.

Hat die Gestapo nochmals Kontakt zu Ihnen aufgenommen?

Ich habe nach dem Krieg erfahren, dass die Gestapo über einen Zeitraum von zirka anderthalb Jahren, also bis kurz vor Kriegsende, immer wieder meinen Kommandanten, Stabsarzt Buhl, nach mir ausgefragt und darauf bestanden hat, dass ich auch zur Weißen Rose gehört hätte. Sie benötigten seine Aussage. Aber er schützte mich. Meiner Meinung nach war er ein überzeugter Nazi, aber es hatte ihn gewurmt, dass die Gestapo das Gesetz verletzt hat und sich in Sachen einmischte, für die das Militär zuständig war. Denn die Gestapo hatte damals noch kein Verfügungsrecht über Militärangehörige, sie hätten die Soldaten der Weißen Rose weder verhören noch verhaften dürfen. Und die Nazi-Schergen haben es erst im Nachhinein rechtlich eingerenkt: Auf Befehl Hitlers hat General Keitel sie dann rückwirkend aus der Wehrmacht entlassen, aus der Armee, rechtzeitig, damit sie vom Volksgerichtshof verurteilt werden können.

Was geschah mit Marie-Luise Jahn, Hans Leipelt und seiner Mutter?

Marie-Luise hatte ich einen Anwalt vermittelt, Dr. Kartini. Ihm ist es tatsächlich in dem Volksgerichtshofprozess gelungen, der am 13. Oktober 1944 gegen sie, Leipelt und fünf andere Angeklagte in Donauwörth stattfand, die für Marie-Luise beantragte Todesstrafe in eine zwölfjährige Zuchthausstrafe abzuschwächen.

Hans Leipelt wurde zum Tode verurteilt und später hingerichtet. Begründet wurde das Urteil mit der Vervielfältigung der Flugblätter und weil er für die mittellose Witwe des ermordeten Professors Kurt Huber unter den Mitstudenten Geld gesammelt hatte. Auch ich hatte das für Frau Huber getan. Obwohl Hans Leipelt kein Mitglied der Weißen Rose war, gebührt ihm Hochachtung für seine Einstellung und für seinen Mut.

Die Mutter von Hans Leipelt hat sich im Gefängnis umgebracht.

Wie konnten Sie damit leben, frei zu sein, während die anderen inhaftiert oder getötet worden waren?

In der Psychologie gibt es einen Terminus – «die Schuld des Überlebenden». Ich habe jahrzehntelang unter dieser Tatsache gelitten. Immer wieder habe ich mich gefragt, warum bin ich dem entgangen, warum bin ich nicht hingerichtet worden?

Welche Rolle spielte die Weiße Rose in Ihrem Leben?

Es kommt darauf an, an welche Periode ich denke. Während der «Lebenszeit» der Weißen Rose herrschte die Freude vor, an dem Versuch, das Gewissen der Deutschen aufzurütteln, mitzumachen. Nach dem «Tod» der Weißen Rose empfand ich eine unendliche Trauer. Trauer um diese kostbaren Menschen und darum, dass alles umsonst war. Später kam die Erkenntnis hinzu, dass es meine Pflicht sei, die Weiße Rose im Gedächtnis der Menschen zu bewahren und gegen die vielen Missverständnisse und eindeutigen Fälschungen anzugehen. Ich wollte versuchen, anderen ein klares, ein wahres Bild über die Menschen der Weißen Rose zu geben. Die letzte und jetzige Phase besteht für mich darin, erfahren zu haben, dass in den vergangenen Jahren so viel Falsches über die Weiße Rose veröffentlicht wurde, das ist sehr schmerzlich.

Woran liegt dies Ihrer Meinung nach?

Es ist zu unglaublichen Spaltungen gekommen. Da kämpfen Menschen darum, an wichtigster Stelle innerhalb der Geschichte der Weißen Rose zu stehen. Es sind dies sehr oft Leute, die mit dieser Bewegung überhaupt nichts zu tun hatten. Es sind dabei so viele Phantasien im Umlauf. Hätten sich Historiker rechtzeitig darum gekümmert, also vor fünfzig Jahren, als die meisten aus dem näheren Umkreis der Weißen Rose noch am Leben waren, dann wäre es viel leichter gewesen, alles so zu beschreiben, wie es wirklich war. Durch dieses Versäumnis ist es möglich geworden, dass Erfindungen in die Welt gesetzt werden konnten. All das ist sehr schade.

Lilo Fürst-Ramdohr

«Es ist diese Seltenheit von ehrlichen und wahrhaftigen Menschen. Das ist der Grund, warum man immer wieder über diese Menschen spricht.»

So einfach und doch so klar hat Lilo Fürst-Ramdohr die Faszination der Weißen Rose zu beschreiben versucht. Es ist das Resümee am Ende eines langen Tages, nach einem stundenlangen, dennoch kurzweiligen Gespräch mit Zeiten des Nachdenkens, des Suchens, des Findens und des Sichverlierens in der Vergangenheit.

Der Empfang von Lilo Fürst-Ramdohr in ihrem Zuhause in Percha am Starnberger See ist herzlich. In ihrer Wohnung ist die Dreiundneunzigjährige umgeben von Kunst: Viele Zeichnungen und Gemälde hängen an den Wänden, Skulpturen und Fotos stehen auf dem Flügel. Eines davon hat einen besonders exponierten Platz bekommen. Der Rahmen scheint stumpf, in den vielen Jahren wurde er wohl oft in die Hand genommen. Die Aufnahme darin ist verblichen. Sie zeigt einen ernsten jungen Mann: Alexander Schmorell.

Auf dem Bild ist er gerade vierundzwanzig Jahre alt. Es ist eine Aufnahme, die ihn in einem Hörsaal zeigt. Zu dieser Zeit studiert er im fünften Semester Medizin, zusammen mit seinem Freund Hans Scholl. Im September 1941 besucht der musisch begabte Student erstmals das private Zeichenstudio Heinrich König. Dort begegnet der Halbrusse Lilo Fürst-Ramdohr, die damals Lilo Berndl hieß und vier Jahre älter ist als er. Weil sich beide für Kunst und Li-

teratur interessieren, entsteht eine enge Be-
ziehung, die auf großem Vertrauen basiert.
In der Wohnung von Lilo Berndl porträ-
tieren sie gemeinsam den Stadtstreicher
Alois Pitzinger, der sie vermutlich später im
Februar 1943 denunzieren wird. Durch Alex-
ander Schmorell, den seine Freunde auch
Schurik nennen, lernt Lilo Christoph Probst,
Hans Scholl und andere aus dem Freundes-
kreis kennen.

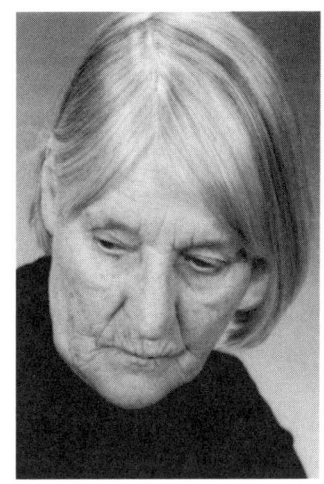

Das Leben der Tochter aus reichem Haus
verlief nicht immer glücklich: Geboren
ist Lilo Ramdohr am 11. Oktober 1913 in
Aschersleben. Der geliebte Vater stirbt, als
das Mädchen zwei Jahre alt ist. Das Verhältnis zum Stiefvater,
einem Hauptmann, ist angespannt. Wie sie sich heute erinnert,
war ihre Mutter eine interessante, außergewöhnliche Frau. Lilo ist
das mittlere von drei Kindern, zu dem sieben Jahre älteren Bruder
hat sie weniger Kontakt, mehr jedoch zu dem nur anderthalb Jahre
jüngeren. Als die Mutter, eine Malerin, Lilo Ramdohr ihre große
Jugendliebe verbietet, ist sie am Boden zerstört, will sich gar das
Leben nehmen. Ihr Onkel rettet sie.

Nach Abschluss der mittleren Reife wird sie für ein Jahr nach
London geschickt, um dort Englisch zu lernen. Anschließend besucht sie bis zum Abitur das Internat «Dr. Weiß» in Weimar. Dort
lernt die schüchterne Schülerin Falk Harnack während einer gemeinsamen Theateraufführung ihrer beiden Schulen kennen. Gespielt wird Shakespeares Komödie *Der Widerspenstigen Zähmung*.
Lilo stellt die Widerspenstige dar, die von Falk gezähmt werden
soll. Falk Harnack möchte sie heiraten. Er ist der jüngere Bruder
von Arvid Harnack, in dessen Berliner Wohnung sich Nazigegner
treffen. Arvid gehört einer Widerstandsorganisation an, die von
der Gestapo als «Rote Kapelle» bezeichnet wird.

Mit neunundzwanzig wird Lilo Berndl Witwe: Ihr Mann, der Baurat Otto Berndl, fällt im Sommer 1942 in Russland.

Längst hat Alexander Schmorell seiner Vertrauten gegenüber Andeutungen über die politischen Aktionen der Freunde gemacht, später bittet er um ihr Urteil bei der einen oder anderen Formulierung in den Flugblättern. «Doch ich selbst», sagt Lilo Fürst-Ramdohr, «wollte auf keinen Fall aktiv mitmachen.» Aber sie stellt ihre Wohnung zur Verfügung, einen Ort, an dem sich die Freunde ungestört treffen können.

Im November 1942 arrangiert sie ein Treffen von Hans Scholl und Alexander Schmorell mit Falk Harnack in Chemnitz, der dort gerade als Theaterregisseur arbeitet. Falk ist bereit, Verbindung zu anderen Widerstandskreisen herzustellen.

Am 22. Dezember 1942 wird sein Bruder Arvid in Berlin hingerichtet. Ein furchtbarer Schlag für alle. Anfang Februar 1943 trifft sich Harnack mit Mitgliedern der Weißen Rose in München. Er will ein Treffen zwischen Hans Scholl und seinem Vetter, dem Pfarrer Dietrich Bonhoeffer, für den 25. Februar 1943 in Berlin vereinbaren. An diesem Tag wartet Falk Harnack in Berlin vergeblich auf den Besuch aus München. Hans Scholl, seine Schwester Sophie und Christoph Probst sind am 22. Februar 1943 hingerichtet worden.

Am Tag der Verhaftung seiner Freunde kann Alexander Schmorell rechtzeitig fliehen. Er taucht unter, zunächst in der Wohnung von Lilo, die ihm auch bei seinen Fluchtvorbereitungen hilft. Während eines Bombenangriffs am 24. Februar 1943 wird Alexander Schmorell in einem Luftschutzkeller in München erkannt und festgenommen. Der Volksgerichtshof verurteilt ihn am 19. April zum Tode. Knapp drei Monate später, am 13. Juli 1943, wird er in München-Stadelheim durch das Fallbeil geköpft.

Später, viel später wird ihr Falk Harnack die letzte Begegnung mit Alexander Schmorell am 19. April 1943 im Gefängnis München-Stadelheim schildern. In einem Brief schrieb er unter anderem:

1 Lilo Ramdohr in ihrer Wohnung, 1940

2 Christoph Probst und Alexander Schmorell, befreundet seit ihrer Schulzeit

3 Willi und Anneliese Graf mit ihrer Mutter, 1938

4 Beim Fechtunterricht, 1939: Christoph Probst (links)

5 Jürgen Wittenstein (links) mit demselben Fechtlehrer, 1939

6 Christoph Probst, 1939

7 Christoph Probst übernachtet in Jürgen Wittensteins Studentenbude, 1939

8 Alexander Schmorell im Hörsaal, 1939

9 Professor Kurt Huber

10 Traute Lafrenz und Hans Scholl, Sommer 1941

Flugblätter der Weissen Rose.

I

Nichts ist eines Kulturvolkes unwürdiger, als sich ohne Widerstand von einer verantwortungslosen und dunklen Trieben ergebenen Herrscherclique "regieren" zu lassen. Ist es nicht so, dass sich jeder ehrliche Deutsche heute seiner Regierung schämt, und wer von uns ahnt das Ausmass der Schmach, die über uns und unsere Kinder kommen wird, wenn einst der Schleier von unseren Augen gefallen ist und die grauenvollsten und jegliches Mass unendlich überschreitenden Verbrechen ans Tageslicht treten? Wenn das deutsche Volk schon so in seinem tiefsten Wesen korrumpiert und zerfallen ist, dass es ohne eine Hand zu regen, im leichtsinnigen Vertrauen auf eine fragwürdige Gesetzmässigkeit der Geschichte, das Höchste, das ein Mensch besitzt, und das ihn über jede andere Kreatur erhöht, nämlich den freien Willen, preisgibt, die Freiheit des Menschen preisgibt, selbst mit einzugreifen in das Rad der Geschichte und es seiner vernünftigen Entscheidung unterzuordnen, wenn die Deutschen so jeder Individualität bar, schon so sehr zur geistlosen und feigen Masse geworden sind, dann, ja dann verdienen sie den Untergang.

Goethe spricht von den Deutschen als einem tragischen Volke, gleich dem der Juden und Griechen, aber heute hat es eher den Anschein, als sei es eine seichte, willenlose Herde von Mitläufern, denen das Mark aus dem Innersten gesogen und nun ihres Kernes beraubt, bereit sind sich in den Untergang hetzen zu lassen. Es scheint so - aber es ist nicht so; vielmehr hat man in langsamer, trügerischer, systematischer Vergewaltigung jeden einzelnen in ein geistiges Gefängnis gesteckt, und erst, als er darin gefesselt lag, wurde er sich des Verhängnisses bewusst. Wenige nur erkannten das drohende Verderben, und der Lohn für ihr heroisches Mahnen war der Tod. Ueber das Schicksal dieser Menschen wird noch zu reden sein.

Wenn jeder wartet, bis der Andere anfängt, werden die Boten der rächenden Nemesis unaufhaltsam näher und näher rücken, dann wird auch das letze Opfer sinnlos in den Rachen des unersättlichen Dämons geworfen sein. Daher muss jeder Einzelne seiner Verantwortung als Mitglied der christlichen und abendländischen Kultur bewusst in dieser letzten Stunde sich wehren so viel er kann, arbeiten wider die Geisel der Menschheit, wider den Faschismus und jedes ihm ähnliche System des absoluten Staates. Leistet passiven Widerstand - W i d e r s t a n d - wo immer Ihr auch seid, verhindert das Weiterlaufen dieser atheistischen Kriegsmaschine, ehe es zu spät ist, ehe die letzten Städte ein Trümmerhaufen sind, gleich Köln, und ehe die letzte Jugend des Volkes irgendwo für die Hybris eines Untermenschen verblutet ist. Vergesst nicht, dass ein jedes Volk diejenige Regierung verdient, die es erträgt!

Aus Friedrich Schiller, "Die Gesetzgebung des Lykurgus und Solon":

"....Gegen seinen eigenen Zweck gehalten, ist die Gesetzgebung des Lykurgus ein Meisterstück der Staats- und Menschenkunde. Er wollte einen mächtigen, in sich selbst gegründeten, unzerstörbaren Staat; politische Stärke und Dauerhaftigkeit waren das Ziel, wonach er strebte, und dieses Ziel hat er so weit erreicht, als unter seinen Umständen möglich war. Aber hält man den Zweck, welchen Lykurgus sich vorsetzte, gegen den Zweck der Menschheit, so muss eine tiefe Missbilligung an die Stelle der Bewunderung treten, die uns der erste, flüchtige Blick abgewonnen hat. Alles darf dem Besten des Staates zum Opfer gebracht werden, nur dasjenige nicht, dem der Staat selbst nur als ein Mittel dient. Der Staat selbst ist niemals Zweck, er ist nur wichtig als eine Bedingung, unter welcher der Zweck der Menschheit erfüllt werden kann, und dieser Zweck der Menschheit ist kein anderer, als Ausbildung aller Kräfte des Menschen, Fort-

11 Das erste Flugblatt der Weißen Rose (Vorderseite)

12 Verabschiedung am Münchener Ostbahnhof, 23. Juli 1942: hinter dem Zaun
Sophie Scholl, davor Hubert Furtwängler, Hans Scholl, Willi Graf (mit dem Rücken
zum Fotografen), Raimund Samüller (mit erhobener Hand), Alexander Schmorell
(v. l. n. r.)

13 Sophie Scholl, davor Furtwängler, Hans Scholl, Samüller und Schmorell

14 Hans und Sophie Scholl mit Christoph Probst

15 Auf dem Weg an die russische Front: Jürgen Wittenstein in Wjasma, dem ersten Ort der Verteilung, Juli 1942

16 Jürgen Wittenstein bei nächtlichen Aufzeichnungen, Juli 1942

17 Hubert Furtwängler, Hans Scholl und Alexander Schmorell in Wjasma

18 Alexander Schmorell und Hans Scholl in Wjasma

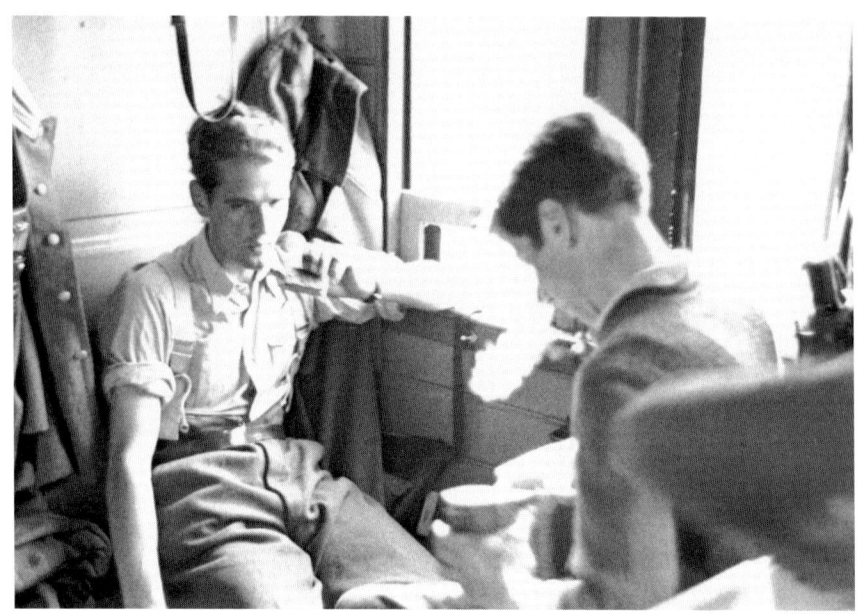

19 und 20 Hans Scholl und Alexander Schmorell bei der Weiterfahrt nach Ghatsk

21 Jürgen Wittenstein auf dem Weg nach Ghatsk

22 Hubert Furtwängler, Hans Scholl, Willi Graf, Alexander Schmorell und ein
Unbekannter in Ghatsk. Es war das letzte gemeinsame Essen der Freunde.

Jm Namen

3 des Deutschen Volkes

Jn der Strafsache gegen

1.) den Hans Fritz S c h o l l aus München, geboren in Jngers-
heim am 22. September 1918,

2.) die Sophia Magdalena S c h o l l aus München, geboren in
Forchdenberg am 9.Mai 1921,

3.) den Christoph Hermann P r o b s t aus Aldrans bei Jnnsbruck,
geboren in Murnau am 6. November 1919,

zur Zeit in dieser Sache in gerichtlicher Untersuchungshaft,

wegen landesverräterischer Feindbegünstigung, Vorbereitung zum
Hochverrat, Wehrkraftzersetzung

hat der Volksgerichtshof, 1. Senat, auf Grund der Hauptverhandlung
vom 22. Februar 1943, an welcher teilgenommen haben

als Richter :

Präsident des Volksgerichtshofs Dr.Freisler, Vorsitzer,

Landgerichtsdirektor Stier,

ᛋᛋ-Gruppenführer Breithaupt,

SA-Gruppenführer Bunge,

Staatssekretär und SA-Gruppenführer Köglmaier,

als Vertreter des Oberreichsanwalts:

Reichsanwalt Weyersberg,

für Recht erkannt :

Die Angeklagten haben im Kriege in Flugblättern zur Sabotage der Rüstung und zum Sturz der nationalsozialistischen Lebensform unseres Volkes aufgerufen,defaitistische Gedanken propagiert
und den Führer aufs gemeinste beschimpft und dadurch den Feind des
Reiches begünstigt und unsere Wehrkraft zersetzt.

Sie werden deshalb mit dem

T o d e

bestraft.

Jhre Bürgerehre haben sie für immer verwirkt.

23 Das Todesurteil gegen Hans und Sophie Scholl und Christoph Probst, Februar 1943

«Siebenundachtzig Menschen warteten damals auf die Hinrichtung! An jeder Tür hing ein kleines Schild mit dem Zeichen TU (Todesurteil), auf dem Boden lag vor jeder Zellentür ein Kleiderbündel. Die Gefangenen durften nachts nichts in den Zellen haben. Hier nahmen wir voneinander Abschied. Als Alexander mir die Hand gab, sagte er mit einem kleinen Lächeln: ‹Grüße Lilo sehr von mir. Ich habe viel an sie gedacht.›»

Und Lilo Ramdohr? Nur ein paar Tage nach der Verhaftung ihres Freundes kommt sie am 2. März in Untersuchungshaft. Vorübergehend. Doch nach ihrer Entlassung bleibt die Angst, dass die Gestapo mit ihr ein falsches Spiel spielt: «Sie lassen mich frei, nur um mich dann wieder einzufangen.» Aus diesem Grund verlässt sie München und sucht Zuflucht bei ihrer Familie in Aschersleben.

Im Februar 1944 heiratet die Malerin und Gymnastiklehrerin den Sanitätsfeldwebel Karl Gebhard Fürst, mit dem sie die Tochter Ulrike bekommt. Nie verlässt sie die Angst vor Menschen, vor dem, wozu sie fähig sind. Noch heute, wenn sie nachts nicht schlafen kann und ihre Gedanken sie quälen, dann fallen ihr die letzten Worte von Alexander Schmorell ein, die er ihr bei seinem Abschied am 20. Februar 1943 um zwei Uhr morgens sagte: «Wenn es denn sein soll, werde ich mich auf das Sterben freuen, weil ich ja weiß, dass es kein Ende gibt.» Und das hat dann etwas Tröstendes für sie.

Alles fing an, als Sie Alexander Schmorell 1941 in dem privaten Zeichenstudio «Die Form» in München kennen lernten. Er hatte sich dort ebenfalls für die Abendkurse eingeschrieben. Wie war Ihre erste Begegnung?

Voraus schicken muss ich, dass ich nach Einberufung zum Erntedienst in Holzkirchen bei München eine Kurzausbildung als Schwesternhelferin erhielt, um danach in einem Standortlazarett in München, damals unter Leitung von Professor Lebsche, erneut einberufen zu werden.

Meinem Mann, dem Baurat Otto Berndl, hatte ich es zu verdanken, dass ich eines Tages auf unbestimmte Zeit aus dem Lazarettdienst wieder entlassen wurde, um meine begonnene Lehrerinnenausbildung in der Günterschule, die mit Carl Orff zusammenarbeitete, fortsetzen zu können. Daneben belegte ich Abendkurse in Heinrich Königs Kunstschule «Die Form», Porträt und Aktzeichnung. Ich wollte im Zeichnen in der Übung bleiben, was ich bei Professor Schneidler in Stuttgart und Professor Pretorius in München gelernt hatte. Das Atelier befand sich in der Leopoldstraße 61, im Dachgeschoss. Eines Abends erschien ein neuer Schüler – Alexander Schmorell. Mit einem leicht verlegenen Lächeln überflog er den Atelierraum und sah sich nach einem Platz um. Er sah gut aus, war hoch gewachsen und hatte eine positive Ausstrahlung. Er fiel völlig aus unserer Zeichengemeinschaft heraus, da die meisten entweder körperlich behindert, krank, alt oder durch den Krieg geschädigt waren. Alex entschied sich für einen Platz unter dem Dachfenster, wo er seine langen Beine gut unterbringen konnte. Mein Platz befand sich an der rechten Seitenwand, in der Nähe des Podestes, wo unsere Modelle waren.

Als Alex das zweite Mal den Kurs besuchte, kam er in der Pause zu mir und sagte: «Darf ich mal sehen, was Sie gezeichnet haben?» Ich gab ihm meinen Block mit den Worten: «Ist noch nicht viel drauf zu sehen.» Wir lachten. Nach Beendigung der Kursstunde verließ ich schnell den Raum und stieg die vielen Treppen hinunter. Ich vernahm, dass jemand mir nachsprang. Ich holte aus dem dunklen Hauseingang mein Fahrrad und schob es auf die Leopoldstraße. Plötzlich stand Alex mit seinem Rad neben mir. Er fragte: «Wo fahren Sie denn lang?» Ich antwortete: «Ich muss nach Nymphenburg.» Daraufhin meinte Alex: «Darf ich Sie denn begleiten?» – «Gern», erwiderte ich. – «Habe mir doch gleich gedacht, dass wir uns verstehen, ich heiße Alex.» – «Und ich heiße

Lilo», antwortete ich. Wir lachten, während wir schnell Rad fuhren.

Jedes Mal, wenn wir an dem Zeichenkurs teilnahmen, brachte Alex mich nach Hause, obwohl er in der entgegengesetzten Richtung wohnte, in der Benediktenwandstraße. Die gemeinsamen Radfahrten waren immer sehr lustig, und wir wurden richtig gute Freunde.

War es ein rein freundschaftliches Verhältnis?

Ja, das war es natürlich. Aus einer Freundschaft, die sich aus dem gemeinsamen großen Interesse für Kunst und Literatur ergab, entwickelte sich eine schöne Beziehung menschlichen Vertrauens und Verstehens. Ich war zudem verheiratet. Mein Mann war im Einsatz in Russland, und damit, auch dass ich vier Jahre älter war als Alex, bestand eine gegebene Distanz zwischen uns. Als Freunde brauchten wir einander sehr, denn in diesen Kriegsjahren konnte man sehr einsam sein. In diesen Jahren entstanden wunderbare Freundschaften. Auch dass Alex sehr früh, im Jahre 1918, seine russische Mutter verlor und ich 1915 meinen Vater, war eine Gemeinsamkeit, die uns gewiss auch geprägt hat. Solche Ereignisse haben schon ihre Wirkung. Alex war von einer Sensibilität, die beglückend war. Beispielsweise fuhr er manchmal in großen Umwegen durch die zerbombten Straßen von München, um mir etwas zu bringen oder mir einen Wunsch zu erfüllen.

Am 10. Mai 1942 ist mein Mann Otto in Russland in Miljatino gefallen. Als ich das Alex erzählte, hatte er Tränen in den Augen. Er sagte: «Das ist schrecklich. Wir sind doch so gut befreundet, und dein Mann wird von russischen Soldaten erschossen.»

Seit dieser Zeit war ich Witwe. Und Falk Harnack, den ich seit Jugendzeiten kannte, bemühte sich jetzt doppelt um mich. Der Bruder von Falk, Dr. Arvid Harnack und dessen Frau Mildred – die wie auch Alex und meine Mutter am 16. September Geburtstag hatten –, waren beide im Widerstand gegen Hitler.

Die Atmosphäre in Deutschland wurde immer dunkler und beängstigender, natürlich auch durch die immer häufiger und grässlicher werdenden Luftangriffe.

Angelika, die Schwester von Christoph Probst, mit dem Alex ja schon aus Schultagen bekannt war, war seine große Liebe. Doch sie heiratete Herrn Knoop, was Alex aber akzeptierte. Einmal, als Alex und ich im Nymphenburger Park spazieren gingen, sagte er, halb im Scherz: «Wir laufen uns alle im Kreise nach.»

Ich möchte hier aber einmal deutlich machen, dass alle, die auch später der Widerstandsgruppe angehörten, außer Professor Kurt Huber, jung waren, ihr Leben noch vor sich hatten und nach Werten suchten, mit denen sie sich identifizieren konnten. Natürlich suchten sie auch nach einem Partner. Freundschaft war ungeheuer wichtig. Aus Freundschaft wächst die rettende Tat. Und das Glück der Verbundenheit mit einem gleich gesinnten Menschen kann zu einer Bestätigung von Erkenntnissen im Gespräch werden. Die große Voraussetzung «Freundschaft» bekam eine politische Bedeutung, wurde zu einem wesentlichen Gegengewicht.

Diese Freundschaftsmoral hatten alle im Kreis der Weißen Rose. Und alle waren Regimegegner. Die Sehnsucht nach individueller Freiheit, die göttliche Ordnung zum Maßstab der Beziehung zwischen den Menschen und Völkern zu machen, war ein verbindendes Ziel.

Als Sie und Alexander Schmorell Freunde wurden, sprachen Sie da schon über Hitler?

Über Hitler zu reden wagte man erst, wenn man sein Gegenüber richtig kannte. Wir kannten uns ja noch nicht lange. Bisher wusste ich nur von ihm, wo er wohnte, dass er Medizin studieren würde, das aber mehr seinem Vater zuliebe. Aber durch das Studium, so sagte er, würde er auch von der Front zurückgestellt werden. Eigentlich hätte er es lieber mit gesunden als mit kranken Menschen zu tun.

Übrigens hatte mir Alex gleich am Anfang, als wir uns kennen lernten, seine Freunde Christoph Probst und Hans Scholl vorgestellt, als sie ihn nach dem Zeichenkurs bei König abholten. Manchmal besuchten wir alle die italienische Weinstube «Lombardi», wo wir ein Glas Rotwein tranken, zu dem wir eine Semmel oder eine Scheibe Schwarzbrot verzehrten. Gesprochen wurde da fast nichts. Die Freunde hatten stets eine Pfeife im Mund, rauchten aber nicht. Ich glaube, diese gemütlichen Pfeifen sollten eine Art Protest gegen die Uniformierung darstellen. Das war im Herbst 1941.

Als wir uns dann länger kannten, wurden unsere Gespräche inhaltlich natürlich politischer, also die Auseinandersetzung mit dem deutschen Schicksal durch Hitler. Bei diesen Gesprächen erfuhr ich auch, dass Alex Halbrusse war und von seiner großen Liebe und Begeisterung für Russland. Übrigens hatte auch mein Freund aus der Schulzeit, Falk Harnack, immer begeistert von diesem Land gesprochen.

Kurz vor Weihnachten 1941 besuchten Alex und ich Konzerte. Wir fuhren auch des Öfteren zum Chiemsee. Alex lernte den Maler Willibald Demmel kennen. Und aus vielen Bemerkungen von Alex begann ich langsam zu erahnen, was ihn ständig beschäftigte.

Eines Tages wurde in der Kunstschule ein neues Modell präsentiert. Es war der Alois Pitzinger, ein Stadtstreicher mit einem ungemein ausdrucksstarken Gesicht, er war ein Trinker und ein echt bayerischer, ländlicher Typ. Da unsere Sitzungen immer nur eine Stunde dauerten, hatten wir nie Zeit bei unseren Porträtstudien, uns länger mit diesem interessanten Gesicht zu beschäftigen. Aus diesem Grund fragte ihn Alex, ob er nicht zu mir in die Wohnung nach Nymphenburg kommen wolle – ich hatte auch Staffeleien –, um uns einen ganzen Tag Modell zu sitzen. Er bekam dann 1,50 Reichsmark die Stunde und wollte auch noch ein Bad. Auch wenn ich jetzt ein wenig vorgreife: Der Pitzinger hat mich, ja uns nachher verraten. Es gibt Behauptungen, dass er ein Spitzel der Gestapo war, aber das stimmt nicht. Es gab im *Völkischen Beobachter* einen Fahndungsaufruf mit Foto von Alexander Schmorell. Wer bei der Ergreifung half, dem wurden 1000 Reichsmark Belohnung versprochen. Als ich dann von der Gestapo am 2. März 1943 aus der Wohnung geholt wurde, sahen die beiden Gestapo-Männer Pitzinger-Porträts von mir und sagten daraufhin: «Der hat uns alles erzählt.» Ich dachte mir, dass sie ihn erpresst hatten, Namen und Wohnungen preiszugeben, und auch mit Geld gelockt hatten.

Als Sie den Pitzinger malten, da beschäftigten Sie sich doch nicht nur mit Kunst?

In den ersten Wochen unserer Freundschaft eigentlich schon. Für Alexander Schmorell stand in diesem Herbst 1941 fest, dass er nach dem Krieg Bildhauer werden wollte. Immer wieder sprach er von Auguste Rodin. Diesem Genie wollte er nacheifern. Ich schenkte ihm daraufhin das Foto einer Reproduktion der aus einem Marmorsockel herausgearbeiteten Skulptur von Camille Rodin, der Ehefrau von Auguste. Sie hieß *Die Quelle*.

Manchmal besuchte mich Alex auch am Abend, dann brachte er einen Samowar mit und bereitete Tee zu. Oder er kochte Kaffee, was ich nicht tun durfte, weil er meinte, deutsche Frauen könnten keinen zubereiten, da sie immer die Kaffeekanne auswaschen würden, wodurch das Aroma verloren gehe. Oft saßen wir im Dunkeln und ahnten nur, wo sich der andere befand, und fingen ein Gespräch an. Ich sprach mit Alex über den Prozess meines Vormundes Willi Ramdohr (des Bruders meines verstorbenen Vaters), der gegen das Unrecht nationalsozialistischer Enteignungen anging. Nach sechs aufreibenden Jahren verlor er 1940 den Prozess.

Und ich berichtete ihm auch von Falk Harnack, dass er anders sei als viele seiner Freunde, wodurch Alex sehr hellhörig wurde und meinte, dass er dieses Anderssein nachempfinden könne.

Und wie war Ihre politische Einstellung?

Ich erinnere mich noch an einige Erlebnisse aus meiner Zeit in Weimar, es war vor Hitlers Machtergreifung. Ich ging mit Falk zu einer Theateraufführung, und anschließend trafen wir uns noch mit Freunden von ihm – Moritz Schmidt, dem Bühnenbildner des Nationaltheaters in Weimar, und Resi Freund, einer Jüdin aus Berlin. Falk sagte, dass Hitler im «Weißen Elefanten», einem Hotel, eine Parteitagung abhalten würde, die Veranstaltung sei öffentlich. Gespannt betraten wir den Saal. Hitler stand auf einem Podest, um ihn herum standen drei SA-Männer. Unbedeutend fand ich ihn. Ich sagte zu Falk: «Ich verstehe nicht, wie ihr so viel Theater um diesen Mann machen könnt, der ist doch völlig unscheinbar.» Falk antwortete: «Das ist es ja eben. Aber warte nur ab, so unscheinbar ist der gar nicht.»

Eine andere Begebenheit hatte ich in derselben Zeit an einem Spätsommertag. Falk und ich hatten einen Ausflug zum Schloss Belvedere bei Weimar gemacht, wir saßen gerade im Wirtshausgarten. Plötzlich kamen Hermann Göring und die Schauspielerin Emmy Sonnemann in einem schwarzen Mercedes über den Kies vorgefahren, und als sie ausstiegen, setzten sie sich zu uns an den Nachbartisch. Falk stand auf und drehte ihnen den Rücken zu, mich fragte er: «Lilo, weißt du nicht, wer der Göring ist?» – «Nee», sagte ich, «weiß ich nicht.» – «Das ist ein enger Mitarbeiter von Hitler.» In diesem Moment schämte ich mich, dass ich noch immer nicht den Versuch unternommen hatte, mich für Politik zu interessieren, schon Falk zuliebe. Er hatte eine extrem feindliche Einstellung gegenüber der nationalsozialistischen Bewegung. Ich war oft bei den Harnacks zu Besuch, Falks Mutter, sein Bruder Arvid und dessen Frau Mildred erzählten mir viel, ich bekam von ihnen regelrecht eine politische Ausbildung. Und weil ich die Familie großartig fand, schloss ich mich ihren Gedanken an. Ja, Falk prägte mich sehr in meinem Denken, dennoch gelangte ich nach und nach zu einer eigenen, differenzierteren Meinung.

Und wann kam es dann zu einer politischen Offenbarung zwischen Alexander Schmorell und Ihnen?

Nach Weihnachten 1942. Wir gingen viel spazieren im Nymphenburger Park oder fuhren zum Walchensee oder an den Chiemsee. Einige Male besuchten wir den Kunstmaler Willibald Demmel in Gstadt, der dort wohnte und sein Atelier hatte. Er war vom Kriegsdienst befreit, weil er sich von einem schweren Unfall beim Bergsteigen nie wieder gesundheitlich erholt hatte. Demmel sagte zu uns: «Das mit dem Hitler, das kann mal eine ganz schlimme Sache werden.» Er riet mir, bei einem Bauern ein Zimmer zu mieten, um vor den Luftangriffen – sie wurden auf die Großstädte immer heftiger – eine sichere Bleibe zu haben. Ich weiß noch, wie der Demmel immer so herrlich auf Bayerisch über den Hitler schimpfte, Alex und ich kamen aus dem Lachen gar nicht mehr raus.

Ich befolgte den Rat des Malers und mietete eine kleine Kammer auf dem Bumbererhof, einem Gehöft in der Nähe von Breitbrunn. Sie befand sich über dem Hühnerstall, im Zuhäusl der Bäuerin. Alles war voller Spinnweben, und wir mussten den kleinen Raum erst einmal gründlich säubern und weißeln. Jedes Mal, wenn wir dort hinkamen, brachten wir einen Koffer mit einigen Wertsachen und etliche Zeichnungen mit, auch viele Studien von dem Pitzinger, an denen Alex viel lag und die ihm auch besonders gut gelungen waren. Wir verlebten viele Stunden miteinander, man konnte gar nicht mehr ohne den anderen auskommen.

Je länger ich mit Alex zusammen war, umso mehr wurde mir klar, an seinem Verhalten und an dem seiner Freunde, dass sie sich immer intensiver und ernsthafter mit dem Widerstand beschäftigten. Hauptsächlich bemerkte ich das aber bei gemeinsamen Konzertbesuchen, zu denen auch Christoph Probst und Hans Scholl mitkamen. Alex unterhielt sich in den Pausen lange mit ihnen und auch anderen jungen Leuten, manchmal kam er erst wieder auf seinen Platz, nachdem die Pause schon längst vorbei war. Zu diesem Zeitpunkt vermied ich es, Alex direkt darauf anzusprechen, aber ich brauchte das auch gar nicht, weil ich schon eine Ahnung hatte. Es war schon öfters von passivem Widerstand die Rede gewesen, das hatte ich ja schon bei den Harnacks gehört. Für mich lag es nahe, dass man auch den nächsten Schritt tun könnte. Nur, wie sollte dieser aussehen? Bestätigt wurden dann meine Vermutungen, als der Alex dann einmal sehr leise zu mir sagte: «Hans will, dass möglichst wenig Menschen gefährdet werden.» Für mich bedeutete dieser Satz, dass man anfing, mich ins Vertrauen zu ziehen.

Hans Scholl kam auch öfters ins Atelier, die beiden kannten sich aber erst seit kurzem, seit Ende April 1941. Zu dem Hans hatte ich einen stärkeren Kontakt als zu Christoph Probst, er strahlte diesen tiefen Ernst aus, zu dem ich mich hingezogen fühlte. Immer schaute er nach oben, das war so eine Angewohnheit von ihm. Als ich Hans meine Bilder zeigte, speziell meine Aquarelle, da gab es eines, das er besonders gern mochte. Darauf war der Walchensee zu sehen und ein Baum, der einmal von einem Blitz getroffen wurde, aber jedes Jahr erneut ausschlug. Hans sagte über dieses Bild: «Siehste, der Baum ist tot und treibt dennoch immer neue Blätter.» Wir hatten so schöne Gespräche gehabt. Und irgendwann einmal erzählte ich ihm und Alex von Harnack und seiner Familie. Die beiden konnten nicht genug hören. Alex meinte dann einmal zu mir: «Ich beneide dich, dass du so tolle Freunde hast.»

Wann haben Sie mitbekommen, dass Alexander Schmorell und Hans Scholl aktiv etwas gegen Hitler unternahmen?

Wir hatten ja schon öfters über Hitler gesprochen und unsere Aversionen gegen ihn, aber eines Tages kam Alex plötzlich bei mir vorbei, es war noch bevor sie mit den ersten Flugblättern anfingen, und sagte zu mir: «Die werfen jetzt Briefe in die öffentlichen Briefkästen.» Ich fragte dann, wer denn mit «die» gemeint und an welche Menschen denn die Briefe adressiert seien. «Die haben eine geheime Post erfunden», erwiderte er daraufhin. Er sagte mir nicht, dass er sich an dieser Aktion beteiligen wollte. Trotzdem ließ mich nicht das Gefühl los, dass auch Alex darin involviert sein könnte. In diesem Augenblick erinnerte ich mich daran, dass ich ein halbes Jahr zuvor von Arvid Harnack erfahren hatte, dass er und seine Frau Mildred jetzt im Widerstand seien. Sie gehörten zum Widerstandskreis «Die Rote Kapelle». Folglich fragte ich Alex: «Mein Gott, ist das nicht gefährlich, was ihr da macht?» – «Nein», antwortete er. Und nun erzählte er von den Flugblättern. «Wir müssen jetzt anfangen», sagte er ganz aufgebracht. In diesem Moment bekam ich Angst um meinen Freund. Erst diese Angst um die Harnacks, und nun musste ich mich auch um diese Jungs sorgen. Als Alex immer deutlicher wurde, sagte ich: «Du kannst mit mir rechnen, du kannst jederzeit zu mir in die Prinzenstraße kommen, wenn etwas ist.» Immerhin war die Prinzenstraße weit weg von der Leopoldstraße und der Universität. Ich gab Alex meinen Wohnungsschlüssel, damit er auch tatsächlich jederzeit hineinkonnte.

Denken Sie, dass es Alexander Schmorell viel Überwindung gekostet hat, sich Ihnen anzuvertrauen?

Alex erzählte mir, dass der Hans einmal zu ihm gesagt hätte, dass er mich nicht gefährden solle. Aber Alex brauchte mich. Einerseits hielt er viel von meiner Meinung, andererseits musste er sich bei einer Person aussprechen können. Seine Mutter lebte nicht mehr, sie war 1919 an Typhus gestorben, da war Alex gerade zwei Jahre alt. Der Vater, der Arzt Dr. Hugo Schmorell, war dann 1921 mit der Kinderfrau von Russland aus nach Deutschland übergesiedelt. Alex benötigte eine Vertraute.

Sie waren ja auch vier Jahre älter als Alexander Schmorell ...

... und vielleicht interessierten ihn deshalb ältere Frauen mehr, weil er eben so früh keine Mutter mehr hatte. Eigentlich hatte ich selber genug Schlimmes erlitten, hatte 1915 meinen Vater Richard Ramdohr verloren, dann meinen Mann, Otto Berndl. Ich wollte keine Angst mehr um einen Menschen haben. Alex sagte, dass er so glücklich sei, dass er jederzeit zu mir kommen dürfe. Er war so glücklich, dass er sich an mein Klavier setzte und mit voller Kraft Tschaikowsky spielte.

Sprach er davon, was passieren könnte, wenn das mit den Flugblättern rauskommen würde?

Über irgendwelche Gefahren hatte er nicht gesprochen, nur dass Hans und er jetzt Flugblätter schreiben würden. Und als sie damit anfingen, fragte mich Alex manchmal, wie ich denn den einen oder anderen Satz finden würde. Einmal hatte er etwas von «Hütten und den armen Müttern» formuliert, und da meinte ich zu ihm, dass das ein bisschen naiv klingen würde.

Falk kritisierte im Nachhinein die Flugblätter. Er meinte, sie seien unverständlich für das normale Volk, sie hätten viel einfacher formuliert sein müssen. Er hatte Recht gehabt. Wie sollten die Leute die Flugblätter verstehen, wenn da von Schiller, Goethe oder Novalis die Rede ist. Sie hätten einfach sagen sollen, dass der Hitler gefährlich ist und dass seine Ziele zu nichts führen werden. Wenn Goebbels später über Radio verkünden ließ, wir wären dem Sieg «näher denn je», und die Städte lagen in Trümmer und Asche, da hätte man deutlicher sagen müssen, dass das nationalsozialistische Regime einzig auf Lügen aufgebaut sei. Mit solchen Sachen wurden die Menschen nie konfrontiert. Die Schöpfung Mensch war durch Hitler und seine Anhänger vergewaltigt worden.

Worin bestand Ihre Motivation, die anderen zu unterstützen? War es Freundschaft oder Solidarität mit deren Gedanken gewesen?

Genau hatte ich es mir nicht überlegt – ja, vielleicht war es Freundschaft gewesen. Alex hatte mich mehr als einmal gebeten, ich solle doch mitkommen, nach Regensburg und anderswohin, die Flugblätter im Rucksack, um sie in die jeweiligen öffentlichen Briefkästen zu werfen. Nie hätte ich die Flugblätter verteilen können, dazu war meine Angst vor den Folgen zu groß gewesen.

Wie kam es dann, dass Sie mehr über den Widerstand erfuhren?

Hans Scholl wollte überhaupt nicht, dass jemand von den Flugblättern erfuhr. Aus diesem Grund gab mir Alex, der sie ja zusammen mit Hans formulierte und verteilte, niemals eines ganz zu lesen. Weiter hineingezogen wurde ich eigentlich durch Falk Harnack. Er arbeitete gerade als Regisseur in Chemnitz und schrieb mir einen Brief. In diesem stand: «Komm doch bitte, es ist etwas Schreckliches passiert.» Ich fuhr sofort nach Chemnitz und erfuhr dann von ihm, dass man seinen Bruder Arvid und seine Frau in Berlin festgenommen hätte. Kurz vor seiner Verhaftung war Arvid noch bei mir gewesen und hatte zu mir gesagt: «Wir wollen eine Brücke des Friedens zu Russland bauen, wir wollen nicht, dass der Krieg ausartet.» Als man Arvid am 22. Dezember 1942 hingerichtet hatte, ließ sich Hitler seine gesamten Schriften kommen.

Falk war sehr unglücklich über die Verhaftung seines Bruders. Denn Arvid war für ihn sehr wichtig, er war zwölf Jahre älter als Falk und ein Vaterersatz für ihn gewesen. Ich sagte ihm: «Es gibt da in München eine Gruppe von Studenten, die ich kenne, die auch damit angefangen haben, aktiv gegen Hitler Widerstand zu leisten.» Falk meinte daraufhin: «Irrst du dich nicht, Lilo?» Ich war ziemlich beleidigt und erwiderte ihm: «Ich bin dauernd mit einem dieser Studenten zusammen.»

Wie kam dann der Kontakt zwischen Falk Harnack und Alexander Schmorell zustande?

Bevor ich nach Chemnitz fuhr, hatte ich mich noch von Alexander und Hans und anderen Jungs verabschiedet. Alex trug jetzt immer eine Bibel bei sich. Sie sollten nach Russland und dort als Sanitäter in einem Lazarett arbeiten. Das war im Juli 1942 gewesen. Nachdem ich Falk versprochen hatte, dass ich ihn mit Alex bekannt machen würde, wenn sie wieder aus Russland zurück seien, fuhr ich zurück nach München, von da aus an den Chiemsee, um dort zu malen.

Als alle wieder von der Front in München eintrafen, besuchten sie mich sofort am nächsten Tag. Ich hatte Friesenplätzchen für sie gebacken. Christoph Probst war auch mit dabei. Er war nicht mit in Russland gewesen, aber gehörte einfach zu ihnen. Alex und Hans waren sehr ernst, aber ansonsten hatten sie sich nicht verändert. Auf meinem Wohnzimmertisch lag ein Brief von Falk, mit der Rückseite nach oben, auf der die Adresse zu lesen war. In dem Brief bat mich Falk, wieder nach Chemnitz zu kommen, er sei so verzweifelt wegen Arvid, schon wieder sei er in ein anderes Gefängnis verlegt worden. Als ich aus der Küche ins Wohnzimmer kam, sagte Hans Scholl entschuldigend: «Du, Lilo, ich lese da gerade den Namen Harnack auf deinem Brief.» – «Ja», erwiderte ich, «Harnack, das ist mein Freund, ich kenne ihn schon seit ewigen Zeiten.» Daraufhin meinte Hans: «Wir haben in Russland schwarz Radio gehört und dabei erfahren, dass ein Arvid Harnack im Gefängnis ist. Ist das der?» Ich antwortete: «Nein, das ist er nicht, das ist der Bruder. In diesem Brief hier schreibt er, dass ich ihn bald besuchen solle, er sei so unglücklich, aber ich kann nicht weg, ich habe in der Günther-Schule eine wichtige Prüfung zu machen.» Hans fragte mich dann: «Können wir nicht für dich hinfahren?» Ich fand die Idee gut, sagte aber, dass ich erst meinen Freund fragen müsste. Ich schrieb Falk also einen Brief, und der war ganz begeistert, dass Hans Scholl kommen wollte.

Hans wiederum fragte Alex, ob er mit nach Chemnitz reisen würde, und der Alexander war damit einverstanden. Christoph hatte immer große Angst, weil er ja verheiratet war und seine Frau wieder ein Kind erwartete. Hans überlegte nun, wie die Sache am geschicktesten zu bewerkstelligen war und was sie auf der Reise anziehen sollten, Uniform oder Zivilkleidung. Damals durfte man sich nur fünfzig Kilometer in Uniform von München entfernen. Ich weiß bis heute nicht, wofür sich die beiden entschieden hatten.

In Chemnitz angekommen, hatten Falk und Alexander sich sofort auf Anhieb verstanden. Sie konnten sich beide schnell begeistern. Und sie hatten zusammen einen Termin ausgemacht, an dem Falk in München sein sollte.

Ich weiß nur, dass sie sich bei Professor Huber getroffen haben, Hans, Sophie, Alex, Christoph und zum ersten Mal auch der Falk. Bei Kurt Huber hatten Sophie und Hans ja in der Münchner Universität im Sommer 1942 seine Leibniz-Vorlesung besucht.

Waren Sie zu diesem Treffen auch eingeladen?

Alex hatte mich auch gefragt, ob ich dabei sein wolle, aber ich be-
antwortete seine Frage mit einem «Nein».

Hatten Sie das Gefühl, dass diese fünf Menschen Idealisten sind?

Alex sicher, was besonders in seiner Liebe zu Russland zum Ausdruck kam. Immer wieder sagte er mir: «Ich liebe nicht das deutsche Volk, ich liebe nur einen kleinen Teil der Deutschen, ihre
intellektuelle Schicht. Meine wirkliche Liebe gilt Russland.»
Einmal fragte ich ihn, warum er denn nicht nach Russland zurückgekehrt sei, worauf er nur sagte, dass sein Vater ja ein Deutscher
sei und er hier einen guten Anfang mit der Bildhauerei gemacht
hätte.

Unabhängig von ihrem Ernst, war die Clique auch lebenslustig?

Keiner von ihnen wollte auf sein Leben verzichten. Der Hans und
die Frauen, das war auch so eine Geschichte. Da war die Gisela
Schertling und die Traute Lafrenz. Inge Scholl hat später einmal
zu mir gesagt: «Wir dachten alle, die Gisela wäre die richtige Frau
für Hans.»
Und die Sophie Scholl wiederum war vorübergehend in Schmorell verliebt und schenkte ihm das Buch *Almaïde* von Francis
Jammes, eine leidenschaftliche Liebesgeschichte eines jungen Mädchens. Sophie hatte ihren Namen drunter gesetzt. Noch am selben
Nachmittag, als Alex des Buch erhielt, kam er zu mir und sagte:
«Hier, das habe ich gerade von der Sophie geschenkt bekommen,
und nun schenke ich's dir.» Anschließend fügte er noch hinzu:
«Weißt du, Lilo, wir laufen alle im Kreis umher, und keiner kriegt
den, den er will.» So war's auch tatsächlich.

Wer war Ihrer Meinung nach die treibendere Kraft beim Verfassen der Flugblätter gewesen? Alexander Schmorell oder Hans Scholl?

Eindeutig Hans Scholl. Alexander war bei Bauchentscheidungen der Stärkere, er besaß eine große Spontaneität, während Hans erst mal lange überlegte und jeden Schritt genau plante.

Und welchen Eindruck hatten Sie von Sophie Scholl?

Sie war die Jüngste von allen und ein sehr begabter Mensch. Sie begann ja im Mai 42 ihr Biologie- und Philosophiestudium in München und lernte dann auch bald den Freundeskreis ihres Bruders Hans kennen. Ich hatte aber den Eindruck, dass sie anfangs noch nicht wusste, wo es mit ihr hingehen soll. In der Liebe hatte sie dann ja bald gemerkt, dass der Alex nicht in Frage kam. In meinen Augen ist Sophie über sich hinausgewachsen, indem sie sich zu ihrem Bruder bekannte.

Manchmal wunderte ich mich über ihre Ansichten. Einmal sagte sie, wer die Winterhilfe unterstützen würde, der würde Hitler unterstützen. Für mich war das aber eine rein karitative Sache. Da wurde für Menschen gesammelt, die durch die vielen Bombenangriffe nichts mehr am Leib hatten. Als Schwesternhelferin habe ich doch auch verwundete Soldaten behandelt – und manche von ihnen kamen von der Front zurück, das war ein einziges Grauen. Viele dieser jungen Männer hatten einfach keine andere Wahl, sie wurden eingezogen, ob sie nun für Hitler waren oder nicht.

Am Ende hatte Sophie jedoch eine enorme Größe besessen. Sie nahm ihr Leben nicht mehr so wichtig, und was ich wahrnehmen konnte, war, dass sie die Rolle ihres Bruders eingenommen hatte. Zum Schluss hatten beide sehr viel Angst, weil sie wussten, dass da was durchgesickert war.

Nach Russland waren, um in der Chronologie zu bleiben, die Freunde
entschlossen, heftigeren Widerstand zu leisten?

Es kann schon sein, dass Falk sie sehr beeinflusst hat, das habe
ich auch der Inge Scholl geschrieben. Hans wäre mit seiner ge-
wohnten Bedachtsamkeit nicht so viele Risiken eingegangen. Die
hätten sonst die Flugblätter nicht so einfach mit in die Universität genommen – das war zum Schluss beinahe Leichtsinn gewesen. Und dann gab es auch noch eine Zusammenkunft bei dem
Professor Huber, von der mir anschließend Alex und Falk be-
richteten. Auf dieser soll Sophie gesagt haben, dass es ganz egal
sei, ob Deutschland von den Kommunisten oder irgendeiner anderen Partei regiert werde, Hauptsache, der Hitler sei weg. Und
Falk hat das aufgegriffen. Bei Huber soll er immer gesagt haben,
wie Deutschland aussehen könne, wenn Hitler nicht mehr an
der Macht wäre. Und natürlich war es auch ein teilweise rotes
Deutschland, viele von ihnen hatten ja eine Affinität zum Kommunismus. Als ich davon hörte, sagte ich, obwohl ich politisch
nicht so viel Ahnung hatte wie die meisten Mitglieder aus der
Gruppe, dass ihre Vorstellungen vergleichbar seien mit einem
«Bibel-Kommunismus», wie ihn sich die Bonhoeffers vorstellten,
so etwas könne aber nicht funktionieren. Alex gab mir dann zu
verstehen, dass es nicht so sei. Aufgrund des Reichtums meiner
Familie dachte er, dass ich deswegen den Kommunismus ab-
lehnen würde. Aber das war es nicht. Ich sah die Dinge nur etwas
anders.

Wurden nun auch Sie stärker in den Kreis integriert?

Ich war ja mittendrin. Alex und Falk haben mich immer mehr in
ihre Pläne einbezogen, selbst Hans wurde viel offener. Sie wollten
mir nichts mehr verheimlichen und mich auch nicht mehr wie

zuvor schützen. Harnack erzählte mir, dass er die Wehrmacht informieren wolle, weil nur diese etwas ändern könne. Und ich weiß noch, wie Alex zu mir sagte: «Was soll ich machen? Hans ist der Meinung, dass der Münchner Widerstand zum Exempel für andere Akademien werden soll.» Alex machte in dieser Zeit einen Sinneswandel durch. Er wollte nicht mehr. Er wollte nicht mehr für Russland kämpfen und wollte auch nicht sein Leben verlieren. Sogar Hans sagte, dass der Widerstand nicht so weit gehen dürfe, dass er dabei seinen Kopf verlieren würde. Ich hatte das Gefühl, dass sie – wie soll ich es sagen – erschöpft waren, eigentlich alle, bis auf Sophie. Aber auch sie hatte große Angst und schlief nachts nur noch mit ihrem Bruder in einem Zimmer. Sie konnte nicht mehr alleine sein.

Einmal sagte ich zu Falk, es war um Weihnachten 42, dass mir das alles absurd vorkäme. Ständig wurde München angegriffen und bombardiert, ich dachte, dass wir nie mehr da rauskommen, dass wir alle sterben würden.

Und was war mit Willi Graf oder Gisela Schertling?

Willi Graf hatte sich von diesem engsten Kreis immer abgesondert. Kennen gelernt hatten er, Alex und Hans sich ja im April 1942, in der Münchner Studentenkompanie. Gisela Schertling war aufgrund der Liebesgeschichte mit Hans in die Gruppe verwickelt, und Traute Lafrenz brachte Flugblätter der Weißen Rose nach Hamburg und verteilte sie an Leute, die ähnlich dachten. Ich hatte aber das Gefühl, dass sie danach einen Abstand suchte.

Und was passierte nach Weihnachten 1942?

Jeder fuhr zu seiner Familie, Alex wollte bildhauern. Er kam aber über die Feiertage doch zu mir und sagte, dass er noch nicht Hans gesprochen hätte, sie würden sich im Januar nochmal alle treffen, auch Falk würde dabei sein, um Flugblätter in der Universität auszulegen oder abzuwerfen. Ich spürte, dass sich hier junge Menschen mit einer großen Sache identifizieren wollten.

Ich erinnere mich noch, wie mir kurz darauf Alex erzählte, dass jetzt auch Christoph bei ihnen im Keller an einem Flugblattentwurf arbeiten würde. Ich fand das überhaupt nicht gut und brachte das auch zum Ausdruck. Dieser Entwurf kostete Christoph das Leben. Dabei hatte man ihn zuvor von diesen Aktionen fern gehalten, weil er ja Vater war. Außerdem lebte er nicht in München, sondern in Innsbruck, und stieß nur während seiner Urlaubszeit zum Kreis. Warum konnte er sich nicht aus der Sache raushalten? Alex war völlig verzweifelt. Ich weiß nur noch, dass Hans seinen Entwurf in die Tasche gesteckt haben soll.

In der Nacht vom 28. auf den 29. Januar verteilten Hans, Alexander und Willi Graf das fünfte Flugblatt in der Münchner Innenstadt. Tags zuvor haben Hans und Susanne Hirzel es in Stuttgarter Briefkästen geworfen, und es war auch in verschiedene andere Städte in Süddeutschland und Österreich verschickt worden. An diesem Flugblatt haben auch Sophie und Willi Graf mitgearbeitet.

In dieser Zeit sind ja auch die Parolen von ihnen an die Münchner Hauswände geschrieben worden. Die Schablonen für «Nieder mit Hitler!» hat Alex bei mir in der Wohnung angefertigt.

Am 11. Februar 1943 kam er mit seiner Unform zu mir in die Prinzenstraße. Sie hing bislang in dem Keller der Geschwister Scholl, aber nun wollte er sie verbrennen, zusammen mit seinem Soldbuch. In meinem Heizkeller zündete er dann beides an, die ganze Straße roch nach verbranntem Stoff. Am nächsten Tag fand das Hausmädchen meines Vermieters die unverbrannten Uniformreste und das Soldbuch und zündete alles nochmal an.

Am 18. Februar werden Sophie und Hans Scholl in der Münchner Universität entdeckt, als sie dort Flugblätter verteilen. Wie haben Sie davon erfahren?

Alex sagte zu mir: «Am 18. Februar passiert was in der Universität. Und da Falk wieder nach Chemnitz zurückgefahren ist, will Hans unbedingt, dass ich, als sein bester Freund, die Flugblätter mit ihm verteile. Sophie würde das auch gerne machen, aber die wolle er dabei lieber raushalten.» Alexander wollte meinen Rat dazu wissen, ob er an der Aktion in der Uni teilnehmen solle. Ich antwortete ihm mit einer Gegenfrage: «Wie sieht es in dir aus? Möchtest du es denn so gern?» Zudem wies ich ihn noch darauf hin, dass er ja erst vor kurzem geäußert hätte, dass er sich mehr als Russe fühlen würde und er Kontakt zu einer Frau aufgenommen hätte, die ihn in Innsbruck in einem Gefangenenlager unterbringen wolle. Er hätte doch auch schon seine Uniform verbrannt. Auch sagte ich ihm, dass er mit Hans schon massenweise Flugblätter verteilt hätte.

Alex meinte dann zu mir, in einem sehr unentschlossenen Ton: «Ich möchte Hans nicht im Stich lassen. Er ist mein Freund.» Immer wieder ging es um diese Freundschaftsbekundung. Ich erwiderte, dass er, Alex, einen Entschluss fassen müsse, bei dem er Rücksicht auf sein Leben nehmen sollte. Und schließlich sagte ich: «Du kannst Hans helfen, aber ich würde an deiner Stelle nicht mit ihm in die Universität gehen. Bei dieser Geschichte habe ich ein ganz schlechtes Gefühl. Es ist zu gefährlich, wenn ihr im Gebäude Flugblätter verteilt, in jedem Moment kann euch der Pedell entdecken.» Alex antwortete: «Eigentlich hast du mir aus der Seele gesprochen.» Ich meinte dann noch, dass er ja vor der Universität Schmiere stehen und Hans rechtzeitig warnen könne, falls die Gestapo auftauchen würde. Das sei auch eine Möglichkeit, um seinem Freund zu helfen. Für Alex war dies eine Lösung, er stand am 18. Februar vor der Universität Schmiere.

Zum Schluss unseres Gesprächs sagte er auch noch: «Im

Grunde genommen will die Sophie die Flugblattverteilung in der Uni auch nicht hergeben. Sie will bei ihrem Bruder bleiben.» Und so kam es dann ja auch. Sophie wollte nicht, dass ihr Bruder die Sache allein durchzog, und sie wollte auch nicht, dass Christoph weiter beteiligt war.

Und wie ging es dann weiter?

Falk hatte mir dieses sechste Flugblatt gezeigt, noch kurz vor seiner Abreise nach Chemnitz. Er sagte, dass er es Helmuth James von Moltke geben wolle, der zu den intellektuellen Widerständlern aus dem Kreisauer Kreis gehörte. Auf diese Weise kam das Flugblatt nach Berlin. Moltke wurde 1945 hingerichtet.

Am 18. Februar gegen Mittag kam Alex zu mir. Er sah furchtbar aus. Fahlgrau das Gesicht, unrasiert, die Augen voller Angst. Ein ganz anderer Alex war das. Er sagte: «Es ist schrecklich gewesen. Ich war gerade am Siegestor und habe miterlebt, wie sie Sophie und Hans festgenommen haben.» – «Du bist nicht hingegangen?», fragte ich. – «Nein», erwiderte er. «Es war schon zu spät.»

Später war ein Mitstudent, Jürgen Wittenstein, bei seinem Vater in der Praxis gewesen, um ihn zu warnen. Alex hatte versucht, Willi Graf in seiner Wohnung zu treffen, aber es sei niemand da gewesen.

Alex wollte jetzt unbedingt einen Pass haben, um nach Innsbruck zu gelangen. Er wollte fliehen. Schon vorher hatten sich die Einzelnen aus dem Kreis Fluchtpläne für den Notfall ausgemalt. Über einen gefälschten Pass für Alex hatten wir schon länger nachgedacht, weshalb wir erst einmal zu einem Zigarettenladen am Rotkreuzplatz liefen. Dort trafen wir auf einen Mann – Bulgare, Rumäne, vielleicht war er auch russischer Abstammung –, der Alex seinen Pass gab. Im nächsten Moment war er wieder verschwunden. Anschließend gingen wir zurück in meine Wohnung und zu Miele Roters, eine Kunstbuchbinderin, die oben in dem

Haus wohnte. Sie klebte ein Foto von Alex in den Pass des Mannes und setzte entsprechende Stempel hinein – die Stempel waren nur leicht gefärbt, damit alles echt aussah. Wenn jemand den Pass angezweifelt hätte, dann hätte ich gesagt, dass ich ihn gefälscht hätte.

Als Alexander Schmorell Ihnen von der Verhaftung von Hans und Sophie erzählte, war Ihnen da nicht klar, dass es jetzt auch immer enger um Sie werden könnte?

Im ersten Moment dachte ich nicht an mich, sondern an Freunde aus dem engsten Kreis. Würde man auch Falk verhaften?, das war mein erster Gedanke.

Nachdem Alexander Schmorell den Pass hatte, wie ging es dann weiter?

Während sich Miele mit dem Fälschen des Passes beschäftigte, hielten wir es für besser, dass Alex nicht dabei war. Er saß in dieser Zeit in meinem Wohnzimmer auf dem Teppich und horte sich eine Bach-Fuge an. Als ich wieder von Mieles Atelier runterkam, haben wir Tee gekocht und Brot gegessen. Irgendwann liefen wir zu Fuß in Richtung Starnberger Bahnhof, weil es uns zu gefährlich erschien, mit der Straßenbahn zu fahren. An diesem Bahnhof, der zum Hauptbahnhof gehörte, hatte er sich mit Willi Graf verabredet. Dort sahen wir überall Gestapoleute – sie machten Razzien, hielten wahllos Menschen auf der Straße an.

Alex sagte dann, dass wir nicht weiter durchkommen würden. Und weil wir nicht von diesen gemeinen Horden gefasst werden wollten, drehten wir wieder um. Zu dieser Zeit wurde es schon dunkel, und Alex blieb bei mir. Irgendwann riefen wir bei dem Vater von Alexander an, aber es war nur eine fremde Stimme am Apparat zu hören. Mir war klar, was das bedeutete: Die Gestapo war schon da. Ich sagte nichts weiter, sondern hängte gleich ein.

In der Nacht, es war ungefähr zwei Uhr, meinte Alex, dass er es nicht mehr aushalten würde, er müsse die Russin treffen, die ihn retten wollte – und zwar in Innsbruck. Ich brachte ihn dann noch bis zur Ferdinand-Maria-Straße. Beim Abschied sagte er: «Es muss was geschehen. Und wenn es denn sein soll, werde ich mich auf das Sterben freuen, weil ich ja weiß, dass es kein Ende gibt.» Als wir uns trennten, nahm ich schließlich seine Hand. Alex sagte noch: «Du, mein bester Freund.» Inge Scholl hat in ihrem Buch geschrieben, dass er die Worte «Du bist mein bester Freund» benutzt hatte, aber so formulierte er es nicht – nach meiner Erinnerung. Danach verschwand er in der Dunkelheit.

In diesem Moment fiel mir mein Zuhäusl am Chiemsee ein. Warum hatte ich vorher nicht daran gedacht, das war doch ein ideales Versteck? Ich lief Alexander nach, aber er war schon verschwunden. Laut rief ich seinen Namen, aber ich hörte nur noch meinen eigenen Widerhall. Plötzlich wurde mir bewusst, was dieser Abschied bedeutete.

Haben Sie noch ein Lebenszeichen von Alexander Schmorell bekommen?

Ja, durch Falk Harnack. «Grüß Lilo recht herzlich von mir, ich habe viel an sie gedacht.» Das hat Alex zu Falk gesagt, als sie sich nach dem Prozess am 19. April 1943 im Gefängnis München-Stadelheim gesehen hatten.

Später habe ich erfahren, dass er die Russin verpasst haben soll. Ich denke aber, dass sie Angst bekommen hat und erst gar nicht in Innsbruck erschienen ist. Das Schloss in Ellmau, wo Alex zunächst hinflüchtete, liegt nicht weit von Innsbruck entfernt und gehörte damals Johannes Müller. Mit einer seiner beiden Töchter, Ingrid Müller, ist Alex öfters ausgeritten. Da das Schloss seit 1941 Fronterholungsheim war, hatte die Familie Müller Angst. Soweit ich weiß, soll eine entfernte Verwandte von Alex bei der Polizei in Garmisch-Partenkirchen angerufen und ihn verpfiffen haben, und zwar mit den Worten: «Schmorell ist hier oben.» Doch die Polizei hat ihn wieder laufen lassen, weil sie seinen gefälschten Pass akzeptierte und ihn für in Ordnung hielt.

Erst fünfzehn Jahre später habe ich von Heinrich König erfahren – ich meldete dort meine Tochter Ulrike zum Zeichenunterricht an –, dass Alex danach einen Fluchtversuch in die Schweiz unternommen hatte, der aber missglückte. Daraufhin kehrte er wieder nach München zurück. Er ging zu König, obwohl er ein Nazi und bei der SA war. Trotzdem hielt er zu uns, das gab's auch. Heinrich König gab Alex was zu essen und versteckte ihn auf seinem Boden. Bevor er wieder ging, sagte er: «Ich bringe Ihnen morgen früh Kaffee rauf, und halten Sie sich ruhig, gehen Sie nicht raus.»

In dieser Nacht gab es einen schrecklichen Bombenangriff. Er muss so furchtbar gewesen sein, dass Alex es wohl mit der Angst bekam, jedenfalls verließ er sein Versteck, um in einen öffentlichen Luftschutzkeller zu gehen. In diesem Keller saß eine Studienkollegin von ihm, Marie-Louise, mit der er mal ein kleines Techtelmechtel gehabt hatte. Sie sagte zu ihrer Freundin, die neben ihr saß: «Das ist der Schmorell. In der Zeitung stand, dass der gesucht wird.» Anschließend verständigte sie den Luftschutzwart, und Alex wurde daraufhin verhaftet. So soll es gewesen sein.

Und wann wurden Sie von der Gestapo abgeholt?

Acht Tage nach Alexanders Verhaftung. Wie ja schon gesagt, ich gehe davon aus, dass mich der Pitzinger verraten hat, aber genau weiß ich es nicht. Es hat mir nie jemand gesagt, wer mich angezeigt hat.

Es kamen zwei Gestapo-Männer zu mir rauf in meine Wohnung. Auf der Staffelei stand, wie bereits gesagt, ein Porträt von dem Stadtstreicher, und der eine Gestapo-Mann sagte bei diesem

Anblick: «Den kennen wir ja schon, der hat uns schon alles erzählt.» Aber es kann auch ganz anders gewesen sein.

Jedenfalls fingen die beiden Gestapo-Männer nun damit an, alles durchzuwühlen. Sie fanden einen Brief von Harnack, den Heiratsbrief an mich, aber den hatte ich extra in das oberste Fach meines Schrankes gelegt. Sie sollten ihn finden. Die Männer steckten ihn auch sofort ein. Schließlich sagte einer der beiden: «Nehmen Sie sich eine Zahnbürste und für die Nacht was mit. Es kann sein, dass Sie länger bei uns sind.»

Sie sagten gerade, dass Sie den Brief bewusst sichtbar hingelegt hatten. Heißt das, dass Sie mit der Gestapo rechneten?

Ich war auf eine Hausdurchsuchung gefasst. Und wenn man mich gefragt hätte, warum Falk Harnack so oft bei mir in München war, dann konnte ich einen Grund angeben und diesen mit dem Brief beweisen: Es sei seine Absicht, mich zu heiraten. In den Verhören machten Falk und ich dieselben Aussagen. In einem Brief schrieb er mir später, dass unsere übereinstimmenden Angaben mich vor der «Mordmaschinerie bewahrt hätten».

Sie packten also eine Zahnbürste ein. Was geschah dann?

Ich zog mir meinen weißen Kaninchenmantel an, und bevor wir gingen, machte einer der Gestapo-Männer noch das Fenster zu, das ich vor ihrem Erscheinen gerade geöffnet hatte, um zu lüften. Auf der Straße entdeckte ich keinen weiteren Gestapo-Beamten. Wir stiegen in die Straßenbahn ein, seltsamerweise holten sie mich in keinem Auto ab. In der Tram sagten sie mir, wohin ich mich setzen solle. Sie stellten sich dann hinter mich. Ich saß da mit meiner Zahnbürste und kam mir wie ein Schwerverbrecher vor.

Die beiden Männer brachten mich ins Wittelsbacher Palais. Sie führten mich in einen Raum, in dem ein langer Tisch stand, die

Wände waren grau gestrichen, es war kein Mensch drin. Sie sagten mir, wo ich Platz nehmen solle. Ewig lange saß ich auf einer Bank, bis eine Frau in einem giftgrünen Kostüm den Raum betrat. Sie verschwand aber gleich wieder, um nach einiger Zeit erneut nach mir zu sehen. Vielleicht sollte ich durch sie verunsichert werden, oder sie sollte mich ausspionieren; ich jedenfalls dachte mir bei der ganzen Sache nichts und zeigte auch keine Angst. Weiter geschah nichts in diesem Raum. Später brachten sie mich zu einer Abgabestelle. Hier musste ich meinen Wohnungsschlüssel und meine Geldbörse hinterlegen. Anschließend führten sie mich zum Verhör in ein kleines Zimmer. Sie wollten wissen, ob mir die Geschwister Scholl bekannt sind. Ich sagte: «Natürlich kenne ich sie, das sind meine Freunde.» Weiterhin fragten sie: «Was haben Sie denn immer so gesprochen, wenn Sie sich getroffen haben?» Daraufhin erwiderte ich: «Nur das, was man auch in einem Milchladen äußert. Da reden die Leute auch immer dasselbe, hauptsächlich über den Krieg.»

Die Männer, die mich verhörten, nahmen das alles ohne Kommentar hin. Bislang waren ihre Fragen und meine Aussagen auch nicht weiter beunruhigend gewesen. Dann aber sagten sie: «Die Geschwister Scholl haben uns schon alles erzählt, was sie gemacht haben, die sind doch im Widerstand gegen Hitler?» So überzeugend, wie es mir möglich war, antwortete ich: «Das glauben Sie doch wohl selber nicht.» Für mich war es vollkommen ausgeschlossen, dass ich jemanden aus der Weißen Rose in Gefahr brachte. Was ich nicht wusste: Sophie und Hans hatten zu diesem Zeitpunkt nicht mehr gelebt. Das war entsetzlich gewesen, als ich im Nachhinein davon erfuhr. Bislang ging ich davon aus, dass sie irgendwo in dem Wittelsbacher Palais inhaftiert waren.

Anschließend kam ich in ein anderes Zimmer, in dem sich noch mehr Männer befanden. Jetzt fingen sie an, mich über Falk Harnack auszufragen. Von Alex schienen sie nichts zu wissen, jedenfalls fragten sie nicht danach. Anscheinend war ihnen nicht bekannt, dass er bei mir gewesen war und ich ihm Unterschlupf gewährt hatte. Vielleicht wussten sie auch nichts von unserer Freundschaft. Dieser Gedanke beruhigte mich. Sie fragten mich nur, warum mich Falk Harnack besucht habe. Ich erwiderte: «Falk Harnack will mich heiraten, wir sind alte Freunde.» Sie schienen meine Antworten zu akzeptieren, denn sie beendeten damit das Verhör.

Man wies mir nun eine Zelle zu. In der Nebenzelle saß eine sehr hübsche junge Frau. Ich hielt sie für eine Freundin von Hans. Da er sehr beliebt war und viele Frauen ihm schrieben, ging ich davon aus, dass sie alle seine Freundinnen und Verehrerinnen inhaftiert hätten, um sie über Hans auszufragen. Meine Zelle teilte ich mit der Tochter eines Bauern, die ein Verhältnis mit einem polnischen Kriegsgefangenen gehabt haben soll. Sie war deswegen denunziert worden. Zum Glück passierte ihr nichts weiter. Von meiner Situation erzählte ich ihr nichts. Ich hielt das für besser.

Haben Sie daran gedacht, als Sie in der Zelle saßen, dass es für Sie ein ungutes Ende haben könnte?

Ich wollte nicht daran glauben. Obwohl man mir offen zu verstehen gegeben hatte: «Sie müssen mit dem Todesurteil rechnen.» Den ganzen Tag lang saß ich auf einem Stuhl und dachte, dass mir die Gestapo-Männer nichts antun können. Eine Hinrichtung hielt ich in meinem Fall für absurd.

Zwischendurch wurde mir durch eine Klappe das Essen gereicht, meist eine Wassersuppe, die ich gleich ins Klo schüttete. Es war immer derselbe Mann gewesen, der mir das Essen brachte. Es war ein Häftling, ein Kommunist, der dort in Haft saß. Er hieß Sepp. Einmal schaute er durch diese Luke rein, und ich sagte zu ihm, dass ich über mir ständig Schritte hören würde, als ob ein krankes Tier in seinem Käfig immer hin- und herginge. Daraufhin meinte Sepp: «Es ist gerade niemand in der Nähe, da kann ich es

Ihnen sagen. Da oben sitzt der Alex Schmorell.» Mit Klopfzeichen habe ich dann versucht, mit ihm Kontakt aufzunehmen, aber er hat mir nicht geantwortet.

Sie konnten seine Schritte hören, aber nicht mit ihm kommunizieren. Hat Sie das nicht wahnsinnig gemacht?

Für mich war es die Hölle. Wenn ich auch nicht an mein Todesurteil glaubte, so war ich mir bei Alex nicht so sicher. Als ich ihn nach zwei Tagen nicht mehr hörte, konnte ich kaum atmen. Es war, als wenn mir jemand die Luft abwürgen wollte. Als ich dann mit den Worten «Sie sind frei» nach vier Wochen entlassen wurde, fiel ich auf der Brienner Straße hin. Mit einem Bein stand ich noch auf Erden, mit dem anderen war ich schon längst im Himmel. Passanten hoben mich auf, und ein Ehepaar brachte mich nach Nymphenburg. Dieser Zustand zwischen Leben und Tod hat mich nie verlassen.

Seltsam war auch noch, dass ich auf die Worte des Gestapo-Mannes – «Sie sind frei» – völlig geistesabwesend fragte: «Wieso?» Damit hatte ich mich ja eigentlich verraten. Trotzdem erhielt ich im Entlassungszimmer ein Schriftstück mit der roten Aufschrift «Erledigt!». Eine Ärztin in Berlin, Frau Dr. Eberlein, die ich kannte, hatte meine Freilassung erwirkt. Sonst wäre ich heute wohl nicht mehr am Leben. Lange Zeit glaubte ich noch, dass man mich aus den Fängen der Gestapo ließ wie die Katze eine gefangene Maus, nur um mich ein zweites Mal einzufangen und als Köder zu benutzen.

Wie haben Sie von der Hinrichtung von Alexander Schmorell erfahren?

Er ist am 13. Juli 1943 hingerichtet worden, zusammen mit Kurt Huber. Im Gefängnis München-Stadelheim. Ich wusste, dass er dort war, aber ich konnte ihn nicht besuchen, sonst wäre ich wieder dran gewesen. Jeden Tag standen zwei Gestapo-Leute vor meinem Haus, denen ich kaum entkommen konnte. Sie verfolgten mich überallhin.

Wie beurteilen Sie die Begegnung, die Sie damals mit den Mitgliedern der Weißen Rose hatten, jetzt, mit dem Abstand von über sechzig Jahren? Was für Auswirkungen hat dieser Kreis auf Ihr Leben gehabt?

Es ist eine Genugtuung, dass ich Menschen kennen gelernt habe, die für ihre eigene Meinung und für das Gute gekämpft haben. In dieser Zeit gehörten sie zur Elite von Andersdenkenden. Und ich bin glücklich, dass ich dazugehöre.

Würden Sie sagen, dass es richtig ist, wenn man von den Mitgliedern der Weißen Rose als Helden oder als Märtyrer spricht, oder halten Sie das für eine falsche Überhöhung?

Wenn Sie einen Menschen, der nach der Wahrheit strebt und nach seiner Überzeugung lebt, als Märtyrer bezeichnen wollen, dann kann ich das akzeptieren, weil diese Personen so selten zu finden sind. Für mich waren das keine Märtyrer, sondern im christlichen Sinne gute Menschen. Auch davon gibt es nur wenige – damals wie heute.

Wie kommt es, dass Hans und Sophie Scholl immer im Fokus des öffentlichen Interesses waren und man von den anderen, etwa Alexander Schmorell, Willi Graf oder Christoph Probst, eigentlich so wenig weiß?

Zum einen liegt es an den Medien, die es für berichtenswerter halten, wenn ein Geschwisterpaar und nicht eine einzelne Person hingerichtet wird. Zum anderen haben Hans und Sophie den Mut gehabt, die Flugblätter zu verteilen und auszulegen. Sie haben unter all die Aktionen den Schlussstrich gesetzt.

Wenn Sie erklären müssten, welche Rolle Sie bei der Weißen Rose gespielt haben, wie würden Sie diese definieren?

Ein guter Freund war ich, der immer für sie da war, eine Helferin. Ich habe nicht die Flugblätter auf der Straße verteilt.

Gibt es einen engen Kontakt zwischen Ihnen und anderen ehemaligen Mitgliedern oder Angehörigen der Weißen Rose?

Nein, nur Inge Scholl war immer hier gewesen, die habe ich sehr gerne gemocht. Ich habe manchmal das Gefühl, dass die Freunde, die schon tot sind und unter der Erde liegen, mich besser verstehen als jene Menschen, die jetzt bei diesem Thema so groß auftreten.

Woran liegt es, dass es so unterschiedliche Schilderungen über die Weiße Rose gibt?

Die Wahrheit liegt zwischen Phantasie und Realität. Man darf nie die Komponente außer Acht lassen, dass der Mensch aus allem etwas für sich machen will. Die Weiße Rose ist nun mal jetzt ein interessantes Thema.

Existiert nicht auch eine gewisse Mystik?

Was heißt Mystik! Es sind ja alles Realitäten, die die Mitglieder der Weißen Rose dazu bewogen haben, das zu tun, was sie getan haben. Alle haben an Stalingrad gedacht, wo 300 000 Soldaten sterben mussten. Stalingrad war meiner Meinung nach überhaupt der Auslöser. Es war letztlich auch Ethik, die sie dazu bewog, etwas zu machen. Und es ist gut, dass all dies immer wieder ausgegraben wird. Wie gesagt, ehrliche und wahrhaftige Menschen sind so selten.

Es waren junge Menschen aus christlichen Familien, die eine Vorstellung für das eigene Leben hatten, die nach Werten suchten, nach Vorbildern auch, die die atheistische Kriegsmaschinerie verhindern wollten und gegen die Verbrechen kämpften.

Franz J. Müller

«Die Chance, dass wir den Krieg überleben werden, war ja nur ganz gering. Da war's dann doch besser, dass man wenigstens etwas gegen diese Schweinehunde tut.»

Die erste Begegnung mit Franz J. Müller findet in einer dieser langen Nächte in München statt, in denen Museen und andere kulturelle Veranstaltungsorte bis zum Morgengrauen für die Besucher geöffnet sind. Der Ort dieses Treffens kann nicht symbolträchtiger sein: in einem Hörsaal der Ludwig-Maximilians-Universität, nur wenige Meter von der Stelle entfernt, an der Sophie und Hans Scholl am 18. Februar 1943, morgens gegen elf Uhr, das sechste der Flugblätter auslegten. Als Sophie Scholl den Rest der Flugschriften vom Lichthof in die Eingangshalle hinabflattern lässt, werden die beiden vom Hausmeister entdeckt, denunziert und in der Folge verhaftet. Es ist die letzte Etappe ihres mutigen Weges, der mit ihrer Hinrichtung endet.

«Zeitzeugengespräch mit Franz J. Müller» – so lautet der Titel der Veranstaltung in dieser Nacht. Der Hörsaal ist bis auf den letzten Platz besetzt, als ein weißhaariger Herr das Podium betritt. Es gelingt dem einundachtzigjährigen Franz J. Müller mühelos, binnen weniger Minuten das Publikum in seinen Bann zu ziehen. Als sei es gestern gewesen, so lebendig schildert er seine Kindheit und Jugend, seine Verbindungen zur Weißen Rose.

Geboren wird Franz Joseph Müller am 8. September 1924 in

Ulm. Die Eltern sind Bauern und besitzen einen Hof im Württembergischen, in der Nähe von Heilbronn. Der Dorfpfarrer sorgte dafür, dass die Eltern ihn aufs Gymnasium schickten. Er freundet sich mit Hans Hirzel an, der wiederum mit Hans und Sophie Scholl bekannt ist. Irgendwann Ende 1942, das genaue Datum weiß Franz J. Müller heute nicht mehr, vertraut sich Hans Hirzel seinen Freunden Heinrich Guter, Heinz Brenner und Franz J. Müller an, spricht mit ihnen über die Aktionen der Münchner Studenten und bittet um ihre Unterstützung.

Franz J. Müller macht bei der Verteilung mit, übernimmt die Aufgabe, Umschläge zu besorgen und Geld für das Porto aufzubringen. Hans Hirzel sucht weitere Verbündete, was ihm zum Verhängnis wird: Er wird von zwei Stuttgarter HJ-Jungen, die er auch «für die Sache gewinnen» wollte, verraten. Nach seinem Verhör am 17. Februar und der späteren Verhaftung am 22. Februar 1943 führt die Spur auch zu Franz J. Müller, der zu dieser Zeit als Soldat in Frankreich ist. Als er von seinen Vorgesetzten in die Dienststube gebeten wird, weiß er, was los ist. Er wird verhaftet und im zweiten Prozess der Weißen Rose vor Gericht gestellt. Im Urteil des Volksgerichtshofs heißt es: «Hans Hirzel und Franz Müller haben – als unreife Burschen von Staatsfeinden verführt – hochverräterische Flugblattpropaganda gegen den Nationalsozialismus unterstützt.» Beide werden zu fünf Jahren Gefängnis verurteilt.

Zwei Wochen nach der «langen Nacht» treffen wir uns bei ihm zu Hause, im Münchner Norden, wieder. Das Reihenhaus, in dem er wohnt, wirkt durch die verglaste Vorderfront offen und ist umgeben von hohen Bäumen. Innen drin wirkt es gemütlich, der Wohnbereich erstreckt sich über mehrere Ebenen. Wir führen das Gespräch in einem kleinen Wintergarten. Zusammen mit seiner zweiten Frau Britta, die ihm zur Seite steht, spricht er auch über die Zeit nach dem Krieg. Gemeinsam mit Hans Hirzel kommt Franz J. Müller durch amerikanische Soldaten im April 1945 schließlich frei. Franz Müller studiert Rechtswissenschaften in Tübingen und engagiert sich für die Aufarbeitung des Nationalsozialismus. 1987 gründet er mit Angehörigen der hingerichteten Mitglieder des Widerstands die Weiße Rose Stiftung, deren Erster Vorsitzender er bis 2004 ist.

Zum Abschied gibt er mir noch etwas für ihn sehr Wichtiges auf den Weg: Als Zeitzeugen habe er sich nie verstanden, eher als «Zeithandelnden», denn schließlich habe er etwas gegen das Regime getan und sei dafür auch verurteilt worden, was man von vielen anderen, die Zeugnis über die Weiße Rose ablegen wollen, nicht behaupten kann.

Herr Müller, war Ihr Vater ein Freigeist?

Überhaupt nicht. Angepasst bis zum Gehtnichtmehr und ja nicht unangenehm auffallen. Er hatte eine Stellung in dem national orientierten «Bauernbund», der von dem Reichtagsabgeordneten Stauffenberg geleitet wurde, einem Verwandten des Hitler-Attentäters. Der einzige Ratschlag, den ich von meinem Vater fürs Leben mitbekommen habe, lautete schlicht und einfach: «Franz, werde etwas.» Meine Mutter war da anders. Sie war intelligenter als mein Vater und wäre gern Lehrerin geworden. Im Grunde hatte ich jedoch anfänglich den Kleine-Leute-Komplex meines Vaters mitbekommen.

Ich musste dann auch in die Hitlerjugend. Der Dienst, den man dort absolvieren musste, war das Langweiligste, was ich je in meinem Leben mitgemacht habe. Aber Sport interessierte mich viel mehr, und ich hatte eine Eins im Zeugnis. Aus diesem Grund konnte ich im Nationalsozialismus eine Abseitsrolle komfortabler Art spielen. Ich gehörte zum weiteren Sportkader für die Olympischen Spiele 1940. Damals ging man noch davon aus, dass diese stattfinden würden. Ich durfte, außer in Ulm, auch manchmal im Stuttgarter Neckarstadion trainieren. Hindernislauf, Hochsprung, Weitsprung, Kugelstoßen, Langlauf. Also musste ich in der HJ nicht mehr so oft blöd herumstehen und Führerreden anhören. Ich wurde dazu auch befreit, die HJ-Uniform tragen zu müssen. Für mich war entscheidend: Mit dem Sport kam mein Selbstbewusstsein.

Was waren für Sie die ersten Berührungspunkte mit dem Nationalsozialismus?

Marschierende Kolonnen. Am Anfang wusste ich nicht, was diese zu bedeuten hatten. Sehr genau ist mir noch der 30. Januar 1933 im Gedächtnis. Wir wohnten da schon in der Stadt, also in Ulm, in einem Haus, das mein Vater gebaut hatte. Überall sah ich Leute mit braunen Uniformen und diesen Binden mit Hakenkreuzen, in Dreierreihen standen sie hintereinander. Als kleiner Kerl von achteinhalb konnte ich mich nach vorne drängeln. Eine Weile blieb ich dort und sah zu, wie immer wieder Militär- oder SA-Kapellen an mir vorbeimarschierten. Mit all dieser Musik – da war was los! Und auch die vielen Fahnen waren äußerst eindrucksvoll. Aber in diesem Alter hatte ich noch keine eigene Meinung dazu. Ich wurde von meiner Mutter beeinflusst. Sie hatte eine spöttische und respektlose Art, und sie konnte gleichermaßen über die Nazis und die Kommunisten herziehen. Sie meinte, dass von beiden nichts zu erwarten sei, weshalb sie bislang immer Zentrum gewählt hatte. Ihr waren Leute recht, die in die Kirche gingen. Die Nazis nannte sie «Pack», und sie sagte immer: «Wie die bloß daherkommen in ihren scheißbraunen Uniformen.» Dieses Denken habe ich von ihr übernommen. Insofern hatte sie die richtige Nase.

Ich weiß noch, wie eines Tages 1933 mein Vater mit einem Parteiabzeichen am Revers nach Hause kam. Ich aß gerade ein Hörnchen, als er in die Küche trat und zu meiner Mutter sagte: «Marie, sie haben mich in die Partei aufgenommen.» Meine Mutter antwortete daraufhin: «Hoffentlich bereust du das eines Tages nicht.» Mein Vater war aber stolz drauf, dass er in der Partei war, und es war ihm wichtig, dass seine Familie dadurch abgesichert war. Er war ein Mann, der vor höher gestellten Menschen einen Bückling machte. Entsetzlich. Aber so war das damals oft.

Hatten Sie einmal eine Begegnung mit Hitler? Hörten Sie von ihm eine Rede im Radio?

Es war auch 1933, etwas weiter im Jahr. Ich war schon neun Jahre alt. Hitler sollte mit dem Zug durch unseren Bahnhof fahren, und natürlich strömte ganz Ulm dahin. Der «Führer» war auf dem Weg nach Berlin und hatte von München aus die Strecke über Stuttgart gewählt. Als der Zug einlief, in dem Hitler drin sein sollte, fingen die Menschen um mich herum zu jubeln an. Alle schrien regelrecht. Ich war darüber so erschrocken, dass ich zu weinen anfing. Als der Zug dann hielt, hoben sämtliche Umstehenden ihre Hand zum Hitlergruß. Ich sah den Mann überhaupt nicht, aber ich hatte zuvor noch nie so furchterregendes Schreien gehört. Etwa fünftausend Menschen hatten sich versammelt – bis rüber zum Münsterplatz standen sie.

Das Geschrei hielt Sie aber nicht davon ab, in die HJ einzutreten?

Ein paar Freunde aus der Klasse nahmen mich zunächst mit ins Jungvolk. Sie sagten mir, es gäbe dort Geländespiele und jede Menge Sport. Also ging ich mit ihnen mit, aber es war dann auf die Dauer nicht so spannend, wie sie es mir erzählt hatten.

Etwas spannender waren da die Kampfspiele. Hierbei mussten

wir zwei Gruppen bilden. Die Teilnehmer der einen bekamen ein rotes Bändchen ums Handgelenk gebunden, die der anderen ein blaues. Diese Bändchen wurden «Lebensfaden» genannt. Wenn die beiden Gruppen im Wald oberhalb von Ulm aufeinander trafen und sich diese so genannten Lebensfaden abreißen sollten, gingen die heftigsten Raufereien los. Aber eigentlich fand ich das auf Dauer auch blöd.

Ab 1936 galt dann das Reichsjugendgesetz, und alle mussten in die HJ. Die gesamte Hierarchie – überall «Führer» – und das autoritäre Gehabe gefielen mir nicht. Ich sah einfach nicht ein, dass ich schweigend hinnehmen sollte, wenn die Blödsinn redeten. Also widersprach ich, besonders wenn ich aus dem Geschichtsunterricht etwas besser wusste. Das ist mir schlecht bekommen. Nach dem Dienst passte der HJ-Führer mich mit einem Metzgerlehrling ab, und die beiden verprügelten mich so, dass ich kurz ohne Bewusstsein auf dem Boden lag. Von wegen, der Deutsche kämpft fair von Mann zu Mann! Kein Wunder, dass ich mich schon früh von den Nationalsozialisten distanzierte.

Aber ich muss zugeben, dass ich 1939, ich war fünfzehn, wie alle jungen Deutschen von Hitler und seinem siegreichen «Polen-Feldzug» begeistert war.

Wann entstand bei Ihnen der Gedanke, dass da mit den Nazis irgendetwas nicht stimmen könnte?

Ursprünglich hatte es sicher damit etwas zu tun, dass mir der HJ-Dienst überhaupt nichts brachte. Einige meiner Freunde marschierten und sangen gern und waren mit diesen Dingen vollkommen zufrieden. Ich nicht. Hinzu kam, dass ich Befehle nicht ertragen konnte. Die Pfarrer hatten mir nie etwas befohlen. Ihre Art, mit Menschen zu kommunizieren, war mir sympathischer.

In dieser Zeit fing ich nun auch an, veranlasst durch die Schule,

Homer und Texte griechischer Philosophen zu übersetzen. Ein solches Interesse passte nur wenig zu HJ-Aktivitäten. Außerdem hatte ich einen Geschichtslehrer, der mir trotz der Nazifärbung der Lehrbücher einiges aufzeigte. Politischer wurde ich dann durch eine ganz spezielle Tatsache. Monatelang schon flogen alliierte Bomber über das Reichsgebiet und schmissen auch mit Phosphor gefüllte Brandbomben ab, die man mit Wasser nicht löschen konnte. Ganze Städte brannten nieder. Das war für uns eine Mordsüberraschung, da der «Führer» oder Göring einst gesagt hatte, dass kein einziges Feindflugzeug kommen würde. Allein die Deutschen würden bombardieren, wir würden jedoch selbst nicht angegriffen werden. Das entsprach nun nicht der Wahrheit. Aufgrund dieser effektiven Brandbomben kam man 1941 sogar auf die Idee, die Hitlerjungen für die Brandbekämpfung einzusetzen.

In unserer Turnhalle trommelten sie zirka fünfhundert Jungen zusammen, aus denen eine Feuerwehr-HJ rekrutiert werden sollte. Da ich den Dienst sehr oft schwänzte, hatte ich schon einige Schwierigkeiten gemacht. Typischerweise wurde daher mein Name unter den Ersten genannt, die aus der allgemeinen Liste gestrichen wurden. Die HJ-Leute wollten in ihren Gefolgschaften unliebsame Jungen loswerden. «Müller, Sie gehen rüber und melden sich drüben beim Gefolgschaftsführer an!», hieß es. Da witterten wir, auch Heiner Guter war dabei, unsere Chance. Es war zu den Zeiten wichtig, dass man schlau war. Wir kannten diese Turnhalle ja. Hinten waren die Umkleideräume und die Toiletten. Wir haben dem HJ-Führer gesagt, wir müssten austreten, und das durfte man ja. Also sind wir ausgetreten. Auf der Toilette gab es ein Fenster, durch das sind wir ausgestiegen. Jetzt waren wir bei unserer Gefolgschaft abgemeldet und bei der Feuerwehr nicht angemeldet. In den Listen der Hitlerjugend waren wir also nicht mehr vorhanden. Wir waren frei. Fast frei. Denn zur Nazizeit gab es überall Spitzel, auch in unserem Haus. Eine Mieterin fragte meine Mutter eines Tages, warum sie mich gar nicht mehr in Uniform zum HJ-Dienst gehen sähe. Also verließ ich wieder öfter das Haus in Uniform. Bei Freunden hatte ich Kleidung hinterlegt und verbrachte freie Stunden in Zivil. Bei einer Revision kam das trotzdem heraus. Eines Tages standen zwei Polizisten in Ulm vor unserer Wohnungstür. «Franz Müller? Wir haben hier eine Anzeige. Bei welcher HJ leisten Sie den Dienst?» Wieder hatte ich Glück. Ich konnte die Einberufung zum Reichsarbeitsdienst vorweisen, die ich gerade erhalten hatte. Der ältere der beiden Polizisten meinte: «Lass ihn! Das ist ja auch kein Zuckerschlecken. Schreib, wir hätten ihn nicht angetroffen.»

In unserem Gymnasium gab es dann aber trotzdem eine Schulfeuerwehr, die von unserem Chemielehrer organisiert wurde. Da machte unsere Gruppe begeistert mit. Erstens fiel der Unterricht aus, und zweitens genossen wir das Üben mit unserem schrulligen Chemielehrer. Aus Wassereimern spritzten wir mit Fahrradpumpen Wasser auf imaginierte Phosphorbomben.

Zum Einsatz kam es nie, weil das Ganze im Prinzip ein sinnloses Unterfangen war. Phosphorbrandbomben konnte man ja nur mit Sand löschen, und wir Jungs waren körperlich nicht in der Lage, zentnerweise Sand von der Straße bis zum brennenden Dachstuhl zu schleppen.

Mit welchen Personen haben Sie sich politisch auseinander gesetzt?

Diskussionen fanden hauptsächlich im Freundeskreis statt. Wir waren am Ende eine lose Gruppe von bis zu zehn jungen Leuten, die alle irgendwie Schwierigkeiten mit den Nazis hatten. In unserer Klasse gehörten zur Gruppe: Heinz Brenner, Heiner Guter, Walter Hetzel, Hans Hirzel und ich.

Wie war diese Gruppe organisiert?

Wir waren nicht organisiert. Wir hatten aber ein Netz außerhalb unserer Elternhäuser. Keiner durfte davon wissen, dass wir nachts um elf Auslandsender hörten. Bei meinem Vater war das anders, der hat, wohl weil er selbst Soldat war, die Auslandsnachrichten mit mir verfolgt, wollte wissen, wie die Sache wirklich lief. Aber das durfte den anderen Eltern nicht bekannt werden.

Ich erinnere mich noch an eine gefährliche Situation. Eines Abends musste ich aufs Klo, als wir gerade Beromünster eingestellt hatten. Ich öffnete die Haustür – die Toilette war auf dem Flur –, davor stand die Frau, die oben bei uns im Haus mit ihren zwei Töchtern wohnte. Beide Töchter waren BDM-Führerinnen. Diese Frau hatte an der Tür gelauscht, ob wir vielleicht einen Auslandsender hörten. Zum Glück war das Radio so leise gedreht, dass sie uns nichts nachweisen konnte.

Wer gehörte zu Ihren Vorbildern?

Ich war in einer katholischen Gruppe, die von Pater Eisele geleitet wurde. Bei ihm hatten wir freiwilligen Religionsunterricht. In der Schule gab es bei den Nazis nur noch Weltanschauungsunterricht, keinen Religionsunterricht mehr – also unterrichtete er uns bei sich im Kaufmannsheim, wo er arbeitete. Pater Eisele gehörte einem Orden an, den Weißen Vätern. Sie haben im islamischen Nordafrika christlich missioniert. Er war der größte positive Verführer, den ich in meinem Leben kennen gelernt habe. Er sagte nie ein Wort gegen Hitler, mobilisierte uns aber mit Argumenten gegen ihn. Als er von Afrika wieder zurück nach Deutschland kam, brachte er etwas mit, was uns tief beeindruckte: Welterfahrung, also das, was uns am meisten fehlte. Wir waren ja von der Welt ausgeschlossen, wir konnten aus Deutschland nicht wegreisen. Im Grunde befanden wir uns in einem riesigen Gefängnis.

«Ist es denn besser, Unrecht zu tun oder Unrecht zu erleiden?»
Mit solchen Fragen aus griechischen Texten konfrontierte uns
Pater Eisele im Jahr 1939/40. Da war ich sechzehn Jahre alt.
Man konnte diese philosophische Fragestellung auch theologisch beantworten. Und zwar folgendermaßen: Wer gewohnheitsmäßig und
bewusst sündigt, zerstört vor allem sich selbst. Es war uns dadurch
klar geworden, dass Hitler sich selbst und Millionen von anderen
Menschen zerstörte. Pater Eisele schärfte unseren Verstand ungemein. Anhand der
Tugendlehre des Thomas von Aquin ließ er uns Übungen ma-
chen, wodurch wir herausfinden sollten, ob eine Handlung als
klug, vorausschauend oder bloß dem eigenen Nutzen dienlich zu
deuten sei. Klugheit bedeutete, das lernte ich dabei, die Fähigkeit
zu besitzen, die Realität zu sehen, genau einzuschätzen und daraus
Schlüsse zu ziehen. Wenn man also die Augen aufmachte und eine
philosophische oder christliche Haltung einnahm, konnte man das
Unrecht, das begangen wurde, erkennen.

Unterstützten die Lehrer auf Ihrem Gymnasium diese Einstellung?

Die große Mehrheit unserer Lehrer glaubte an den Humanis-
mus, an Griechisch und Latein. Trotzdem bekamen wir 1940
einen Nazi als Rektor, der in Uniform herumlief und «Heil
Hitler» als obligatorischen Gruß einführte. Unsere Klasse
mochte derlei autoritäres Gehabe nicht, grüßte oft noch mit
«Guten Morgen» und wurde deshalb mehrfach getadelt. Da
kamen wir auf die Idee, an das «Heil!» ein «t» anzufügen, und zur
Freude des Rektors grüßten wir kräftig «Heilt Hitler!». Das «t»
hörte keiner.
Der neue Kommandoton gefiel auch vielen Lehrern nicht. Die
oppositionellen Lehrer sind aus dem allgemeinen Lehrerzimmer
ausgezogen und belegten drei Stockwerke höher einen Zeichen-
saal. Ich war da siebzehn, und natürlich bekam das jeder von uns

älteren Schülern mit. Wir standen im Treppenhaus und haben leise applaudiert. Viele von uns Schülern hatten ein anderes Deutschland im Kopf. Eines Tages kam einmal der Rektor zu uns in die Klasse. Selbstverständlich mussten wir aufstehen und «Heil Hitler» rufen. Anschließend blieben fünf, sechs von uns stehen, ich war einer von ihnen, und im Chor sagten wir: «Wir wollen sein ein einig Volk von Brüdern, in keiner Not uns trennen und Gefahr. Wir wollen frei sein, wie die Väter waren, eher den Tod als in der Knechtschaft leben.» Danach haben wir uns wieder hingesetzt. Die Reaktion des Rektors war interessant. Er lächelte und sagte: «Schiller, nicht wahr?» Ein Nachspiel hatte das nicht.

Mit unseren Lehrern lasen wir auch Plato und sprachen über seinen Staatsgedanken. In unserer Clique stellten wir dann, natürlich außerhalb der Schule, die kritischen Fragen – und die betrafen das Dritte Reich. Plato hatte ja von einem Idealstaat gesprochen, der dann erlangt werden kann, wenn der Herrscher ein Philosoph ist. So überlegten wir: Wenn der Erste eines Staates aber kein Philosoph ist, sondern ein gewalttätiger Mensch, der Kriege anfängt und die Volksversammlung nicht befragt, wie wäre dann ein solcher Staat zu bezeichnen?

Mit dem weiteren Verlauf des Krieges wurden wir immer kritischer. Über die Auslandssender hatten wir ja erfahren, dass die deutschen Verluste riesig waren und der Vormarsch auf Moskau nicht stehen geblieben war, wie offiziell behauptet wurde, sondern dass die deutschen Truppen sogar wieder Hunderte von Kilometern zurückmussten. Plötzlich sahen wir in der Stadt humpelnde Wehrmachtsangehörige mit dem Verwundetenabzeichen herumlaufen. Es gab nicht Mengen von ihnen, aber sie waren unsere unmittelbaren Vorgänger, nur zwei, drei Jahre älter als wir. Ihr Schicksal konnte auch bald unser Schicksal sein. Mit einem von ihnen kam ich ins Gespräch, ich kannte ihn noch vom Fußball her. Der sagte zu mir: «Eigentlich darf ich es gar nicht sagen, wie es weitergeht mit dem Krieg, sonst kriege ich Schwierigkeiten. Aber unsere Kompanie hatte hundertsiebzig kampfkräftige Männer, jetzt sind nur noch zwölf von ihnen einsatzfähig.»

Sie kamen dann zum Reichsarbeitsdienst?

Das war im Sommer 1942. Da musste jeder hin, der achtzehn war und sich nicht freiwillig zum Wehrdienst oder zur SS gemeldet hatte. Mich schickte man nach Breisach zum Lagerdienst. Sinnigerweise waren in meiner Gruppe nur Abiturienten. «Ihr Abiturienten seid auch nichts Besseres. Sursum corda, allen das Gleiche!», wurden wir begrüßt. Die Baracken waren genau wie die in Dachau. Die Barackenführer waren einfach eine Saubande, niederträchtige Typen. Ich kann es nicht anders sagen. Die brüllten uns an und ließen uns bei größter Hitze im verschärften Trab ums Lager laufen. Eigentlich sollten wir ja am Rhein einen Hafen bauen, was aber völlig sinnlos war, weil das erste Hochwasser unser gesamtes Werk von acht Wochen wieder zerstörte. Für mich waren diese Monate die Hölle. Reine Willkür war an der Tagesordnung. Danach, in der Wehrmacht, hatte man dann wenigstens begrenzt Rechte. Ich weiß noch, dass wir eines Tages zur Vereidigung abkommandiert wurden: «Ich schwöre dem Führer und Reichskanzler Adolf Hitler unbedingten Gehorsam» – ohne «so wahr mir Gotte helfe», das wurde einfach gestrichen. Kurz danach diskutierte ich mit einigen, die auch vereidigt worden waren, bis um fünf Uhr morgens über die Frage: «Was kann der Staat von einem verlangen?» Wir zitierten zwischendurch klassische Autoren, damit unsere eigenen Ansichten wenigstens etwas getarnt waren. Hätte einer aus der Saubande davon Wind bekommen, wir wären im KZ gelandet. Denn klar sagten wir: «Hitler ist ein Unglück für das deutsche Volk. Wir werden den Krieg verlieren. Ein Staat kann nicht auf Willkür aufgebaut werden.» Vom Konzentrationslager Dachau wussten wir, weil uns einige Pfarrer davon erzählt hatten.

Als ich nach drei Monaten aus dem Reichsarbeitsdienst entlassen wurde, war das für mich wie eine Erlösung. Danach sollte ich eigentlich gleich zum Militär eingezogen und nach Russland geschickt werden. Ich hatte mir aber nach dem Arbeitsdienst beim Äpfelpflücken den Fußknöchel gebrochen, konnte also nicht eingezogen werden. Ohne diesen soliden Bruch wäre ich nie zur Weißen Rose gekommen. Welch sinnvoller Unfall ...

Wie haben Sie erfahren, dass es in München einen Freundeskreis gibt, der gegen Hitler ist?

Durch meinen Freund Hans Hirzel. Die protestantischen Familien Hirzel und Scholl waren befreundet und kannten sich gut. Hans Hirzels Schwester Susanne war mit Sophie eng befreundet. Hans war mein Klassenkamerad im Gymnasium. Er war der beste Schüler in Mathematik, Physik und Chemie. Hans war unglaublich gescheit, fast übergescheit, körperlich aber eher schwach. Er war zwar groß und schlank, aber ohne viel Muskeln, in Sport also eine Niete. Hans fuhr mehrfach nach München und hatte Kontakt zu der Münchner Gruppe. Und irgendwann hat Hans Scholl ihn gefragt, ob er nicht Freunde hätte, die helfen könnten, Flugblätter zu verteilen.

Auf diese Weise passierte es, dass Hans Hirzel das zweite Flugblatt, in dem der Mord an den Juden zum ersten Mal öffentlich gemacht wurde, mit nach Ulm brachte. Wir feierten kurz darauf Abschied im Pfarrhaus Hirzel, weil wir ja alle zum Arbeitsdienst mussten – außer Hans, der wegen seiner Tuberkuloserkrankung davon befreit war. Eine Flasche Wein stand auf dem Tisch – ich hatte sie zu diesem Anlass von Verwandten, die Weinbauern sind, geholt. Um den Tisch herum saßen Heinz Brenner, Hans Hirzel und ich. Wir tranken den Wein und kamen in gute Stimmung. Wir waren von dem Alkohol, den wir nicht gewohnt waren, auch etwas beflügelt. Und als wir so richtig ausgelassen waren, holte

Hans aus einer Mappe das zweite Flugblatt hervor. Er sagte: «Lest das mal!» Jeder von uns studierte die Schrift, immer stiller wurde es im Raum. Unsere gute Laune war vorbei. Hans fragte dann: «Was haltet ihr davon?» Statt darauf sofort zu antworten, wollten wir von ihm wissen, woher er denn dieses Flugblatt hätte? Uns war klar, dass es «Dynamit» war und uns den Tod bringen konnte. Da standen Sätze drin wie, dass «seit der Eroberung Polens dreihunderttausend Juden in diesem Land auf bestialischste Art ermordet worden sind». Oben drüber war zu lesen: «Flugblätter der Weißen Rose». Mit dem fünften Flugblatt hieß es dann ja: «Flugblätter der Widerstandsbewegung in Deutschland». Aber zurück zu dem Flugblatt, das wir gelesen hatten. Da waren Formulierungen drin, die waren einfach genial. Ich hätte so etwas nie schreiben können.

Hans sagte dann, dass er das Flugblatt von Hans Scholl hätte. Wir wussten ja, wer die Scholls waren. Weiter erzählte uns Hirzel, dass Hans Scholl ihn gefragt habe, ob er Freunde hätte, mit denen er weitere Flugblätter versenden könnte. In diesem Moment dachte ich daran, dass ich in ein, zwei Wochen beim Arbeitsdienst sein würde und unmittelbar danach zum Militär musste. Ich überlegte, dass ich es machen, es riskieren könnte. Wer weiß, so überlegte ich weiter, ob ich Russland überhaupt überleben würde. Immerhin hätte ich dann wenigstens vorher noch etwas Gescheites gemacht und etwas gegen diese Schweinehunde von Nazis unternommen. Das waren so meine Gedanken, die vielleicht eher Empfindungen waren. Natürlich war die Verteilung von Flugblättern eine gefährliche Sache, aber die Wahrscheinlichkeit, dass wir den Krieg überstanden, war gering. Im letzten Schuljahr hatten wir fast jede Woche an Gedenkfeiern für ehemalige Schüler, die gefallen waren, teilnehmen müssen.

Laut äußerte ich dann, dass ich beim Verteilen mitmachen würde. Ich hielt das, was ich in diesem Flugblatt las, für richtig. Heinz Brenner meinte: «Ich tu das nicht. Mit einem ehemaligen HJ-Führer mache ich keinen Widerstand.» Womit er Hans

Scholl meinte. Was wir zu diesem Zeitpunkt nicht wussten, war, dass Heinz Brenner schon eine eigene Gruppe um sich versammelt hatte, deren Mitglieder selber ein Flugblatt verteilten. Mein bester Freund war Widerständler, ohne dass ich eine Ahnung davon hatte. Und an diesem Abend deutete er auch nichts davon an. Er hielt den Mund. Später erfuhr ich, dass er sich nur Leute ausgesucht hatte, meist Bauernkerle, die an seinen Lippen hingen und auf ihn hörten. Er war eine Autorität und hielt auf diese Weise seine Gruppe zusammen. Seinen Führungsstil konnte ich nicht gerade gutheißen, aber immerhin hat dort keiner den anderen verraten.

Die Flugblätter, die Heinz Brenner verbreitet hat, waren die Predigten von Clemens August von Galen, Bischof von Münster. In diesen Predigten hatte Galen die Beschlagnahmung von Kirchengut und die Euthanasiemaßnahmen der Nazis angeprangert. Eines dieser Flugblätter, das erzählte Elisabeth Scholl später, hätte die Familie Scholl erhalten, woraufhin Hans Scholl gesagt haben soll: «Flugblätter, das wäre eine Möglichkeit.» Hans studierte da noch nicht in München. Das war, bevor Hans Scholl zum Studium nach München zog.

Wann fingen Sie an, die Flugblätter zu verteilen?

Das war in der Zeit, als ich mir den Fußknöchel gebrochen hatte, also nach dem Arbeitsdienst. Aber wir hatten das schon geplant und vorbereitet und hatten für unser geheimes Büro eine tolle Idee: hinter der Orgel der Martin-Luther-Kirche. Hans Hirzel, der Sohn des Stadtpfarrers, spielte sonntags oft Orgel beim Gottesdienst, weil der Organist an der Front war. Ich war manchmal zum Üben mitgegangen, und da entdeckten wir den kleinen Raum hinter der Orgel. Hans hatte einen Schlüssel zur Kirche, und er besorgte einen kleinen Tisch, der übrigens heute noch dort steht. Er schaffte es auch, über den Freund von einem Freund eine alte

Schreibmaschine zu organisieren. Ich besorgte Briefumschläge und Geld für Briefmarken.

Die Flugblätter hat dann Sophie Scholl am Bahnhof Hans Hirzel übergeben. Sie kam damit aus München angereist. Ungefähr tausend Flugblätter hat sie gebracht. Während der Fahrt nach Ulm passierte Dramatisches, wie sie Hans lächelnd erzählte. Denn als sie da in ihrem Abteil saß, auf einem Gangplatz in einem Zug mit offenen Abteilen, habe es plötzlich eine Zugkontrolle gegeben. Man suchte zwar kaum nach Flugblättern, da es in Deutschland ja praktisch keinen Widerstand mehr gab – die Kommunisten waren längst in KZ oder umgebracht worden –, aber dafür umso mehr nach geschmuggelten Lebensmitteln. Als Sophie weiter vorne die Worte «Machen Sie mal den Koffer auf!» hörte, habe sie sofort geschaltet und sei auf die Toilette gegangen und dort eine Weile geblieben. Sie hatte gute Nerven. Und als der Beamte zu Sophies Abteil kam, fragte er die Mitreisenden nach ihrem Koffer. Die antworteten, dass er einer Studentin gehöre, die wohl gerade auf der Toilette sei. Sie wäre auf dem Weg nach Hause und hätte in dem Koffer ihre Wäsche. Der Beamte habe das hingenommen und sei weitergegangen. Hätte der anders reagiert, hätten wir die Flugblätter nie erhalten, nicht an der Verbreitung mitwirken können.

Haben Sie jetzt überlegt, wo diese Flugblätter zu verteilen waren? Wer sie bekommen sollte?

Ulm kam keinesfalls in Frage. Was auch immer noch in Zukunft geplant war, durch diese Aktion sollte kein Hinweis gegeben werden, dass meine Heimatstadt darin verwickelt sein könnte. Es war sowieso alles unsicher genug. Außerdem wollten wir die Martin-Luther-Kirche schützen. Der Raum hinter der Orgel schützte ja auch unsere Aktion. Weil Ulm ausgeschlossen war, favorisierten wir als große Stadt Stuttgart, und Hans besorgte dort ein Telefonbuch. Man konnte damals nicht einfach tausend Briefe in einen Briefkasten stecken. Postwurfsendungen, wie es sie heute gibt, gab es nicht. Es war Krieg, und der Briefverkehr war eher minimal, hauptsächlich handelte es sich dabei um Feldpost. Jede größere Sendung wäre sofort aufgefallen. Natürlich habe ich auch meinen Hinkefuß ausgenutzt. Polizisten kontrollierten einen Menschen, der auf Krücken daherkam, weniger. Als wir uns dann überlegten, wem wir die Flugschriften schicken sollten, war uns klar, dass es Menschen sein müssten, die damit nicht sofort zur Gestapo rennen würden. Je weniger Flugblätter abgeliefert werden würden, so dachten wir, umso weniger würde die Gestapo in unserer Region alarmiert sein. Also mussten es Leute sein, die das Flugblatt mit größerer Wahrscheinlichkeit behalten und darüber reden würden, also Multiplikatoren wären. Folglich habe ich aus dem Telefonbuch Adressen von Friseuren, Gastwirten, Ärzten, Lehrern und Kaufleuten herausgesucht. Dort verkehren ja bekanntlich viele Menschen, die auch gerne das eine oder andere Wort austauschen. Und natürlich hatten wir auch ein paar Intellektuelle ausfindig gemacht. Außerdem schickte ich die Flugblätter einigen Freunden. Einem mir bekannten Pfarrer legte ich sogar zwei Flugblätter in den Umschlag. Am Ende des fünften Flugblatts stand ja: «Unterstützt die Widerstandsbewegung, verbreitet die Flugblätter!» Ein Brief mit diesem Flugblatt ging an die Reichskanzlei, adressiert an Adolf Hitler. Andere Briefe schickten wir an das Propagandaministerium, zu Händen von Dr. Joseph Goebbels, und an den Gauleiter Murr, was uns eine diebische Freude bereitete. Durfte es doch keine Feinde des Führers mitten in Deutschland geben.

Wie viele Flugblätter wir dann letztlich verschickt haben, das weiß ich nicht mehr ganz genau. Aber um die tausend soll Sophie ja in ihrem Koffer gehabt haben, und angeblich sollen achthundert bei der Gestapo abgegeben worden sein.

Woher hatten Sie das Geld für die Briefmarken und die Umschläge?
Und schrieben Sie die Adressen mit der Hand auf die Briefumschläge?

Einen Teil des Geldes besorgte ich von meiner Großmutter. Ich ging zu ihr auf den Hof und erzählte, dass ich bestimmte Bücher kaufen müsste. Zuerst war meine Großmutter ein wenig verwundert, aber als ich ihr sagte, dass die Eltern mich sehr knapp hielten – das war natürlich eine unverschämte Lüge –, fragte sie mich, wie viel ich denn bräuchte. Ich sagte: «300 Reichsmark.» Meine Großmutter ging hinauf zu den Kammern im ersten Stock, wo sie ihr Geld versteckt hatte. Danach kam sie wieder runter und legte mir 300 Reichsmark auf den Tisch. Beim Abschied bat sie mich, meiner Mutter nichts davon zu erzählen. Mit diesem Startkapital ging ich dann zur Post. Das war in meinen Augen der gefährlichste Moment. Am Schalter sagte ich: «Ich möchte hundert Briefmarken zu 12 Pfennig haben.» Da ich mir vorher nicht überlegt hatte, was ich antworten könnte, wenn mich der durch Hakenkreuzbinde am Arm ausgewiesene Beamte fragen würde «Wofür?», musste ich mir nun blitzschnell etwas einfallen lassen. Also fügte ich hinzu: «Wir sind eine große Bauernfamilie in Oberschwaben und haben gefallene Helden. Die Verwandten müssen alle informiert werden.» Ohne weitere Nachfragen bekam ich die Briefmarken ausgehändigt. Dies wiederholten wir auf mehreren Postämtern.

Die Briefumschläge habe ich dann aus dem Büro meines Vaters entwendet. Er hatte einen Posten im Reichsnährstand und verwaltete die Adressen der Bauernschaft von vier, fünf Landkreisen. Tausend Briefumschläge sind es mit Sicherheit gewesen, die ich mitnahm – natürlich ohne Wissen meines Vaters. Morgens um fünf habe ich mir seinen Schlüssel geschnappt und bin mit dem Fahrrad zu seinem Büro geradelt. Später habe ich nie gehört, dass es deswegen Ärger gab. Wenigstens hat mein Vater nie etwas erzählt. Und die Adressen schrieben wir übrigens mit einer alten Schreibmaschine. Ich diktierte und Hans tippte.

Und wie kamen die Flugblätter nach Stuttgart?

Mit meinen Krücken konnte ich nicht nach Stuttgart. Und irgendwie wollte ich auch nicht. Also fuhr Hans alleine dorthin, wobei ich ihm von meinem Taschengeld noch die Zugfahrt bezahlte. In Stuttgart half ihm dann seine Schwester Susanne, die dort lebte. Ich weiß nicht, ob sie von Anfang an dabei war, als Hans die Umschläge in die Briefkästen warf. Aber auf jeden Fall hat sie den Rest erledigt, weil ihr Bruder den letzten Zug nach Ulm erwischen musste, sonst hätten sich seine Eltern Sorgen gemacht. Ich fand es toll, dass die Suse das gemacht hat, obwohl sie bis dahin nichts mit der Weißen Rose zu tun gehabt hatte. Sie half ihrem Bruder, nicht weil sie eine Widerständlerin war, sie hatte eher Angst, dass ihrem Bruder etwas passieren könnte. Als älteste Schwester sorgte sie sich besonders um den Bruder, der oft krank war. Susanne war blond, hatte blaue Augen und sah gut aus. Sie strahlte etwas Frisches aus und konnte auch gut schauspielern. Für mich war und ist sie eine beeindruckende Persönlichkeit.

Ich habe selber noch einen Pfarrer aufgesucht, dem ich zwei Flugblätter geschickt hatte. Seine Haushälterin war nämlich früher in Ulm meine Klavierlehrerin gewesen. Ich wusste, dass er gegen Hitler war, wie viele katholische Pfarrer, dennoch musste ich ganz vorsichtig sein. Er durfte auf keinen Fall erfahren, von wem die Flugschriften waren. Wir sprachen über dies und das, und plötzlich meinte er: «Es soll Flugblätter gegen Hitler geben. Das habe ich wenigstens gehört. Weißt du etwas davon?» Ich antwortete darauf mit einem Nein. Daraufhin holte er die Heilige Schrift hervor und sagte: «Lege deine Hand auf die Bibel. Schwörst du bei erhobener Hand, dass du das, was du jetzt zu sehen bekommst, niemandem erzählen wirst? Unter keiner Gefahr, in keiner Situation? Schwörst du das?» Ich habe den Schwur gerne geleistet, denn ich wusste in diesem Moment, dass es das Flugblatt war, das er mir zeigen wollte. Er ging daraufhin zu einem Fenster und öffnete es.

Davor befand sich ein Vogelhäuschen, und aus diesem holte er mit einer Pinzette aus dem Heu das gefaltete Flugblatt hervor. Auf dieses Versteck wäre die Gestapo nie gekommen.

Ein anderer Pfarrer, der in der Nähe von Heilbronn lebte und bei dem ich in den Ferien ein und aus ging, weil ich seine Bibliothek benutzen durfte, zog bei einem Besuch meinerseits seine Stola an, die er immer zu offiziellen Anlässen trug. Unter dem Siegel des Beichtgeheimnisses vertraute er mir an, dass er etwas gekriegt hätte, ein Flugblatt. Ich sagte zu ihm, dass er es von mir hätte. Daraufhin meinte er, dass dies Wahnsinn sei, da ich damit doch meine Eltern und meine Schwester in Gefahr bringen würde. Ich gab ihm zu verstehen, dass ich es als Wahnsinn empfände, dass jeden Tag fünftausend Soldaten fielen. Und wenn ich die kleinste Chance sähe, würde ich nach meinem Einzug zur Front sofort zum Feind überlaufen. Er antwortete: «Ja, der Hitler ist eine Gottesgeißel.»

Kurze Zeit nach dem Einwerfen der Briefe schickte man Sie an die Front?

Ja, im Februar 1943 kam ich dann zur Wehrmachtsausbildung nach Frankreich, nach Épinal in den Vogesen. Mit Ausnahme von ein oder zwei Typen, ehemaligen HJ-Führern, waren wir auf unserer Stube sehr pessimistisch eingestellt. Wenn diese beiden Jungs weg waren, redeten wir anderen offen über unsere Ansichten. Mein engster Freund in dieser Kaserne war Maximilian von Waldburg. Mit ihm konnte ich auch über den Münchner Widerstand reden. Ich gestand ihm auch, dass wir Flugblätter verteilt hatten. Er behielt solche Informationen für sich. Meiner Mutter habe ich wohl von diesem Vertrauten geschrieben. Wir schrieben damals viel, an Freunde, aber auch an die Familie.

Wie erfuhren Sie, was dann später, im Februar 1943, passierte?

Ich hatte meiner Mutter wohl mitgeteilt, dass sie besondere Post für mich an Maximilian schicken sollte. Also kam Ende Februar ein Brief meiner Mutter an Maximilian nach Épinal. Wenige Wochen später sollten wir nach Russland. Dem Brief hatte sie einen Artikel aus dem *Ulmer Sturm* beigelegt. Überschrift: «Volksverräter hingerichtet.» Meine Mutter wusste nichts von meinen Flugblattaktionen, aber vielleicht hat sie geahnt oder befürchtet, ich könnte darin verwickelt sein. Was auch der Grund gewesen sein könnte, dass sie mir den Zeitungsausschnitt nicht selber, sondern meinem Freund geschickt hatte.

Als ich den Bericht über die Hinrichtungen las, bekam ich natürlich Angst. Auch für mich konnte es nun gefährlich werden. Ich überlegte mir, dass ich nicht einfach abwarten wollte, bis sie auch mich verhaften würden. Das wäre wohl dann mein sicherer Tod gewesen. Da aber weder ich noch Maximilian dieses fatale Problem lösen konnten, suchte ich einen katholischen Pfarrer auf, der auch Soldat war. Der konnte zwar nicht direkt helfen, riet mir aber, mich an einen französischen Kollegen im Dom von Épinal zu wenden, und gab mir dessen Adresse. Ich hoffte, auf diesem Weg Kontakt zur Résistance zu finden. Aber würde man mir trauen? Ich konnte doch ein Provokateur sein. Wie sollte ich beweisen, dass ich gegen die Nazis war, Flugblätter versandt hatte und in großer Gefahr war. Würden Franzosen mich, einen Deutschen, decken, verstecken? Es kam aber gar nicht zu dem Treffen, noch vor dem Termin wurde ich verhaftet und nach München gebracht.

Wie lief die Verhaftung ab?

Wir kamen gerade von einer Felddienstübung zurück. Als wir den Kasernenhof betraten, sah ich, dass dort von meiner Einheit der Oberstleutnant, der Major und der Leutnant standen. Es war halb sieben abends. In diesem Augenblick dachte ich: Gefahr! Nie zuvor hatten sich die drei mitten im Hof aufgestellt. Als ich an ihnen vorbeiging, sagte einer von ihnen: «Müller, auf die Dienststube!» Jetzt war alles klar. Abhauen konnte ich aber nicht. Es war sinnlos, weil ich mich innerhalb der Kaserne befand. Und nachdem man mir den Befehl erteilt hatte, meinen Vorgesetzten auf die Dienststube zu folgen, wurde ich sofort von zwei Unteroffizieren flankiert. Sie haben mich nicht festgenommen, aber sie blieben immer in meiner Nähe. In der Dienststube bot man mir höflich einen Platz und eine Zigarette an. Schließlich sagte der Oberleutnant zu mir: «Ich habe da eine unangenehme Sache. Ich muss einen Befehl durchführen, unterzeichnet von Generalfeldmarschall Keitel. Ich muss Sie dem Volksgerichtshof überstellen.» Der Major gab mir dann die Hand mit den Worten: «Wir haben unseren Befehl. Es tut uns leid, von unserer Seite liegt nichts gegen Sie vor. Ich hatte Sie sogar für einen Offizierskurs vorgeschlagen.»

Anschließend wurde ich in eine kleine Arrestzelle gesperrt, in der ich eine unruhige Nacht verbrachte. In der Zelle neben mir lag ein deutscher Soldat, der ein französisches Schaf gestohlen, mit seinen Kameraden geschlachtet und aufgegessen hatte. Sechs Monate kam er dafür in Haft.

Nach dieser Nacht wurde ich, begleitet von zwei anderen Unteroffizieren, nach München gebracht. Auf der Fahrt erlebte ich eine schlimme Geschichte. Die Strecke führte über Ulm. Der Zug erhielt aber keine Einfahrt in den Bahnhof meiner Heimatstadt. Da stand der Zug also auf eincm Hügel, und vom Fenster aus konnte ich das Haus meiner Eltern sehen – zweihundert Meter lag es vielleicht von mir entfernt. Plötzlich entdeckte ich meine Mutter, wie sie die Betten zum Lüften aufs Fensterbrett legte. Der Zug stand dort ungefähr fünf Minuten, und meine beiden Begleiter schliefen. Ich hätte rausspringen können, aber gleichzeitig überlegte ich: Wo sollte ich denn hin? Ich konnte meine Eltern doch nicht gefährden. Außerdem war ich in Uniform und wäre wohl bald gefragt worden, warum ich nicht bei meiner Truppe sei. Auf dem Bahnsteig in Ulm sah ich dann zwei Nachbarstöchter. Denen trug ich auf: «Sagt meiner Mutter, ich sei auf dem Weg nach München.»

Wie ist es Ihnen in der Haft ergangen?

In München schlug mir der Gestapobeamte als Erstes die Zigarette, die mir meine Begleiter noch gegeben hatten, mit den Worten aus dem Mund: «Damit du gleich weißt, wo du hier bist!» Ich kam zunächst in eine Achterzelle. Wir waren jedoch zwanzig. Einer nahm mich bald zur Seite und flüsterte mir zu: «Rede nichts, in der Zelle ist ein Spitzel.» Später, nach den Verhören, wies er mich an: «Erzähl nichts. Setz dich hin und memoriere genau, was sie gefragt haben und was du gesagt hast. Du musst immer dasselbe antworten können.» Später war ich dann bis zur Verhandlung in einer Einzelzelle. Das Bett wurde tagsüber hochgeschlossen. Es gab kaum etwas zu essen. Ich nahm zehn Kilo ab, brach mehrmals ohnmächtig zusammen. Es war kalt. Keinerlei Kontakt. Kaum Hofgang. Verhöre morgens um fünf oder auch nachts um elf. Mir half, dass ich viele Gedichte gelernt hatte. Vor allem half mir der Glaube.

Weil wir damals noch nicht volljährig waren, kam ich nach der Verurteilung mit Hans Hirzel (der leider Anfang Juni 2006 gestorben ist) und Heiner Guter über die Gefängnisse Ulm und Stuttgart in das Jugendgefängnis Heilbronn. Da ging es uns besser. Natürlich gab es auch dort vor allem Hunger, manchmal Schläge und Arrest. Aber im Grunde konnte man mit uns Politischen und Abiturienten unter den normalen Straftätern nichts anfangen. Deshalb bekamen wir nach einiger Zeit Sonderposten: Hilfssanitäter, Hilfsbibliothekar und Hilfsgärtner.

War Ihnen klar, was Sie erwarten würde, nachdem Sie die Anklageschrift gelesen hatten?

Beängstigend klar. Neben Willi Graf, Professor Kurt Huber und Alexander Schmorell waren Hans Hirzel und ich Hauptangeklagte. Ich rechnete mit dem Todesurteil. Ein Pflichtverteidiger besuchte mich einmal kurz in der Zelle. Statt mir beizustehen, warf er mir vor, was ich gegen mein Vaterland getan hätte. Er könne mich nur der Gnade des Gerichts empfehlen. Das war dann auch das Einzige, was er im Prozess für mich vorbrachte. Nach dem Krieg versuchte er trotzdem von mir eine Entlastung zu erhalten.

Wie reagierte Ihr Vater nach Ihrer Verhaftung?

Mein Vater war nun der Vater eines Hochverräters. Fast alle, die in unserer Straße wohnten, haben ihn und meine Mutter nicht mehr gegrüßt. Besonders hämisch war die Frau mit ihren zwei Töchtern, die bei uns oben im Haus wohnten. Es gab aber auch einen Nazi, der in dem Verband der Reichsbauernschaft hierarchisch über meinem Vater positioniert war. Dieser Höhergestellte sagte zu ihm: «Herr Müller, das waren halt junge Hunde, die einen Fehler gemacht haben. Dafür müssen Sie aber nicht geradestehen.» Das war hochanständig von ihm.

Wie ist man Ihnen auf die Spur gekommen?

Da die Familien Scholl und Hirzel befreundet waren, lag ein Verdacht nahe. Hans Hirzel war schon zuvor von der Polizei in Ulm verhört worden, weil er versucht hatte, zwei HJ-Führer zu überzeugen, dass man gegen die Nazis sein müsste. Die beiden hatten ihn angezeigt. (Die beiden leben übrigens unbescholten heute noch.) Er war zwar wieder freigelassen worden, aber nach der Verhaftung der Geschwister Scholl wurde dieser Verbindung erneut nachgegangen. Hans Hirzel hat auch im Verhör viel geredet und Namen genannt. Ich will das entschuldigen. Intelligent wie er war, hatte er vielleicht gedacht, dass er die Gestapo davon überzeugen könnte, dass das, was wir gemacht hätten, richtig gewesen sei. Vielleicht ist er aber selber stark unter Druck gesetzt worden. Hans Hirzel und ich sind zu jeweils fünf Jahren Gefängnis verurteilt worden.

Welche Erinnerungen haben Sie noch an den Prozess?

«Präsident» Freisler inszenierte sich wie ein Schauspieler. Dieser Prozess hatte nichts Glaubwürdiges an sich. Das sagte auch Professor Kurt Huber in der Verhandlungspause. Ich erinnere mich noch an seine Worte: «Das so genannte höchste deutsche Gericht führt hier ein Trauerspiel auf.» Das, was in diesem Prozess ablief, war wirklich einfach würdelos. Man hatte nie den Eindruck, es ginge um Leben und Tod oder um bestimmte Werte. Es ging allein um einen «Schauspieler» – ohne «ch» –, der sich produzierte.

Susanne Hirzel spielte in diesem Prozess auch eine wichtige Rolle für Sie …

Ihr verdanke ich wohl mein Leben. Ihr war von einer Mitgefangenen geraten worden, sie solle vor Freisler bescheiden, freundlich und naiv auftreten. Deshalb hielt sie mich auch zurück, als ich vorschlug, gemeinsam vorzutreten und gegen die Prozessführung zu protestieren. Roland Freisler beurteilte Susanne Hirzel als das «Urbild eines germanischen Mädchens», das doch von den scheußlichen, hochverräterischen Inhalten der Briefe nichts gewusst haben könne. Danach wuchs bei uns Jüngeren – Suse war drei Jahre älter als ich – die Hoffnung, nachsichtiger behandelt zu werden. Bis dahin hatte ich damit gerechnet, zum Tode verurteilt zu werden. Hans Hirzel übrigens auch, wie ich später von ihm erfuhr. Unsere Anklage war ja auch entsprechend formuliert. Ich weiß noch, wie ich damals, naiv wie ich war, dachte: Wieso lächelt die Suse immer den Schweinehund an. Aber das war genau richtig. Im Nachhinein erzählte sie mir, dass ihre Zellengenossin ihr gesagt hatte: «Lächle Freisler immer an, gehe aufrecht und schaue ihm in die Augen.»

Was sagen Sie dazu, wenn heute ältere Menschen behaupten: «Wir haben von den Gräueltaten nichts gewusst»?

Das sind doch große Selbsttäuschungen. Wenn uns Achtzehnjährigen klar war, dass das Tausendjährige Reich in die Binsen geht, dann konnte doch auch den Älteren nicht entgangen sein, in welchen Abgrund die Politik der Nationalsozialisten führte. Wir haben gemerkt, dass jüdische Familien verschwanden. Das konnten andere auch. Der allgemeine aggressive, diktatorische Druck der Nazis war für uns unerträglich. Die meisten haben sich angepasst. Wir haben Gerüchte und Berichte von Naziverbrechen ernst genommen. Die Mehrheit der Deutschen wollte dies nicht glauben. Natürlich darf man die perfide Propaganda von Goebbels nicht unterschätzen. Trotzdem meine ich, es bedurfte keiner besonderen Intelligenz, sondern wachen menschlichen Denkens, um selbst der gelenkten Nazi-Presse zu entnehmen, was geschah. Wer es wirklich wissen wollte, der konnte es wissen. Aber viele wollten ja nicht einmal wissen.

Susanne Zeller-Hirzel

«Diese Flugblätter werden bleiben in der Geschichte Deutschlands, sie sind das Allerwichtigste. Die Worte, sie überdauern die Jahrhunderte!»

Schon der erste Kontakt am Telefon mit Susanne Zeller-Hirzel ist sehr vertraut. Sie wirkt sehr offen, aufgeräumt und ist dem Anliegen, sie zu interviewen, gleich positiv gegenüber eingestellt.

An einem Samstagmorgen im Dezember 2005 empfängt die Vierundachtzigjährige bei sich zu Hause, in Stuttgart-Weilimdorf. Sie wohnt in einem kleinen, am Hang gelegenen Häuschen, mit Blick auf einen riesigen, verwunschenen Garten. Oft lassen sich hier Dachse beobachten, sagt die temperamentvolle Susanne Zeller-Hirzel, während sie Tee einschenkt. Kekse hat sie bereitgestellt, im Falle, dass wir «schwächeln» sollten, wie sie hinzufügt, denn es gäbe ja einiges zu erzählen.

Lange habe sie geschwiegen über die Zeit damals, mit ihrer Jugendfreundin Sophie, über das waghalsige Unternehmen mit ihrem Bruder Hans Hirzel im Januar 1943, als sie half, die Flugblätter der Weißen Rose in Stuttgart zu verteilen. Erst im Alter von dreiundsiebzig Jahren taucht Susanne Zeller-Hirzel, die sich nach dem Krieg als Cellistin einen Namen gemacht hat, «tief hinunter in die Gewässer der Vergangenheit» und beginnt, mit ihrer eigenen Geschichte und der ihrer Familie an die Öffentlichkeit zu gehen.

186

Geboren wird Susanne Hirzel am 7. August 1921 als ältestes von sechs Kindern in Untersteinbach. Der Vater ist Pfarrer in Ulm, die Mutter Hausfrau, immer damit beschäftigt, den Nachwuchs «rechtschaffen und ordentlich» großzuziehen. Bei allen Entbehrungen war es eine schöne Kindheit, wie Susanne Zeller-Hirzel sich rückblickend erinnert.

Eher plötzlich gerät die Pfarrerstochter «auf den Weg des Widerstands gegen Hitler», wie sie es formuliert. Es ist ein Weg, auf den sie auch durch Sophie Scholl gekommen ist. Als Kinder sind Susanne und ihr Bruder Hans im Elternhaus der Scholl-Geschwister aus und ein gegangen.

Das Haus Scholl, so sagt Susanne Zeller-Hirzel heute, habe eine starke Anziehungskraft auf junge Leute ausgeübt. Fast täglich saßen Hans und Werner Scholl und ihre Freunde in Gruppen zusammen in der Scholl'schen Wohnung. Auch die Schwestern sammelten Freundinnen um sich. Der Vater – ein hoch gewachsener, temperamentvoller Herr, der ungeniert seine Meinung sagte. Gerechtigkeit und Anstand waren für ihn die höchsten Werte, ein unbeugsamer Gegner Hitlers ohne jeden inneren Kompromiss. Die Mutter war der stille, gute Geist der Familie, der unauffällig für alle sorgte.

Susanne Hirzel und Sophie Scholl sind beide in dem Jungmädelbund, sie leiten dort einzelne Gruppen. 1938 werden sie wegen «Untreue» und «unbotmäßigen Äußerungen» degradiert. Um den Reichsarbeitsdienst zu umgehen, absolvieren die beiden Mädchen nach dem Abitur eine Ausbildung als Kindergärtnerinnen im Ulmer Fröbelseminar. Bei Susanne gelingt dieser Plan, sie kann danach in Stuttgart sofort Musik studieren. Sophie muss trotzdem zum Reichsarbeitsdienst.

Das einst sehr enge Band der Freundschaft wird zusehends lockerer, weil sich die Interessen der Freundinnen unterscheiden. Im Dezember 1942 besucht Sophie Scholl jedoch ihre Freundin in Stuttgart und berichtet ihr von ihrem Münchner Freundeskreis und schwärmt von Alexander Schmorell. Sophie möchte Susanne «für die Sache gewinnen». Doch die Freundin ist nicht davon überzeugt. Es ist ihre letzte Begegnung mit Sophie und Hans Scholl. Hans Hirzel ist seit dieser Zeit in die Absichten von Hans und Sophie Scholl eingeweiht.

Als Hans Hirzel seine Schwester erstmals mit den Flugblättern konfrontiert, die er von Sophie Scholl erhalten hat, lehnt Susanne zunächst jede Unterstützung ab. Doch im Januar 1943 entschließt sie sich dazu, ihrem Bruder zu helfen. In einer riskanten Aktion wirft sie die von ihrem Bruder und Franz Müller adressierten Briefe mit den Flugblättern – es ist das fünfte der Weißen Rose – in öffentliche Stuttgarter Briefkästen ein.

Am 17. Februar 1943 wird Hans Hirzel von der Gestapo vorgeladen und verhört. Dabei erwähnt er auch den Namen von Sophie Scholl. Am gleichen Abend versucht er noch, sie über Inge Scholl und Otl Aicher zu warnen. Am 22. Februar 1943 wird Susanne Hirzel durch die Gestapo vernommen und anschließend verhaftet. Die damals Einundzwanzigjährige ist Mitangeklagte im zweiten Prozess gegen die Mitglieder der Weißen Rose.

Vor dem Volksgerichtshof in München wird sie wegen «Verbreitung hochverräterischer Flugblätter» von Roland Freisler zu einer Gefängnisstrafe in Höhe von sechs Monaten verurteilt. Nach ihrer Entlassung im August 1943 kehrt Susanne Hirzel zunächst in ihr Elternhaus zurück. Ihr Bruder Hans und dessen Freund Franz Müller, die in Heilbronn inhaftiert sind, kommen erst im April 1945 frei.

Anfang 1945 kann Susanne Hirzel ihr Musikstudium in Stuttgart wieder aufnehmen. Sie möchte ihren Eltern nicht weiter zur Last fallen. «Ich habe richtig geschuftet, um so schnell wie möglich fertig zu werden», beschreibt sie rückblickend ihre Zielstrebigkeit. Tatsächlich besteht sie nach weiteren drei Semestern ihr Cello-Examen mit der Note «gut». Anschließend erhält die junge Cellistin ein einjähriges Stipendium in Basel. Aus diesem einen Jahr werden schließlich dreizehn Jahre, erst danach kehrt sie wieder in ihre schwäbische Heimat zurück.

Sie heiratet Wolfgang Zeller, zusammen haben sie einen Sohn. Mit ihrem Mann, so Susanne Zeller-Hirzel heute, habe sie über diese ganze Geschichte niemals gesprochen. Und mit dem Sohn? Als er in der Schule darüber erfuhr, habe er einmal zu ihr gesagt: «Mama, du tust mir so leid mit deinen Gedanken.»

Auch wenn es sie mehr denn je Kraft kostet, fühlt sie sich dem Andenken an die Freunde verpflichtet: «Wenn die Menschen es wissen wollen, dann erzähle ich über die Weiße Rose, auch wenn es mich bis an mein Lebensende plagt.»

Frau Zeller-Hirzel, welche Erinnerung haben Sie an die Begegnung mit der Familie Scholl? Wie war das damals?

Es waren wunderbare Zeiten, wir waren jung, begeisterungsfähig und übermütig. Ich wuchs in Ulm in einer großen Familie auf, nach mir kamen noch meine Geschwister Peter, Hans, Konrad, Ursula und Roland. Mein Vater war Pfarrer an der Martin-Luther-Kirche am Bismarckplatz. Von 1928 bis 1932 besuchte ich die Grundschule am Bismarckplatz, danach wechselte ich auf das humanistische Gymnasium. Ich war elfeinhalb Jahre alt, als Hitler 1933 an die Macht kam. Weil die Nazis es unpassend fanden, dass Mädchen Latein und Griechisch lernten, so war es jedenfalls am Ulmer Gymnasium, gab es nur wenige von ihnen an unserer Schule. Als in der Quarta dann neben Latein noch Griechisch hinzukam, war ich das einzige Mädchen in der Klasse. Ich fühlte mich wohl unter all den Jungen, war ich das Leben mit Jungen ja von zu Hause gewohnt. Aber doch dachte ich, dass ich auch gerne mehr mit Mädchen zusammen wäre. Also trat ich im Frühjahr 1935, mit vierzehn Jahren, dem Jungmädelbund bei, der Unterorganisation vom Bund Deutscher Mädel für die Zehn- bis Vierzehnjährigen. Ich empfand diese Jugendorganisation am Anfang keineswegs als politische Vereinigung, wir wollten einfach nicht mehr mit den Eltern in Urlaub, sondern mit Gleichaltrigen auf Fahrt gehen und ein eigenes Leben haben. Als höhere und ältere Schülerin durfte ich sofort eine Gruppe übernehmen. Ich fand das prima und war stolz darauf, mit jüngeren Mädchen, die einem ja aus der Hand gefressen haben, irgendetwas zu unternehmen. Meine Mutter sagte immer: «Gell, du machst was Rechtes mit ihnen.»

Die Geschwister Scholl, also Inge, Hans, Elisabeth, Sophie und Werner, waren bereits im Herbst 1933 beziehungsweise im Frühjahr 1934 dem Jungmädelbund oder der Hitlerjugend beigetreten, gegen den Willen des Vaters, der ein unbeugsamer Gegner Hitlers war, der aber seine Kinder gewähren ließ. Als ich dann in den JM-Bund kam, lernte ich insbesondere Sophie Scholl näher kennen. Sie war humorvoll, gescheit, unternehmungslustig und auch ziemlich übermütig. Das hat mir gefallen. Öfters war ich im Hause Scholl, das eine große Anziehungskraft auf mich ausübte. Hier ging es, im Gegensatz zum Hause Hirzel, viel friedlicher zu. Meine Brüder haben sich gerne gestritten und mussten sich stets mit anderen messen. Und dadurch war es dann recht munter bei uns. Und weil es bei den Scholls ja mehr Mädchen gab und die beiden Jungen die «Außenposten» innehatten, hielt sich der Radau in Grenzen.

Ich kann mich noch erinnern, dass ich zusammen mit Sophie Scholl zum ersten Mal in meinem Leben getrampt bin. Als es Abend wurde, wollten wir in einem Dorf an der Iller übernachten. Wir sind schließlich einfach in eine Scheune reinmarschiert und haben uns dort ins Heu gelegt. Für uns beide war das ein richtig kleines Abenteuer gewesen. Ich weiß noch, wie wir, versteckt im Heu, fast schon schliefen, als plötzlich das Scheunentor aufging und eine männliche Stimme rief: «Schlaft auch gut, ihr Mädchen!» Wir gaben natürlich keinen Laut von uns, voller Angst verharrten wir zunächst in unserem warmen Lager. Während der Mann sich irgendwo im Dunkeln versteckt hielt, stand Sophie auf, ging zum Tor, wo sie beim Eintreten einen Lichtschalter gesehen hatte, und knipste dort das Licht an. Sie war schneidiger als ich. Als wir wieder in unserem Heu versteckt waren, knarrte nach einiger Zeit das Scheunentor, weil sich der Mann davonmachte.

Oft ist Sophie zu uns in den Garten gekommen und hat mit mir Äpfel gegessen, während wir uns unterhielten, und ich war wiederum bei ihr im Scholl'schen Garten, in dem wir Johannisbeeren pflückten und aßen. Und so ging das hin und her. Ich war damals fünfzehn und Sophie ein paar Monate älter als ich.

Was hat diese Freundschaft zwischen Ihnen ausgemacht, gab es da eine Wesensgleichheit?

Genau weiß ich das nicht. Sophie war mutiger als ich, ich war immer die Vorsichtigere, auch in den späteren Jahren. Ich empfand sie auch als eine Freundin, die ungemein einfallsreich war. Sophie war sehr stark von ihrer Familie beeinflusst worden, besonders von ihrem Vater, ein hoch gewachsener, temperamentvoller Mann, der unbekümmert seine Meinung sagte. Jeden Abend hörte er ausländische Nachrichten, von denen er dann am nächsten Tag seinen Kindern berichtete; es ging dort sehr offen zu. Es gab bei ihnen auch einen ungewöhnlich starken Familienzusammenhalt. Bei uns waren politische Gespräche am Mittagstisch nicht erwünscht. Ich versuchte immer wieder, solche Dinge anzusprechen, aber meine Mutter sagte immer, damit würde man den kleineren Kindern etwas antun, sie müssten ein schönes Mittagessen haben. So war die Atmosphäre in den Familien Scholl und Hirzel ganz verschieden, schon altersbedingt. Wir waren eine jüngere Familie, mit mir als Älteste der Kinder, und Sophie war die Nummer vier.

Wie würden Sie Ihr Elternhaus beschreiben? Wie war der Vater? Wie war Ihre Mutter?

Mein Vater war deutschnational eingestellt. Er war Soldat und Kompanieführer im Ersten Weltkrieg gewesen. Zweimal wurde er schwer verletzt, jedes Mal hatte er sich nach seiner Gesundung wieder freiwillig zur Front gemeldet. Als Kompaniechef des II. Ulmer Grenadier-Regiments war er sehr stolz auf seine Truppe und auf das Leben in den Schützengräben. Zu Hitler hatte er ein zwiespältiges Verhältnis. Es freute ihn, dass es ihm gelang, den Versailler Vertrag zu revidieren, überhaupt außenpolitische Erfolge aufzuweisen und die Arbeitslosigkeit zu beseitigen. Das mag meine Eltern ganz gewiss dazu bewogen haben, für Hitler zu stimmen. Und wohl auch, dass Hindenburg ihn als Kanzler annahm. Ich hatte aber auch mitbekommen, dass sie innenpolitisch vieles nicht bejahten.

Für meine Mutter war die Politik nur ein hässliches Gebiet, zudem hatte sie gar nicht die Kraft, sich näher damit zu beschäftigen, mit uns sechs Kindern war das ganz unmöglich. Sie war sehr musikalisch, hatte eine schöne Stimme und spielte gut Klavier. Aber viele Jahre musste sie sich ganz ihren Kindern widmen, was ihr aber auch große Freude bereitete.

Wie war das dann für Sie als Fünfzehnjährige, als Sie hörten, dass der Vater im Hause Scholl offen über Politik sprach? War es etwas Verbotenes für Sie?

Ich fand das interessant, ebenso mein Bruder Hans, der auch öfters bei den Scholls war. Als Verbotenes habe ich das zunächst nicht wahrgenommen.

Wie ging dann der Kontakt zwischen Ihnen und Sophie Scholl weiter?

Nachdem ich mich mit Sophie angefreundet hatte, erzählte sie mir, dass ihr Bruder Hans zum Reichsparteitag in Nürnberg als Fahnenträger der Ulmer Abordnung auserkoren sei. Das war eine hohe Ehre. Mich wunderte das nicht, Hans Scholl war damals siebzehn, groß, schlank, mit dunklen Haaren und ein angesehener Führer eines «Fähnleins», also von ungefähr hundertfünfzig Jungen. Dieser Parteitag war für ihn eine Art Wendepunkt. Er kam enttäuscht und ernüchtert von dort zurück, das Getöse und Heil-Geschrei, die überaus harte Disziplin und der blinde Gehorsam hatten ihm zu schaffen gemacht. Sein Verhältnis zu den Nazis wurde seitdem immer kritischer – und da es einen intensiven Gedankenaustausch unter den Scholl-Geschwistern gab, ging sein Skeptizismus auch auf die Schwestern über. Er bildete mit Freunden eine Jugendgruppe, die sich der verbotenen dj. 1.11 angliederte und noch bis 1937 zusammenhielt. Sophie sah ich im Laufe der Jahre immer weniger, da ich zunehmend mit Schule und Familie beschäftigt war.

Können Sie sich daran erinnern, welcher Geist an Ihrer Schule herrschte?
War das Ulmer Gymnasium sehr geprägt vom nationalsozialistischen Denken?

Interessant war bei uns, dass es an meiner Schule zwei Lehrerzimmer gab. Das eine wurde von Lehrern aufgesucht, die pro Hitler waren, es lag im ersten Geschoss, direkt neben dem Rektorat. Das Contra-Zimmer befand sich einen Stock höher, neben unserem Klassenzimmer. Obwohl die Lehrerschaft geteilter Meinung war und man ja sehr genau wusste, wie die Einzelnen dachten, hatten wir Schüler nie den Eindruck, dass sie sich stritten. Jedenfalls attackierte man sich nicht öffentlich, höchstens wurden hin und wieder im Unterricht ein paar spitze Bemerkungen gegen das immer rigoroser herrschende Regime fallen gelassen.

Auch wenn Sie Sophie nicht mehr so oft sahen, wie würden Sie Ihre Freundin beschreiben? Wie entwickelte sie sich weiter?

Sophie war allem gegenüber sehr aufgeschlossen. Sie konnte gute Aufsätze schreiben, sie war musikalisch und spielte gut Klavier, sie hat gerne gelesen und fand zunehmend Interesse an religiöser Literatur – im Gegensatz zu mir. Das hat uns keineswegs getrennt, aber sie ist mit den Jahren eine andere als ich geworden. Während ich gern in die Schule ging und vieles wissen wollte, die Antike mich sehr begeisterte, konnte Sophie weniger mit der Schule anfangen. Sie war eben an anderen Sachen interessiert. Hinzu kam, dass ich zwei Instrumente spielte, Klavier und Cello. Das kostete mich viel Zeit. Nicht unwichtig war, dass ich bei uns zu Hause die Älteste war, Sophie war in ihrer Familie die Zweitjüngste.

Haben Sie noch persönliche Erinnerungen an Hans Scholl?

Er sah sehr gut aus, war ein richtig attraktiver Mann, und ständig war er von jungen Schülern umringt. Aber das meiste weiß ich nur über Erzählungen seiner Schwestern. Wenn ich ihm in der Scholl'schen Wohnung begegnete, grüßten wir einander, doch das war alles. Er ging dann in sein Zimmer, saß viel mit anderen Jungen zusammen, die zur Gitarre sangen oder diskutierten. Ich habe Distanz zu ihm gehalten – und er auch zu mir.

Waren Sie auch näher mit Sophies Schwestern Inge und Elisabeth befreundet gewesen?

Als ich bald nach meinem Eintritt in den JM-Bund eine «Mädelschaft» übernahm, musste ich jeden Donnerstagabend zur «Führerbesprechung» in die Ulmer Bockgasse kommen. Der Abend wurde von Sophies ältester Schwester Inge geleitet. Sie hatte eine hohe Position im Ulmer Jungmädel-Bund, als Ringführerin hatte sie die halbe Stadt unter sich. Inge hatte etwas Gesetztes und Stetiges an sich und wurde sehr von uns und vielen jungen Mädchen geachtet. Elisabeth stand eher bescheiden im Hintergrund.

Was verband Sie und Sophie miteinander – trotz der Unterschiedlichkeiten?

Da gab es die Freude an der Natur, an Musik und die Auseinandersetzung mit dem Nationalsozialismus. Gerade Letzteres war sehr wichtig. Sophie und ich waren sechzehn, da hatten wir beide schon eine sehr kritische Einstellung zu Hitler. Gelegentlich zelteten wir mit Sophies ältester Schwester, also mit Inge, in der Nähe von Wiblingen mit anderen Freundinnen zusammen. Tagsüber wanderten wir durch die schönen Wälder und Wiesen und badeten im Illerkanal, und wenn wir dann abends im Zelt lagen und mit der Taschenlampe lasen, da ging's dann los mit den Diskussionen über Gott und die Welt, unsere Naziwelt …

War die Angst nicht auch da, dass andere zuhören könnten?

Wer hätte das können? Wir waren in der Natur, und weit und breit gab es keine Häuser. Und wenn man jung ist, hat man weniger Furcht. Entscheidend ist, den Sinnfragen auf den Grund zu gehen. Was will man vom Leben? Usw.

Hatte dieses Hinterfragen Auswirkungen auf Ihre Führerschaft bei dem Jungmädel-Bund?

Kaum, doch da änderte sich bald etwas. Ein wichtiges Ereignis war, dass Sophie und ich als Jungmädel-Führerinnen abgesetzt wurden. Es war bekannt geworden, dass wir zu kritisch waren. Der eigentliche Grund war eher belanglos, so sah ich es jedenfalls, aber man hatte offenbar nach einem Anlass gesucht, uns loszuwerden: Wir sollten eine Fahne mit aufgenähten Emblemen schmücken, aber wir wollten nicht das übliche Emblem der Hitlerjugend nehmen, sondern irgendein anderes Zeichen. Der Aufruhr war groß, woraufhin extra die Gauleiterin aus Stuttgart erschien. Wir wurden dann auch aus dem Jungmädel-Bund rausgeschmissen. Uns wurde gesagt: «Wir wollen euch nicht eure gesamte Zukunft verderben, ihr dürft im Bund Deutscher Mädchen noch weitermachen, aber Verantwortung dürft ihr nicht mehr übernehmen.»

Und wie war das für Sie?

Wir waren froh, wir haben gelacht darüber, versteht sich ja. Ich ging dann in den BDM und schrieb hauptsächlich Entschuldigungen wie «Ich hätte keine Zeit, an den Treffen teilzunehmen, weil ich lernen müsste». Und das war ja auch keine Ausrede. Ich erinnere mich noch an eine sehr nette Führerin mit langen blonden Zöpfen, die auch Geige spielen konnte. Wir gingen oft einfach nur mit der Gruppe spazieren – was toll für uns war, denn dadurch lernte ich, ebenso wie Sophie in einer anderen Gruppe, gleichaltrige Mädchen aus ganz anderen Kreisen kennen. Sophie besuchte ja die Oberrealschule und ich das humanistische Gymnasium, so war es fast unmöglich, der Tochter eines Malermeisters oder eines Bäckers zu begegnen. Uns gefiel das durchaus.

Und wie ging es dann weiter?

Während ich mit Griechisch und Latein beschäftigt war, ging Sophie anderen Vorlieben nach: Sie hatte einen Freund und gehörte zu einer Gruppe, mit der sie Ski fuhr, zu der ich nicht so passte. Wir sahen uns jetzt vielleicht nur noch jede zweite Woche und nicht wie früher alle zwei Tage.

Wer gehörte zu der Gruppe?

Aus meiner Klasse gab es da den Willi Habermann, der streng katholisch war. Dann war der Otl Aicher dabei, der die Sophie verehrte, später die Inge heiratete. Auch Sophies Freund Fritz Hartnagel, der spätere Mann von der Elisabeth, war mit von der Partie, wenn es ihm als aktivem Offizier möglich war. Zur Gruppe gehörte auch noch Lisa Remppiss, Sophies allerbeste Freundin aus Kindertagen. Den engsten Kontakt hatten die Einzelnen aus der Gruppe nach dem Abitur, aber er bahnte sich schon vorher an. Ich wurde auch nicht zu ihren Treffen eingeladen, aber wenn man heranwächst, muss man ja auch nicht alle Freundschaften miteinander teilen.

Würden Sie sagen, Sie und Sophie waren damals schon politische Menschen?

Ich denke schon. Nie vergesse ich, als ich einmal mit Sophie an einer Ulmer Straßenecke stand und sie plötzlich zu mir sagte: «Du, Susanne, ich weiß jetzt, wie es uns gelingen könnte, dass wir, wenn wir achtzehn sind, nicht zum Reichsarbeitsdienst müssen. Ich will mich nicht noch einmal ein halbes Jahr oder länger mit Flaggenhissungen und Gemeinschaftsunterkünften herumärgern, und du gewiss auch nicht. Wir müssen einfach etwas Soziales machen oder zumindest so tun, als ob wir das in Zukunft tun würden. Wir könnten uns ja für ein Jahr im Ulmer Fröbelseminar zur Ausbildung als Kindergärtnerinnen anmelden. Sophie und ich haben die praktische Aufnahmeprüfung geschafft und sind in dem Fröbelseminar untergekommen. Es war eine schöne Zeit, jeden Tag haben Sophie und ich uns gesehen. Zu dieser Zeit war sie bereits eine entschiedene Gegnerin des Nationalsozialismus und hatte schon umstürzlerische Ideen im Kopf.

Was war der Auslöser, glauben Sie, dass Sophie aufbegehrte, dass sie sich gegen das Regime wandte?

Das hat mit dem Krieg zu tun und der verschwundenen Meinungsfreiheit. Viele ihrer Freunde waren Soldaten geworden, es gab ja keine Möglichkeit, diesen Dienst zu verweigern. Mein Vater war während des Krieges Pfarrer im Ulmer Gefängnis, und ich erinnere mich, wie er einmal morgens beim Frühstück, es war sieben Uhr, sagte: «In diesem Augenblick wird ein junger Mann auf dem Hof des Gefängnisses getötet. Er gehörte den Zeugen Jehovas an und kam ins Gefängnis, weil er kein Gewehr anrühren wollte. Es war für mich unmöglich gewesen, ihn von seinem Standpunkt abzubringen, ich konnte ihn gut verstehen. Jetzt wird er erschossen.» Es waren also keine leeren Drohungen, die die Nazis äußerten, sie griffen hart durch. Und ähnliche Dinge, also Gewalt, hatten die Scholls bereits erfahren.

Das heißt, dass sich auch bei Ihrem Vater einiges verändert hat?

Nein. Er konnte sich nicht zu einem «Dagegen» durchringen, da seiner Meinung nach außen- und innenpolitisch viel Positives durch das Regime erreicht worden war. Sophie und ich hatten es dagegen einfacher. Der Umgang mit Kindern war unbelastet, geradezu befreiend. Kinder fragen nicht nach, wenn man sorgenvoll blickt. Außerdem brauchten wir viel Kraft, um uns auf sie einzustellen. Was auch bedeutete, dass wir nicht ständig daran denken konnten: «Was mache ich gegen den Adolf?» Dennoch war er da, dieser Krieg, und zwei meiner Mitschüler waren schon in Frankreich gefallen. Und eine Freundin von mir, die auch diese Ausbildung für Kindergärtnerinnen absolvierte, sagte einmal: «In einem Jahr habe ich neun junge Männer verloren, Brüder, Vettern oder Freunde.» Wenn man so etwas erfährt, da wird man dann schon hellhörig. Was will er denn, dieser Hitler? – Diese Frage beschäftigte uns. Und um sie zu beantworten, fängt man an, sich mit der ganzen Ideologie auseinander zu setzen.

Und wie haben Sie reagiert, als Sophie Ihnen von ihren umstürzlerischen Ideen erzählte?

Als Sophie zum Beispiel sagte, man müsse sich im BDM ganz nach oben dienen und dann den ganzen Schwindel und all die Lügen aufdecken, da habe ich dann geantwortet: «Bis dahin ist der Krieg verloren!»

Das heißt, Sie beide haben auch miteinander gerungen und diskutiert?

Ja, klar. Wir beide lehnten heftig ab, was da um uns herum geschah. Aber ich wusste nicht, was man dagegen hätte tun sollen. Heute höre ich immer den Vorwurf: «Ihr habt es so weit kommen lassen!» Es war in meinen Augen einfach keine Lösung da.

Und nach der Fröbel-Ausbildung haben sich dann Ihre Wege getrennt?

Also, wir dachten, dass wir jetzt raus aus dem Arbeitsdienst seien. Im Grunde gab es ja genügend Mädchen dafür, aber es sollten gerade diejenigen den Arbeitsdienst antreten, die studieren wollten. Sophie entkam dem Dienst nicht, während ich Glück hatte. Ich hatte mich an der Stuttgarter Musikhochschule angemeldet und wurde nach einer Aufnahmeprüfung auch genommen. Diese Schule scherte sich den Teufel um den ganzen Quatsch mit der Hitlerei.

War die Musikhochschule eine Art Refugium?

Ja, das kann man sagen. An der Münchner Universität, wohin Sophie gehen wollte, herrschte ein anderer Geist, vor allem ein anderer Rektor! Sie durfte nicht studieren, ohne ihren Arbeits-

dienst abgeleistet zu haben! Die Arme! Und dann wurde bei
ihrem Jahrgang auch noch ein Pflichtdienst drangehängt, ein so
genannter Kriegshilfsdienst. Der dauerte auch nochmal ein halbes
Jahr. Im Prinzip hatte sie anderthalb Jahre verloren. Es war wohl
die schlimmste Zeit ihres Lebens, und am Ende musste sie ihren
Kriegshilfsdienst in einem Kindergarten an der deutsch-schwei-
zerischen Grenze ableisten. Der Ort hieß Blumberg, das war ein
Nest, wo sich Fuchs und Hase gute Nacht sagten. Sie war weit weg
von der Welt, vor allem von ihrer Familie, und ihr Freund Fritz
Hartnagel war im Feld. Es war für sie eine ganz schreckliche Zeit
mit viel Arbeit gewesen.

Gab es in diesen Monaten zwischen Ihnen Kontakt?

Sie hat ausdrücklich gesagt, dass sie nicht schreiben würde, weil sie
sich beobachtet fühlte und andere nicht gefährden wollte.

Also hatte sie schon eine gewisse Weitsicht?

Ihr Bruder Hans war ja in der dj 1.11, der «Deutschen Jungenschaft vom 1.11.1929», die von Eberhard Koebel gegründet wurde,
eben am 1. November 1929. Hans Scholl hatte schon als Schüler
eine solche Gruppe in Ulm geleitet. Da diese Jungenschaft seit
1933 verboten war, kam es dazu, dass Hans eines Tages geschnappt
und von der Gestapo in Ulm verhört wurde. Sie sperrte ihn dann
ein. Seine Schwestern waren ebenfalls durch die Gestapo festgenommen worden, was ein Schock erster Klasse war. Und Sophie
musste auch erfahren, dass ihr Vater – er hatte sein Steuerbera-
tungsbüro in seiner Wohnung – von seiner Schreibhilfe, die oft
zum Essen oder zum Kaffee eingeladen worden war, denunziert
wurde. Er musste auch ins Gefängnis, weil er gesagt hatte, Hitler
sei eine «Geißel Gottes».

Wie erfuhren Sie weiter von Sophie?

Alle vier oder sechs Wochen fuhr ich von Stuttgart nach Ulm und habe nachgefragt, wie es Sophie geht. Auf diese Weise habe ich von ihrer Misere erfahren. Es gab eine Zeit, in der Sophie in einer Ulmer Schraubenfabrik ihren Dienst tat. Diese Fabrik lag in der Nähe unseres Hauses, und um Zeit zu sparen, aß sie bei uns zu Mittag. Bei diesen Essen lernte sie meinen Bruder Hans kennen, der sie wie eine ältere Schwester bewunderte. Kein Wunder, denn sie war belesen und dachte ähnlich wie er. Hans war damals siebzehn und hatte ein ganzes Jahr versucht, sich eine Meinung über den Hitler-Staat zu bilden. Wenn er schon sein Leben als Soldat riskierte, dann wollte er auch wissen wofür. Er fragte sich: «Was ist das für ein Staat? Was ist das für ein Vaterland?» Und Sophie half ihm dabei, sich mit diesen Fragen auseinander zu setzen. Sie war für meinen Bruder ganz wichtig, in diesen vier oder sechs Wochen, in denen sie zu unserer Familie zum Essen kam, während ich damals in Stuttgart lebte.

Hans lernte auch Sophies Vater kennen und war sehr beeindruckt von diesem Demokraten. In der Weihnachtszeit 1941 verbrachte mein Bruder einen Abend bei den Scholls, wo er auf den sieben Jahre älteren Hans Scholl traf. Bei dessen nächstem Besuch im Februar 1942 kam es dann zu einer grundsätzlichen Aussprache während eines langen Spaziergangs im Schnee. Da nur wenige Leute es ihnen gleichtaten, konnten sie offen miteinander reden. Scholl wollte ihn für seine Pläne gewinnen, doch mein Bruder Hans war vorsichtig, sie haben sich im Guten getrennt.

Wie war Ihr Verhältnis zu Ihrem Bruder Hans? Sind Sie sich sehr ähnlich?

Ich habe ihn besonders gern. Er ist ja drei Jahre jünger als ich und war auch damals schon ein selbständiger Kopf, ein glänzender Mathematiker, ein sehr musikalischer Klavierspieler und für sein Alter erstaunlich an Politik interessiert.

Wann haben Sie von Sophie erneut etwas erfahren?

Immer wieder, bei kurzen Treffen während des Jahres 1942. Sie lebte ja ab Mai 42 in München und war nur gelegentlich in Ulm. Kurz vor der ganzen Sache hat sie mich im Dezember 1942 in meinem Zimmer in Stuttgart aufgesucht. Sie hatte mir erklärt, dass es in München einen Kreis gäbe, der mithilfe von Flugblättern – das Wort hat sie erwähnt, aber ganz leise – aufklären will. Passiv zu sein und nicht zu handeln war ihr zu wenig. Und dann schwärmte sie von Alex Schmorell, das sei ein ganz toller junger Mann. Aber auch die anderen seien sehr anregend. Es sei ein größerer Gesprächskreis, in dem Hans Scholl immer wieder Leute vorlesen lasse, die ihm etwas bedeuten, es gäbe also auch literarische Vorträge. Sie fragte danach, ob mich das interessieren würde, ob ich nicht auch mal nach München kommen wolle, um den Kreis kennen zu lernen. Sophie wollte mich kapern, was mir aber erst klar wurde, nachdem sie weg war. Sie schrieb mir auch noch eine Postkarte, auf der sie mich zu einer Veranstaltung einlud. Doch konnte ich zu dem Termin, zu einem Vortrag von Theodor Haecker, nicht kommen, da ich an der Hochschule eine Verpflichtung als Cellistin hatte.

Wie war Ihre erste Reaktion darauf, als sie Ihnen von dem Kreis erzählte?

Ich war nicht erschrocken. Ich hatte ja selbst schon lange überlegt, was man denn machen könne. Es war doch entsetzlich, wie es im Hitler-Reich zuging! Kurzum, wir gingen dann nach unserem Treffen bei mir in ein Café in Stuttgart, wo Hans Scholl auf uns wartete. Seine Augen leuchteten, weil er von einem Freund seines

Vater Geld bekommen hatte. Das war auch der Zweck der Reise nach Stuttgart gewesen, und Sophie hatte ihn begleitet, um auch mich zu sehen. Man brauchte ja Geld für Porto und Reisen. Hans muss sich gedacht haben: Jetzt haben wir Geld! Jetzt können wir richtig Pläne machen! Ich weiß noch, wie er wörtlich sagte: «Dann werden es die Spatzen von den Dächern pfeifen.» Aber was?, dachte ich. Was sollen die denn pfeifen? Was stellt er sich denn vor?

Ich erinnere mich noch gut an dieses Gespräch im Café. Kirschkuchen hatte er bestellt, und vor lauter Übermut spuckte er die Steine direkt auf den Teller. Das war meine letzte Begegnung mit ihm. Ich weiß noch, dass ich den Freund meines Vaters, Rudi Daur, bei dem ich zur Untermiete wohnte, fragte: «Was hältst du davon, wenn man Flugblätter verteilt?» Er, der ebenfalls Pfarrer war, antwortete: «Das hilft gar nichts, die Menschen ändern sich niemals durch Flugblätter.» Weiterhin sagte er: «Schau, wir können nichts tun als auf die Amerikaner warten.»

Später war es dann Ihr Bruder, der Sie mit den Ideen der Weißen Rose konfrontierte?

Ja. Als ich wieder einmal im Herbst zu Hause war, zeigte mir Hans eines der Flugblätter. Sophie Scholl hatte ihm etliche zukommen lassen, sie wollte ihn in diesen Kreis hineinziehen. Ich weiß nicht mehr, welches Flugblatt es war, jedenfalls sagte ich sofort zu meinem Bruder: «Es ist entsetzlich gefährlich, wenn du das hier in deinem Zimmer aufbewahrst. Bring es sofort weg, von mir aus steck es in den Komposthaufen. Es geht einfach nicht, wenn du es bei dir behältst, du gefährdest damit die ganze Familie.» Richtig «nein» konnte ich nicht dazu sagen, ich fühlte mich ja zu diesem Münchner Kreis und seinen Ideen auch zugehörig.

Trotzdem waren Sie geschockt?

Ja, weil Hans so unvorsichtig gewesen war. Nicht über die Sache, ich wusste ja schon, dass da was läuft, dass der Kreis um Hans und Sophie Scholl etwas versuchen würde. Ich versprach dann meinem Bruder, ihn zu unterstützen. So sagte ich ihm, dass er zum Beispiel in meinem Zimmer arbeiten oder Bücher verstecken könne. Indirekt wollte ich ihm schon helfen. Und dann kam eines Tages ein Telefonanruf von ihm: «Ich brauche dich jetzt.» Er war in Stuttgart, es war der 27. Januar 1943. Wir trafen uns in einem Restaurant, und er sagte: «Ich habe einen Koffer voll mit Flugblättern bei mir. Er ist aus München, und es ist mir nicht möglich, all die Flugblätter in die öffentlichen gelben Briefkästen zu stecken. Meine Zeit reicht nicht. Ich wäre froh, wenn du mir helfen könntest, denn ich muss mit dem Zug um 21 Uhr zurück nach Hause fahren, damit den Eltern nichts auffällt.» Als ich ihn nach dem Inhalt der Flugblätter fragte, erwiderte er: «Der Inhalt fordert zu Widerstand auf, ist also lebensgefährlich, es sind hochverräterische Flugblätter. Es wäre das Beste, du kenntest ihn erst gar nicht. Wenn wir gefasst werden, dann stehe ich natürlich voll und ganz für dich ein.» Ich sagte, dass ich ihm helfen würde.

Wir gingen dann auf mein Zimmer, in dem mein Bruder den Koffer auf meinem Bett oder über den Tisch leerte, ich weiß es nicht mehr genau. Bevor er anschließend zur Bahn ging, sagte er noch: «Rauskommen darf es nicht. Wir verlieren sonst unseren Kopf. Falls du erwischt wirst, erzählst du denen, dass du keinen der Briefe geöffnet hättest und damit auch nicht wüsstest, was drinstehen würde, du wolltest nur deinem Bruder helfen.» Das war ein sehr kluger Rat. Er hätte sich nichts Besseres ausdenken können. Später hielten wir beide uns strikt daran.

Warum haben Sie ihn unterstützt? Aus Schwesterliebe?

Überhaupt nicht. Ich fand das alles ganz toll! Obwohl ich ja gewarnt worden war, begeisterte es mich dennoch, dass etwas geschah, dass endlich ein Anfang gemacht wurde. Ich dachte, wenn andere erfahren, dass da was im Gange ist, dann würden sie vielleicht auch mitmachen. Es konnte ja nicht hingenommen werden, dass keiner etwas gegen diese Hitlerei sagte!

Hatten Sie keine Angst, beim Verteilen der Flugblätter erwischt zu werden?

Ich hatte eigentlich gar keine Sorge, ich war überzeugt davon, dass ich das schaffen würde, ohne entdeckt zu werden. Es dauerte ziemlich lange, bis ich alles eingesteckt hatte. Immer wieder füllte ich ein paar Mappen mit den Kuverts und verteilte sie auf verschiedene Briefkästen. Noch spätnachts, Mitternacht war gerade vorbei, bin ich einen Weg durch mehrere Gärten hindurch rauf nach Degerloch gegangen, das ist ein höher gelegener Stadtteil von Stuttgart. Ich wusste, dort oben befindet sich noch ein weiterer Briefkasten. Gegen zwei Uhr habe ich dann die letzten Umschläge eingeworfen und bin anschließend zufrieden runtermarschiert. In meinem Zimmer gab es noch einen letzten Brief. Ihn hatte ich in meinem Bett versteckt, um ihn lesen zu können. Nachdem ich das getan hatte, warf ich ihn mit großer Genugtuung in meinen noch warmen Ofen – jetzt war jedes Flugblatt weg! Nun wollen wir mal sehen!, dachte ich noch bei mir. Das ganze Unterfangen war leichtsinnig von mir gewesen, das wusste ich, dennoch empfand ich eine Befriedigung, weil ich selbst «etwas dagegen» getan hatte. Ich kann nicht sagen, dass ich furchtbare Angst gehabt hatte, eher war es Neugier, was mich umtrieb, Neugier, ob es irgendwas bewegt.

Was haben Sie gedacht, als Sie das Flugblatt lasen, bevor Sie es verbrannten?

Es war das fünfte Flugblatt. Als ich es las, waren es die Worte, die mich bewegten, diese treffenden Formulierungen von Hans Scholl. Manches würde man heute ganz anders schreiben, aber damals war es genau das, was wir empfanden! Ich war buchstäblich außer mir vor Freude und Angst. In einer Zeit, in der alles verdrängt wurde, in der man nur geknebelt wurde, in der man nicht sagen durfte, was man dachte und sich nur hinter vorgehaltener Hand verständigen konnte, da wirkten diese Worte erlösend! Es war, als wenn die Ketten mir von den Schultern fielen. Dass einer das ausdrückte und eindringlich formulieren konnte, das war einfach sensationell! Diese Flugblätter werden bleiben in der Geschichte Deutschlands, sie sind das Allerwichtigste. Die Worte, sie überdauern die Jahrhunderte!

Können Sie sich noch an die Adressen auf den Kuverts erinnern? In welche Städte gingen die Flugblätter?

Auf allen Briefen standen Stuttgarter Adressen. Mein Bruder Hans hatte im November zuvor bei dem Stuttgarter Wettbewerb «Jugend musiziert» mitgemacht und bei dieser Gelegenheit aus einem Telefonhäuschen ein Adressbuch gestohlen. Er wurde deswegen noch wegen Diebstahls angeklagt. Die beiden Freunde, Hans und Franz J. Müller, die diese Briefe adressierten, suchten zunächst ganz bestimmte Anschriften heraus, danach aber auch ganz beliebige. Es muss eine Heidenarbeit gewesen sein, all die Namen und Straßen zu tippen.

Sie warteten jetzt also, dass etwas passierte …

Aber es geschah nichts. Einfach gar nichts. Wenn ich mir heute vorstelle, dass ein Herr XY morgens die Post holt und das Flugblatt liest – er wird es nicht mal seiner Frau gezeigt, sondern sofort im Ofen verbrannt haben! So wird es gewesen sein. Viel zu groß war die Angst, von irgendwelchen Mitbürgern angezeigt zu werden, so sehr war man geknebelt. Die Gestapo brauchte alle diese Denunzianten, sie waren ja das zweite Bein der Gestapo. Aus München hörte ich auch nichts. Es gab gar keine Reaktionen, zunächst.

Doch ganz ruhig blieb es dann auch wieder nicht.

Als Nächstes erhielt ich am Vormittag des 22. Februar, also gute vier Wochen später, einen Anruf von meiner Mutter, ich möchte doch bitte nach Hause kommen, der Vater sei krank. Da mein Vater nie krank war, war mir sofort klar, dass da der Teufel los sein musste. Ich fuhr sofort nach Ulm und erfuhr von meinen Eltern, dass mein Bruder Hans festgenommen sei. Am Abend rief dann die Gestapo bei uns an. «Das Mädle müsse wir jetzt auch verhaften.» Ich möchte auch etwas Wäsche und meinen Waschbeutel mitbringen. Zum Glück war mein Bruder Peter gerade auf Fronturlaub zu Hause. Er hatte von Hans die ganze Geschichte erfahren. Peter begleitete mich auf meinem Gang zur Gestapo und meinte noch zu mir: «Gell, das ist ganz wichtig, dass du denen sagst, dass du den Inhalt der Flugblätter nicht kennen würdest.» Es war sehr gut, dass er mir das nochmal ins Gedächtnis rief, was mir zuvor schon Hans zu verstehen gegeben hatte. Ich hatte gar nicht mehr daran gedacht!

Das Verhör war sehr leutselig gehalten, in einem freundlichen Ton, dann aber wurde mir gesagt, dass man mich dabehalten müsse. Ich kam für die Nacht ins Untersuchungsgefängnis, in die Frauenabteilung. Am nächsten Tag wurde ich zusammen mit meinem Bruder und zwei Polizisten nach Stuttgart gefahren, wo sich die nächsthöhere Gestapostelle befand. Damals war denen noch gar nicht bekannt, dass wir mit München zusammenhingen. Hans hatte zunächst noch alles zurückhalten können.

Und warum vermutete die Gestapo, dass Sie die Flugblätter in die Brief-
kästen eingesteckt haben?

Mein Bruder, das wussten sie, war um neun Uhr abends von Stuttgart abgefahren, aber manche Briefe hatten erst einen Stempel vom
nächsten Tag. Diese konnten nicht von ihm eingeworfen worden
sein, folglich hatte er einen Helfer. Und das war die ewige Frage
an mich. Sie nahmen an, dass jemand bei der Verteilung geholfen
haben müsste, also ich, und wahrscheinlich noch jemand. Wieder
und wieder fragten sie mich, warum es Briefe gäbe, die erst tags
darauf abgestempelt wurden. Dann kamen sie auf die Idee, dass ich
jemanden decken würde. An München jedenfalls hatten sie nicht
gedacht.

Wussten Sie zu dem Zeitpunkt schon, was mit Hans und Sophie Scholl
passiert war?

Nein. Erst in München habe ich erfahren, was geschehen war, von
einer Mitgefangenen. Als klar wurde, dass es eine Verbindung
nach München gab, wurde ich in einem Neubau der Münchner Gestapo untergebracht, und zwar in einer so genannten Ehrenzelle.
Das heißt: Wer Geld hatte, konnte sich Zeitungen und Essen von
draußen bestellen. In dieser Zelle gab es zwei Betten, eine Toilette,
einen Schrank mit Kleiderbügeln – für eine Gefängniszelle war sie
ausnehmend vornehm! Meine Zellengenossin war eine Frau, Else
Gebel, die tagsüber im Aufnahmebüro arbeitete, da sie Schreibmaschine schreiben konnte. Als ich sie dann am ersten Abend fragte,
wer vorher in meinem Bett gelegen hatte, sagte sie nur: «Ach, da
brauchst du dir keine Gedanken zu machen, das war ein ganz besonders nettes Mädchen gewesen.» Sie wollte es geheim halten,
aber eines Tages ist ihr dann rausgerutscht, dass es Sophie war.
Das war für mich natürlich ein Schock. Sie sagte dann auch noch,
dass Sophie in ein anderes Gefängnis gekommen sei: «Durch die

Gitter habe ich viel in den Hof rausgeschaut, ich weiß noch, wie die beiden hintereinander in das Transportauto eingestiegen sind, zuerst die Sophie und dann der Hans.» Zum Schluss meinte sie: «So habe ich sie in Erinnerung.» Erst nach einiger Zeit, vielleicht nach anderthalb Wochen, kam raus, dass sie nicht mehr lebten, und zwar durch eine Zeitungsannonce, die der Hausbursche, ein gefangener junger Kommunist namens Sepp, in unsere Zelle warf. Die Annonce hatte ein Nürnberger Apotheker geschaltet, in ihr stand, dass er mit den hingerichteten Hochverrätern Hans und Sophie Scholl nicht verwandt oder verschwägert sei. Als ich am 22. Februar 1943, am Hinrichtungstag der Sophie, verhaftet worden war, hatte mir der Gestapo-Beamte nichts gesagt, weil er noch nichts davon wusste. Auch danach erfuhr ich nichts durch die Gestapo, nur die Anzeige war mir eine sichere Kunde.

Was empfanden Sie in diesem Augenblick?

Ich hatte eine wahnsinnige Wut! Man hatte gar keine Tränen mehr in dieser Zeit, es war so entsetzlich gewesen. Zugleich war ich vollkommen klar im Kopf. Ich musste ja auch meine Rolle spielen, dauernd waren diese Verhöre. In der Zwischenzeit gab es einen Wechsel bei meiner Zellen-Mitbewohnerin, was für mich ein Glücksfall war. Wieder war es eine ältere Frau, der ich, wenn sie abends aus der Küche kam, in der sie arbeitete, von meinen Vernehmungen erzählen konnte. Sie sagte dann: «Morgen musst du dies und das noch besser erklären, noch ein bisschen anders zurechtrücken.» Das hatte mir ganz wesentlich geholfen. Ich wurde ja von dem Gestapo-Kommissar Robert Mohr verhört, der auch Sophie vernommen hatte. Er dachte sich immer neue Methoden aus, mich auszufragen. Einmal sagte er mir, dass ich alles aufschreiben müsste, wie ich mein Verhältnis zur Familie Scholl, zu Sophie Scholl sehen würde und zu diesem Staat. Meine Zellengenossin meinte nur: «Das ist die Chance für dich! Jetzt kannst du

Wort für Wort alles genau überlegen.» Sie hat mich dabei enorm unterstützt. Ihr Name ist Tilde Dreisbach. Ich habe sie nie wieder gesehen, habe ihr nie danken können.

Sie sagten, Sie mussten Ihre Rolle spielen. Was war das für eine?

Die Rolle eines einundzwanzigjährigen Mädchens, naiv, dennoch schulgescheit, das da in etwas hineingeraten ist, was es nicht ganz übersehen konnte. Bei den Verhören – manchmal wurde ich von drei Beamten befragt – dachte ich oft: Wir werden schon sehen, wer schlauer ist. Mich kriegt ihr nicht so schnell, es reicht, wenn drei tot sind, Sophie und Hans und Christoph Probst. Meine Zellen-Mitbewohnerin sagte immer: «Halte ja durch mit deiner Rolle, dass du nichts von den Flugblättern wusstest. Denk an deine Familie, wenn dir schon dein Leben egal sein sollte.» Manchmal war ich schon am Kippen. Und da sagte sie dann: «Um Gottes willen. Nein! Wozu denn neues Leid?»

Wollten Sie auch deshalb nicht umfallen, um im Sinne von Sophie und Hans und den anderen weiterzumachen, oder ging es nur darum, sich selbst zu retten?

Da hat man nur noch an sich selber gedacht! Besonders als klar war, dass die anderen umgebracht worden waren. Da hatte man den Eindruck, alles sei aufgeflogen. Man war derartig deprimiert und glaubte nicht mehr an irgendeinen Erfolg oder einen Sinn, die wichtigsten Personen waren eben tot. Nach der Annonce sagte dann meine erste Mitinsassin, Else Gebel, zu mir: «Weißt du, wir alle hier im Gefängnis, die wir wussten, dass sie um siebzehn Uhr geköpft wurden, haben zu dieser Zeit das Vaterunser gebetet.» Es war unglaublich, was ich da erlebte. Einen großen Zusammenhalt all der vielen Hitlergegner im Gefängnis.

Waren Sie auch stolz darauf, «mitgewirkt» zu haben?

Besonders als ich im zweiten Prozess der Weißen Rose die anderen alle gesehen habe. Die Verhandlung fand ja am 19. April 1943 statt, in der Kurt Huber, Willi Graf und Alexander Schmorell durch den Volksgerichtshof unter seinem Präsidenten Roland Freisler zum Tode verurteilt wurden.

Können Sie sich noch erinnern, wie häufig Sie verhört wurden?

Sicher acht Mal. Schlimm war, dass ich keinen Kontakt zu meiner Familie hatte. Meine Eltern und meine anderen Geschwister durften mich nicht besuchen. Und dass ich mir keine Notizen machen konnte, dass ich mich ganz auf meinen geplagten Kopf verlassen musste.

Konnten Sie in dieser Zeit etwas über Ihren Bruder Hans in Erfahrung bringen?

Der Sepp steckte mir immer wieder kleine Nachrichten zu. Einmal erzählte er mir: «Neulich war ich im Baderaum, als der Hans dabei war. Ich habe das so arrangiert, um ihn zu stärken. Ich habe ihn gewarnt, gemeint, er soll doch lügen, soweit es geht. Aber ich habe das Gefühl, er ist nicht mehr zu retten, er sagt einfach, wie es war.» Es war für mich schrecklich, das zu hören, aber ich konnte nichts dagegen tun.

Wie fühlten Sie sich am Vorabend des Prozesses?

Vor dem Prozess kam ich in das Gefängnis München-Stadelheim. Ich hätte natürlich gerne meine Eltern gesprochen und vor allem einen Anwalt, aber das war offenbar nicht möglich. Ich war da wirklich verzweifelt. Ich klopfte schließlich an meine Zellentür und sagte, dass ich den Anstaltsleiter sprechen wolle, es würde doch nicht angehen, dass ich keinen Anwalt bekäme! Schließlich wies man mir einen Anwalt zu. Es war ein ganz hervorragender Mann, wie sich herausstellen sollte. Dieser Dr. Eble kannte den Freisler von anderen Verteidigungen, hatte schon Juden vertreten und wusste, wodurch der Richter zugänglich wurde, nämlich durch Beweise. Dr. Eble bestellte mich dann in ein Beratungszimmer, und als ich hineingelassen wurde, stand mein Bruder Hans da! Der Anwalt war ein großes Risiko eingegangen, nur damit wir uns ganz kurz sprechen konnten. Er sagte auch, dass wir beide bei unserer Linie bleiben sollten, bei dem, was jeder von uns bisher erzählt hatte. Und was auch immer kommen möge, welche Drohungen man uns gegenüber äußern würde, wir sollten unsere Erstaussage nie verändern: «Sie haben das Recht zum ‹Letzten Wort›. Das heißt, Sie können sagen, was Sie wollen, und sprechen, solange Sie wollen. Das ist immerhin noch nicht abgeschafft, überlegen Sie sich also alles gut!» Zum Schluss drückte er jedem von uns ein Butterbrot in die Hand.

Wie lange hatten Sie Ihren Bruder da nicht mehr gesehen?

Sehr lange. Er war völlig abgemagert, unrasiert, steckte mit nackten Füßen in Holzpantinen, die Hosen waren zu kurz. Ich sagte zu ihm ironisch und übermütig, er sähe aus wie Johannes der Täufer. Es war schlimm, es war sehr schlimm. Und dann kam der Prozess. Die jungen Männer wurden in Handschellen in einem langen Zug in den Verhandlungssaal geführt. Mich, wie alle Frauen, hielt ein Polizist einfach am Handgelenk fest. Ich sagte zu ihm: «Das ist der reinste Hochzeitszug.» Er hat aber den Spaß nicht verstanden, er hat einfach brav geradeaus geschaut.

Wer war alles dabei, außer Kurt Huber, Willi Graf und Alexander Schmorell?

Insgesamt saßen neben diesen drei Männern, den wichtigsten Personen bei diesem Schauprozess, noch elf weitere aus dem Umfeld des Widerstandskreises auf der Anklagebank. Eugen Grimminger aus Stuttgart (er hatte Hans das Geld gegeben) führte den Zug an und rief auch gleich in den Verhandlungssaal hinein: «Was für ein Affentheater!» Dann war da noch Heinrich Bollinger, den Willi Graf als Mitstreiter gewinnen wollte und der Auslandsender abgehört hatte. Ähnliches hatte auch der Medizinstudent Helmut Bauer getan. Franz Müller war ein Klassenkamerad meines Bruders und ein achtzehnjähriger Soldat, Heinrich Guter war auch achtzehn und ein Freund von Hans und Franz. Gisela Schertling und Katharina Schüddekopf, eine Doktorandin von Huber, waren angeklagt, mein ebenfalls achtzehnjähriger Bruder und ich. An Falk Harnack und Traute Lafrenz, die Freundin von Hans Scholl, die ein Flugblatt nach Hamburg geschleust hatte, erinnere ich mich nur noch dunkel. Ich weiß auch nicht mehr, wo sie gesessen haben. Die Aufmerksamkeit hat schließlich versagt.

Alexander Schmorell war ja der engste Freund von Hans Scholl, gemeinsam hatten sie die ersten vier Flugschriften verfasst. Gemeinsam hatten sie auch Freiheitsparolen an Häuserwände gemalt. Willi Graf half dabei als Aufpasser. Kurt Huber war der geistige Mentor der Gruppe, er war mit für das fünfte Flugblatt verantwortlich und hatte das sechste ganz verfasst, wobei ein bestimmter Satz gegen seinen Willen von Hans Scholl herausgestrichen worden war.

Wie wirkten all die Angeklagten, als Sie sich mal umschauten?

Wir waren in einer gespannten Stimmung. Ich selbst war aufgedreht, weil alles ein grauenhaftes Theater war, nichts als Schau, kei-

213

nerlei Rechtsprechung. Viel machte auch aus, dass wir unsere Straßenkleidung anhatten, also endlich einmal wieder gut angezogen waren, sodass wir uns stark fühlten, als Menschen. Das Publikum bestand weitgehend aus Offizieren, auch höheren Offizieren, die rote Streifen an ihren Hosen hatten. Sie saßen alle vorne. Es gab Gestapoleute, sicher auch Pressevertreter und viele braun uniformierte Parteibonzen. In den hintersten Bänken entdeckte ich meine armen Eltern. Das war schon schlimm.

Haben Sie in diesem Moment gedacht, Sie gehören zu einer politischen Elite?

Ich fand es toll, dass ich dazugehörte. Zunächst kam der Oberreichsanwalt an die Reihe mit seinen Strafanträgen. Wir hielten uns an den Händen, Franz, Hans und ich. Bei meinem Bruder Hans wurden zwölf Jahre Zuchthaus beantragt, bei Franz zehn – da hatte man sich schon beglückt die Hände gedrückt, weil keine Hinrichtung ausgesprochen wurde. Bei mir wurden, soweit ich mich erinnere, fünf Jahre Gefängnis beantragt. Für Schmorell, Graf, Huber und Grimminger forderte er die Todesstrafe. Danach ergriff Freisler das Wort. Als ein Teil der Flugblätter vorgelesen wurde, streckten einige Leute aus dem Publikum wild die Fäuste in die Luft mit Hoho-, Pfui- und Nieder-damit!-Rufen. Sie hätten uns am liebsten getötet. Für die Eltern muss das entsetzlich gewesen sein! Anschließend wurde jeder von uns vor den Richtertisch gerufen und verhört. In der Art, wie der Freisler die Leute behandelte, wusste man schon, wie die Sache laufen wird. Er wusste genau, wie er jeden Einzelnen anreden und behandeln wollte. Man hatte sofort beim ersten Angeklagten, bei Schmorell, gemerkt, er hatte keine Chance, er wurde permanent attackiert. Bei Willi Graf hatte er es schwerer, denn er besaß hohe Wehrmachtsauszeichnungen als Reserveoffizier. Graf sagte schließlich, er bereue, dies gemacht zu haben. Zudem bekam er Unterstützung von seiner Studentenkompanie, glaube ich. Als Medizinstudent hatte er als Sanitäter an verschiedenen Kriegseinsätzen teilgenommen. Es hat alles nichts genützt, er wurde zum Tod verurteilt, wegen Hochverrat, Wehrkraftzersetzung und Feindbegünstigung.

Es ging ziemlich zügig voran, obwohl es Stunden dauerte, bis jeder Einzelne befragt worden war. Als ich von Freisler verhört wurde, verhielt ich mich ganz ruhig. Ich habe mir gesagt: «Ganz lieb schaust du ihn an, als ob er dein Lehrer wäre.» Ich spielte jetzt die Rolle eines schulgescheiten Mädchens. Ich musste mich ja dümmer stellen, als ich war. Freisler sagte dann auch: «Wie kann jemand so etwas Dummes machen, der ein so gutes Abitur hat?» Danach trat die Verteidigung an. Jeder einzelne Angeklagte hatte einen «Pflichtverteidiger», das heißt, es war nicht gestattet gewesen, sich selbst einen Anwalt zu suchen. Es gab nun etliche «Pflichtverteidiger», die sagten, sie hätten nichts vorzubringen. Nachdem sie erst jetzt, während des Prozesses, den Inhalt der Flugblätter kennen gelernt hatten, kniffen sie. Der Verteidiger von Professor Huber legte sein Mandat sogar in aller Form nieder, nachdem er das von Huber formulierte sechste Flugblatt gelesen hatte. Es wurde dann irgendeiner der anwesenden Anwälte beauftragt, Huber zu verteidigen. Dr. Eble, der Anwalt von meinem Bruder Hans und mir, verteidigte auch Franz Joseph Müller, Heiner Guter und Eugen Grimminger. Dr. Eble war als Einziger mutig, er riskierte viel. Er kannte Freisler aus anderen Prozessen und wusste ihn zu nehmen, sodass dann nach der Beratung völlig andere Urteile fielen als jene, die der Reichsanwalt beantragt hatte.

Nun folgten die «Letzten Worte» der Angeklagten, manche kurz und knapp, manche ausführlich und dramatisch. Danach zogen sich die Richter zur Beratung zurück. Eine dumpfe Stimmung lag über dem Saal, alles wartete. Ich weiß nicht, wie lange, aber es dauerte Ewigkeiten. Plötzlich wurden die Türen geöffnet und die Urteile verkündet. Man war schnell fertig damit, weil es nur kurze Begründungen gab.

Als die Todesurteile von Graf, Schmorell und Huber verkündet wurden,
wie war das für Sie?

Es war furchtbar, ganz entsetzlich. Es war mir äußerst peinlich gewesen, dass mir manche hinterher gratulierten, weil ich nur ein halbes Jahr Haftstrafe bekommen hatte. Auf der einen Seite gab es auch einen Freispruch (Falk Harnack) und dann wieder diese schrecklichen Todesurteile für Schmorell, Graf und Huber. Grimminger kam mit einer Zuchthausstrafe weg. Mein Bruder Hans und sein Freund Franz erhielten jeweils fünf Jahre Gefängnis. Diese Situation war grauenhaft.

Und wie reagierten die zum Tode Verurteilten?

Schmorell war einfach fassungslos, stumm. Für Huber war es noch viel schlimmer, weil er Familie hatte. Und Graf war tieftraurig. Was soll man da sagen? Jeder von uns hatte gedacht, dass er sein Leben verlieren könnte, jeder. Wir lebten ja in einem Gewaltstaat, es war ein Unrechtsstaat. Das Volksgericht war ein Beliebigkeitsgericht. Und manche hatten Angst. Vielleicht würden einige von uns, wenn sie entlassen sind, von neuem gefasst und in einem KZ verschwinden.

Was geschah nach dem Verkünden der Urteile?

Die Versammlung wurde für beendet erklärt. Ich habe nur kurz die Eltern gesehen, dann wurden wir auch schon in die so genannte grüne Minna verladen und nach Stadelheim zurückgefahren. Zuerst mussten die Männer raus, anschließend die Frauen. Das war es dann. In der Zelle sinkt man völlig erschöpft auf dieses Bett aus Seegras, in diese tiefe Kuhle, die durch all jene entstanden ist, die vorher schon jahrelang da drin geschlafen haben. Und irgendwann schläft man einfach ein.

Wie lange blieben Sie noch in Stadelheim?

Vielleicht zwei Monate. Danach transportierten sie mich ins Gefängnis Gotteszell nahe Schwäbisch Gmünd, das einzige Frauengefängnis in Baden-Württemberg. Die Einrichtung besteht noch heute. Ich musste Taschentücher, Kissen und Hemden bügeln, die Hausfrauen aus der Umgebung dort zum Waschen, Bügeln und Flicken brachten. Für das Gefängnis war das eine gute Einnahmequelle.

Wie lange waren Sie letztlich inhaftiert gewesen?

Ich wurde nach einem halben Jahr entlassen – auf den Tag genau. Meine Eltern hatten ein Gnadengesuch beantragt, aber ich musste meine Zeit komplett absitzen, was mir egal war. Ich konnte mir bei der Entlassung nicht vorstellen, dass die mir alles geglaubt hatten, was ich ihnen da erzählt hatte. Ich dachte immer, die müssten mich allein aus purem Misstrauen bis zum Ende des Krieges in ein KZ stecken. Aus diesem Grund war die Entlassung kein großer Moment für mich gewesen. Ich fürchtete immer noch das Schlimmste, in ein KZ zu kommen, zu irgendeiner beliebigen «Weiterbehandlung».

Können Sie noch den Tag beschreiben, an dem Sie wieder freikamen?

Ich ging über den Hof auf den Ausgang zu, und da kamen mir meine jüngsten Geschwister, Roland und Ursula, entgegengerannt. Meine Mutter war auch da. Ganz typisch für sie: Sie hatte Badeanzüge und Vesperbrote mitgebracht und kannte einen kleinen Weiher in der Nähe von Gmünd, wo wir dann lange badeten und vesperten. Und dann ging's zu Hause wieder weiter, das Leben.

Was denken Sie, waren Ihre Eltern stolz auf Sie?

Für meine Mutter, unpolitisch wie sie war, war es einfach nur unfassbar schlimm gewesen. Sie war bis zu ihrem Tod durch diese Ängste um ihre Kinder verstört. Mein Vater hatte damals die ganze Flugblattaktion nicht bejaht. Aber zum Ende des Krieges erhielt ich einen letzten Brief von ihm. Darin schreibt er, dass er uns nun verstehe, wir hätten das Richtige gemacht. Das fand ich ganz toll von meinem Vater!

Aber Sie haben nie mit ihm darüber sprechen können?

Nein. Warum auch? Und für meine Mutter war es bis zu ihrem Ende eine tiefe Wunde.

Wie war es dann, als Ihr Bruder Hans im April 1945 freikam?

Er wurde zusammen mit seinem Freund Franz Müller entlassen. Zwei Jahre lang teilten sie eine Zelle im Heilbronner Jugendgefängnis, das verbindet sie bis heute. Beide wanderten nach ihrer Entlassung über die Alb. Unterwegs besuchten sie meine Mutter, die damals bei einem früheren Dienstmädchen auf der Schwäbischen Alb bei Blaubeuren wohnte, weil unser Haus ein einziges Trümmerfeld war. Hans blieb aber nicht bei ihr, sondern zog zu Franz, dessen Vater Bauer war, sodass niemand bei ihm hungern musste. Meine Mutter hatte das sehr geschmerzt.

Was wissen Sie darüber, dass eigentlich durch Ihren Bruder Hans der Franz Müller aufgeflogen sein soll?

Wirklich?

Franz Müller vermutet, dass er wegen Hans Hirzel …

… geschnappt worden ist. Darüber weiß ich nichts und habe mir nie Gedanken gemacht. Ich habe Franz jedenfalls bei keinem Verhör benannt. Vielleicht mein Bruder. Die Verhöre sind so hartnäckig, man kann ihnen nicht immer entrinnen. Und da mein Bruder eher dazu neigt, allzu ehrlich zu sein, kann es schon möglich sein, dass er ihnen gesagt hat, dass er zusammen mit dem Franz die Flugblätter in der Martin-Luther-Kirche kuvertiert und adressiert hat. Da es weit über tausend Briefe waren, wird man sicherlich zu ihm gesagt haben, er habe das unmöglich alleine schaffen können. Und ich kann mir auch vorstellen, dass sie ihm gedroht haben, wenn er nicht antwortet, dass sie dann den Vater fragen würden, ob er denn gar nichts bemerkt habe, was da in seiner Kirche vorgegangen sei. Und sie konnten drohen!

Nach all den Erlebnissen: Haben Sie sich nach dem Krieg verantwortlich gefühlt, die Erinnerung an die Weiße Rose aufrechtzuerhalten, oder war es für Sie wichtig gewesen, einen anderen Weg einzuschlagen?

Ich bin als Erstes ohne meinen Bruder zu Inge Scholl gegangen und habe gesagt: «Inge, wir müssen den Freisler und seine Beisitzer anzeigen.» Da hat sie gemeint: «Ach, Suse, jetzt ist Frieden, das lassen wir jetzt alles, wir wollen friedlich weiterleben.» Das war ein ganz großer Fehler. Und dann gab es so viele andere Probleme, vor allem, dass ich zusehen musste, wie ich mit mir selber weitermache. Ich brauchte meinen Beruf, um mein Brot zu verdienen! Denn wovon sollte ich leben? Ich suchte auch keinen Kontakt zu den anderen Überlebenden. Umgekehrt auch nicht, wir waren alle beruflich sehr aktiv und fingen erst spät an, uns zu erinnern.

Wie kam Ihr Mann mit Ihrer Vergangenheit klar?

Ich habe nie mit ihm darüber gesprochen. Einmal fragte ich ihn, wie er zu den Nazis gestanden hätte. Er sagte, dass er es grauenhaft fand, was die mit den Juden gemacht hätten. Von Freunden, mit denen er malte, hätte er sich distanziert, weil sie antisemitisch waren. Das war seine Antwort gewesen. Nichts weiter. Über Generelles hat er sich nicht geäußert. Sehr wohl! Er war doch Lehrer und hatte als solcher das Parteiabzeichen zu tragen.

Aus heutiger Perspektive gesehen: Was hat Sie damals gerettet?

Meine scheinbare Offenheit und meine Lügen. Es war die scheinbare Offenheit dem Richter gegenüber. Und ich sah gut aus – meinten die anderen –, eben germanisch. Ich war der germanische Typ.

War Ihrer Ansicht nach der Tod Ihrer Freunde umsonst gewesen?

Die Sophie hat stets gesagt, dass der Kreis Wellen schlagen wird. Er schlägt heute noch Wellen, lebendige Wellen. Immer noch. Sophie ist für mich eine wichtige Figur, bis heute, und nicht nur, weil sie gestorben ist. Im Gefängnis hatte ich denselben Pfarrer wie sie, denselben Gestapo-Beamten, der uns verhörte. Beide Männer waren sieben Sekunden vor ihrem Tod bei ihr gewesen. Beide sagten, dass sie ohne eine Träne ging. Ich kannte Sophie nicht als Heldin. Sie war mit den Jahren beinahe katholisch geworden, so überkandidelt religiös, sonst hätte sie das auch nicht machen können.

Beeinflusste die Weiße Rose Ihr weiteres Leben?

Im Prinzip hört es damit nie auf. Weil wir noch leben, sind wir so wichtig geworden. Wenn ich davon erzähle, kommen mir immer noch die Tränen. Es ist unglaublich, wie mich diese Zeit geprägt hat, obwohl ich nur am Rande mitgewirkt habe. Aber wenn mich jemand danach fragt, dann darf ich doch nicht nein sagen, ich lebe ja noch. Das bin ich der Sophie und allen anderen schuldig.

Hildegard Hamm-Brücher

«Der Opfertod der Freunde und Kommilitonen wurde für mich ein Vermächtnis auf Lebenszeit.»

Schon im ersten Moment, als sie die Tür zu ihrer Wohnung in München-Grünwald öffnet, geht etwas Faszinierendes von ihr aus. Es scheint, als habe die Zeit kaum Spuren in ihrem klaren Gesicht hinterlassen: Die fünfundachtzig Jahre sind Hildegard Hamm-Brücher nicht anzusehen.

Geradeheraus und offen geht sie auf den Gast zu, bittet in ihre Wohnung, in ein großes, lichtdurchflutetes Wohnzimmer – und verschwindet erst einmal. Der Blick bleibt hängen an den vielen Büchern in ihren Regalen. Neueste Literatur über den Nationalsozialismus, den Holocaust, über Widerstand und das Deutschland nach dem Krieg. Es ist die «Lektüre» eines leidenschaftlichen, politisch engagierten Menschen. Ihr Leben lang hat Hildegard Hamm-Brücher unbequeme Ansichten verfochten und sich vehement für Aufrichtigkeit und Unbeugsamkeit eingesetzt.

Fast lautlos betritt sie wieder den Raum und ist nun bereit für das Gespräch, nachdem sie ihren sechsundneunzigjährigen Mann Dr. Erwin Hamm gut versorgt weiß.

Die Staatsministerin a. D. ist nicht wirklich «außer Dienst», nach wie vor ist sie ein Profi im Umgang mit Journalisten. Anderthalb Stunden Zeit gibt sie für das Interview, denn ihr Kalender ist immer noch voller Termine.

Hildegard Hamm-Brücher kommt gleich auf den Punkt: «Alle Widerstandskämpfer, alle Studenten der Weißen Rose, alle Märtyrer des Nazi-Terrors haben uns 1945 beim Wiederaufbau gefehlt.» Und sie findet, dass dieser Widerstand auch heute Beispiel für junge Menschen und die moralische Basis unseres Staates sein sollte.

Sofort ist die Politikerin in ihrem Element, während sie sich bei Fragen zur ihrer Person zunächst eher zurückhaltend gibt: Hildegard Brücher wird in Essen am 11. Mai 1921 geboren. Der Vater ist leitender Direktor der Berliner Niederlassung der Elektrothermit. Diese Firma hat ein Verfahren mit Aluminiumbrennern entwickelt, um Straßen- und Eisenbahnschienen zusammenzuschweißen. Aus dem Ersten Weltkrieg ist der Vater, ein ehemaliger Hauptmann, mit einem schweren Nervenschock zurückgekehrt. Die Mutter stammt aus einem großbürgerlichen Elternhaus aus Dresden und erzieht ihre fünf Kinder streng, aber auch sehr warmherzig: den ältesten Bruder Wolfgang, Ditmar, Hildegard, ihre jüngere Schwester Mechthild und schließlich Ernst, den Jüngsten.

1931 stirbt ihr Vater nach einem Blinddarmdurchbruch. Kurze Zeit darauf erkrankt die Mutter an einem Gehirntumor und stirbt ein knappes Jahr später. Im November 1932 sind Hildegard und ihre Geschwister Vollwaisen. Hildegard ist zu diesem Zeitpunkt gerade elf Jahre alt und fühlt sich «völlig verloren». Ihr Gemeindepfarrer, Martin Niemöller, den sie seit frühester Kindheit aus den Kindergottesdiensten kennt, ist eine große Stütze. Immer wieder erkundigt er sich nach den «Brücher-Waisen», bis er 1937 ins Konzentrationslager Sachsenhausen und später nach Dachau deportiert wird.

Nach dem Tod der Eltern holt die Großmutter die fünf Kinder

nach Dresden. «Als meine Großmutter der Erziehung der lebhaften Kinder nicht mehr gewachsen war, wurde ich nach Salem geschickt. Dieses Jahr im Internat war das erste glückliche nach dem Tod meiner Eltern», sagt Hildegard Hamm-Brücher. Doch ihr Glück währt nur kurz: Nach den Nürnberger Gesetzen ist sie «Halbjüdin» und muss das Internat verlassen. Aber Hildegard will Abitur machen. Gemeinsam mit einer Freundin besucht sie das Konstanzer Mädchengymnasium. Wie sie erst später aus ihrer Schulakte erfahren wird, hat sich ein Herr Kraft aus dem Oberschulamt für ihren weiteren Schulbesuch eingesetzt.

Der große Traum der Achtzehnjährigen ist es, nach ihrem Abitur 1939 zu studieren. Vorher absolviert sie ihre Arbeitsdienstpflicht in einem «Maidenlager» im Vogtland. Mit viel Glück erhält sie anschließend als «Halbjüdin» die Zulassung für ein Studium. Sie, die niemals Naturwissenschaften studieren wollte, beginnt im Winter 1939 ihr Studium der Chemie an der Münchner Universität. Bei Konzertbesuchen und Theateraufführungen fällt Hildegard immer wieder ein junger Mann auf, den sie 1941 kennen lernt: Hubert Furtwängler, ein junger Medizinstudent und Freund von Hans Scholl. Durch ihn begegnet sie einigen Mitgliedern der Weißen Rose, die sie schon vom Sehen her kennt und bei den Vorlesungen von Kurt Huber immer wieder antrifft. Doch Hildegard Brücher ahnt nichts von den Aktivitäten dieses Freundeskreises.

Am 27. Januar 1942 nimmt sich ihre jüdische Großmutter in Dresden mit Schlaftabletten das Leben, nachdem sie den «Gestellungsbefehl» für den Abtransport nach Theresienstadt erhalten hat. Hildegard Brüchers Situation wird immer schwieriger. Sie kann ihre Dissertation nur fortsetzen, weil Heinrich Wieland, ihr Professor am chemischen Institut, sie privat weiter betreut und sich für sie einsetzt. Nachdem sie in München mehrfach ausgebombt worden ist, zieht sie in ein kleines Zimmer nach Starnberg. Zehn Quadratmeter werden für sie zum Schutzraum vor der Außenwelt. Später wird sie über diese Zeit schreiben: «Furcht ist für mich immer mit dem Geräusch verbunden, das genagelte Schaftstiefel auf dem Pflaster erzeugen. Warum? Weil das Gesetz, das uns nie zur Ruhe kommen ließ, dieses Gesetz wurde von den Trägern solcher knallenden Stiefel verkörpert.»

Kurz vor Kriegsende schließt sie ihr Studium mit der Promotion ab. Am 15. April 1945 notiert sie in ihrem Tagebuch: «Die nächsten Wochen werden auch für uns die Entscheidung bringen. Wir gehen unter, weil es diese Führung will – ihr Untergang soll auch der unsere sein –, vielleicht will es auch Gott.»

Nach dem Krieg arbeitet sie als Redakteurin bei der Münchner *Neuen Zeitung* und tritt 1948 der neu gegründeten FDP bei. Im Wintersemester 1949/50 bekommt sie ein Stipendium für Politische Wissenschaften an der Harvard University. 1953 lernt sie ihren späteren Mann, den Juristen und Münchner Stadtrat Dr. Erwin Hamm kennen; sie bekommen zwei Kinder, Verena und Florian. Hildegard Hamm-Brücher ist Stadträtin in München, Landtagsabgeordnete, Staatssekretärin für Bildung in Hessen, Staatsministerin im Auswärtigen Amt und kandidierte 1994 für das Amt des Bundespräsidenten.

Mehr als ein halbes Jahrhundert engagiert sie sich in der FDP und verteidigt ihre liberale Überzeugung, spricht Klartext, häufig zum Ärger ihrer Partei. Die Konsequenz: Nach vierundfünfzig Jahren Mitgliedschaft bei den Liberalen tritt sie 2002 aus der Partei aus. Für Hildegard Hamm-Brücher besteht das Vermächtnis der Weißen Rose darin, «dass es immer Menschen geben muss, die sich dafür mitverantwortlich fühlen, dass unsere Freiheit nie wieder gefährdet wird. Das ist die Botschaft, die diese jungen Menschen hinterlassen haben.»

Frau Hamm-Brücher, wie war das für Sie, als Sie von der Ermordung von Hans und Sophie Scholl und den anderen Mitgliedern der Weißen Rose erfuhren?

Ich hatte einen psychischen Zusammenbruch, der mit einer schweren Lungenentzündung verbunden war. Für Wochen musste ich in ein Sanatorium. Ich war in einen langwierigen Konflikt geraten, ständig fragte ich mich: «Musst du nicht auch was tun? Soll ich Flugblattaktionen unterstützen oder es bleiben lassen?»

Ein junger Pfarrer der Bekennenden Kirche, der auch bei Bonhoeffer gearbeitet hatte, sagte zu mir, als ich ihm damals von meinem Konflikt erzählte – das war Ende 1943: «Um Gottes willen, mach jetzt keine Dummheiten, der Krieg ist verloren, nicht alle dürfen aufs Schafott. Ein paar von euch müssen weiterleben.» Mit dieser Antwort konnte ich einen Weg für mich finden. Ich habe mich nicht für den Opfergang entschieden, sondern für die Vernunft. Mit einem Mal war mir klar: Ich will etwas für die Zukunft wagen, und deshalb will ich überleben. Für mich war dieser Gedanke auch eine Form von Emanzipation. Früher hätte ich mich den Männern nie in den Weg gestellt, jetzt dachte ich, dass ich als Frau alles genauso gut kann wie sie. Man kann eine solche Einstellung auch feige nennen, weil ich gekniffen habe. Aber der Opfertod der Freunde und Kommilitonen wurde für mich ein Vermächtnis auf Lebenszeit.

Wie sind Sie in den Kreis gekommen?

Über Hubert Furtwängler. Die Geschichte begann 1941. Ich studierte tagsüber Chemie und ging abends meinen Leidenschaften nach, besuchte also Konzerte und Theateraufführungen. Dabei fiel mir ein junger Mann auf, der offenkundig auch ein Enthusiast war und sich für Bach und Mozart, aber auch für moderne Musik interessierte. Eines Tages sprach er mich mit den Worten an: «Jetzt habe ich Sie so oft gesehen, jetzt rede ich Sie einfach mal an.» Das war Hubert Furtwängler gewesen.

Oft trafen wir uns dann mit Freunden von Hubert bei Regine Renner, die bei ihren Wirtsleuten die große Küche benutzen durfte. Es kamen und gingen dort Leute ein und aus, es war mehr ein lockerer Haufen von jungen Menschen, die später zum großen Teil den Kreis der Weißen Rose bildeten. Es wurde dort viel musiziert, gekocht und philosophiert. Politische Diskussionen gab es anfangs nur am Rande. Viel wurde über Literatur gesprochen. Diese Leute öffneten mir die Augen, dass es außer Thomas Mann, Hermann Hesse und Joseph Roth noch eine weitere Exilliteratur gab. Und eigentlich hatten in diesem Kreis alle denselben Geschmack. Manchmal war Hermann Hesse en vogue, dann wieder Adalbert Stifter. Wir liebten Bach-Chöre, alle besuchten die Richard-Strauss-Opern, von der *Salome* bis zur *Frau ohne Schatten*. Die Nazis haben ja ungeheuer viel getan, um die Menschen abzulenken.

Die ersten politischen Aha-Erlebnisse hatte ich, als der erste russische Winter vorbei war und der Siegestaumel etwas abgeklungen war. Den anderen aus diesem lockeren Komm-und-Geh-Kreis erging es wohl nicht anders. Doch wir wussten nicht, wie wir miteinander umgehen sollten. Wir kannten uns zu wenig. Ich saß im chemischen Institut, und die meisten anderen waren fast alles Medizinstudenten. Es existierte ein Vertrauen, aber es war kein direktes oder konspiratives Vertrauen. Aber doch sprachen wir Ende 1941, Anfang 1942 darüber, wo wir politisch eigentlich standen. Verstärkt wurde das, als die Ersten aus diesem Kreis der Medizinstudenten nach Russland geschickt wurden – das war im Sommer 1942. Ohne dass ich es wusste oder eine Ahnung von ihrer Herkunft hatte, gab es schon einen ersten Schub von Flugblättern. Nach ihrer Rückkehr schrieben sie zum ersten Mal über die Judenvernichtung. Das letzte tauchte erst im Februar 1943 auf. Es war ein Aufruf zum Widerstand, zum Kampf.

Es gibt noch dieses zauberhafte Foto von der Sophie, wo sie

mit Blümchen in der Hand auf die Abfahrt des Zuges wartete, der Hans, Alexander Schmorell und Hubert Furtwängler nach Russland bringen sollte. Ich konnte nicht dabei sein, weil ich als Doktorandin das Chemische Institut tagsüber nicht verlassen durfte. Auf diesem Transport entwickelte sich eine sehr enge Freundschaft zwischen Hubert und Alexander Schmorell. Dadurch habe ich später Schmorell am häufigsten gesehen. Oft gingen wir zusammen in ein vegetarisches Restaurant, wo man für fünf Gramm Fettmarken einen wunderbaren Eintopf bekam.

Willi Graf habe ich fast überhaupt nicht mitbekommen, er war ja später eher der Briefe-Transporteur. An Christl Probst kann ich mich noch erinnern, der war sehr hübsch.

Dieser Kreis bestand also aus lauter jungen und gut aussehenden Männern?

Na ja, der Alexander war schon eine auffällige Erscheinung, aber für mich waren das sehr geformte junge Männer. Nie hätte ich sie mit Widerstandsaktionen in Verbindung gebracht. Und als Hubert mir an dem Tag, als Sophie und Hans verhaftet wurden, davon erzählte, dachte ich, dass das überhaupt nicht wahr sein könne. Für mich waren das sehr sanfte Menschen, die nichts Konspiratives an sich hatten. Ich hätte mir auch nicht vorzustellen vermocht, dass junge Menschen, die ich kannte, so weit gehen würden. Ich hatte mit Hubert häufig politische Diskussionen geführt, auch mit Alexander Schmorell, aber von den Flugblattaktionen habe ich keine Ahnung gehabt.

Wurden Sie, als Sie in diesen Kreis kamen, auf Ihre Einstellung zum Nazi-Regime abgetastet?

Nein. Man traf sich, aß zusammen, machte ein paar Witzchen und fragte, ob man zu dieser Messe oder jenem Konzert mitgehen würde. Mit der Zeit spürte man, mit welchem Menschen man auf der gleichen Wellenlänge war. Wenn man zu zweit war, dann stellte man schon eher gezielte Fragen, um herauszufinden, wie das Gegenüber tickte. Und ich denke, dass selbst unter den engsten Mitgliedern der Weißen Rose nicht immer jeder alles erfahren hat.

Worüber wurde diskutiert?

Immer mehr ging es um das seltsame Verschwinden von so vielen Menschen, insbesondere Juden. Ich hörte davon, dass die Mutter eines Kommilitonen aus dem Chemischen Institut in Theresienstadt einfach verschollen war. Ich war bei solchen Erzählungen sehr hellhörig, denn am 27. Januar 1942 hatte sich meine Großmutter Pick das Leben genommen, als sie den «Gestellungsbefehl» für den Abtransport nach Theresienstadt erhalten hatte. An diesem Tag nahm sie Schlaftabletten. Haus und Vermögen waren schon beschlagnahmt worden. Meine Großmutter hatte zwar jüdische Eltern, war aber konvertiert und völlig assimiliert und sehr protestantisch. Erst nach den Nürnberger Gesetzen galten meine Großmutter und meine Mutter ab 1935 als «Jüdinnen». Da meine Eltern sehr früh gestorben waren, hatte sie für meine Geschwister und mich gesorgt. Ich verlor durch ihren Freitod den letzten Rest von Geborgenheit. Allein stand ich nun da und hatte, da mein Vater «arisch» war, den Status eines «Mischlingskindes».

Während des Studiums reifte mehr und mehr das Gefühl, dass ich nicht nur wie eine Verrückte studieren und promovieren konnte, sondern dass ich etwas tun müsste. Mein Doktorvater, Professor Heinrich Wieland, hatte das bemerkt, auch wenn wir nie darüber gesprochen haben, denn er zwang mich regelrecht zur wissenschaftlichen Arbeit. Er schaffte es, dass ich ihm zuliebe durchgehalten habe, ich wollte ihn nicht enttäuschen. Im Frühjahr 1943, als die Gestapo nach der Verhaftungswelle unter Münchner Studenten bei Heinrich Wieland Erkundigungen über mich anstellte, ließ er keinen Zweifel, dass er sich für mich verbürgen würde. Allein durch seine Anwesenheit hat er uns Mut gemacht. Nie ist er zu einer Feier gegangen, wenn das Rednerpult mit einer Hakenkreuzfahne geschmückt war.

Erst nach dem Krieg erfuhren wir, was sich alles wirklich zugetragen hat. Da hörten und lasen wir, wie viel Grauenhaftes von Deutschen im Namen Deutschlands verbrochen worden war. Eine ungeheuerliche Dimension. In meinem winzigen Zimmer, in dem ich in München zur Untermiete wohnte, hatte ich nur einen Volksempfänger, bei dem es unmöglich war, einen Luxemburger Sender zu empfangen. Nur wenn ich bei Freunden in Starnberg war, hörten wir heimlich ausländische Nachrichten. Aber es gab keinen kontinuierlichen Informationsfluss.

Sie haben einmal ein Flugblatt der Weißen Rose gefunden. Haben Sie es gelesen?

Eines Tages, es war im Spätsommer 42 gewesen, da fand ich ein Flugblatt in meiner Schublade in meinem Labor. Da stand etwas drauf wie «die Zeit aufzuwachen sei gekommen», es muss das dritte oder vierte Flugblatt gewesen sein. Ich dachte, was ist denn das, und ging mit dem Ding aufs Klo. Auf dem Weg dorthin überlegte ich, dass mir das ein «agent provocateur» in die Schublade hineingelegt haben könnte. Es gab ja genügend Spitzel, die dich kriegen wollten, wenn sie wussten, dass man gegen den Krieg war. Als ich die Klotür hinter mir geschlossen hatte, las ich ein paar wenige Sätze dieses Flugblatts, an die mich aber nicht mehr erinnern kann. Ich begriff sofort, dass es ein heißes Eisen war, hochbrisant und hochgefährlich. Mir war aber nicht klar, woher es kam. Kurz entschlossen habe ich dieses Blatt in kleine Schnipsel gerissen und runtergespült. Das war's. Das war mein Widerstand.

Keinem anderen Menschen habe ich davon erzählt, weil ich

auch nicht wollte, dass diese Person dadurch womöglich in Schwierigkeiten kam. Aus heutiger Perspektive denke ich, dass dies ein echtes Versagen meinerseits war. Dass ich so feige war, lag daran, dass ich damals einfach nur versuchte zu überleben. Das ist meine stärkste Rechtfertigung, wenn ich mir selber Vorwürfe mache. Ich hätte das Flugblatt zumindest einstecken sollen. An die große Glocke hätte ich es ja nicht gleich hängen müssen, aber ich hätte es genauer durchlesen müssen. Das hätte ich mir wirklich besser überlegen und keine Angst haben sollen. Ich hätte auch unter Freunden von diesem Flugblatt sprechen können, hätte sagen können, dass die Menschen, die das geschrieben und verteilt haben, tapfere Leute sind. Dass ich das nicht getan habe, dafür muss ich mich entschuldigen. Aber keinen Moment bin ich davon ausgegangen, dass die Menschen, die ich ein- oder zweimal in der Woche im Konzert, bei Regine Renner oder im vegetarischen Restaurant traf, damit in Verbindung zu bringen waren.

Wie haben Sie Hans Scholl oder Alexander Schmorell wahrgenommen?

Hans Scholl war in meiner Erinnerung der Distanzierteste aus diesem Kreis. Man merkte immer, dass er sich ständig mit etwas beschäftigte, wodurch er auch manchmal abwesend wirkte. Dagegen war Alexander Schmorell ein Mensch, der andere sofort faszinieren konnte. Er hatte eine große musische Begabung und war in meinen Augen ein Künstlertyp. Schmorell und Hubert Furtwängler lebten in einer Welt voller Ideale. Manchmal verstiegen sich die beiden regelrecht zu russischen Begeisterungsräuschen. Willi Graf habe ich, wie ich ja schon sagte, nie bewusst wahrgenommen. Und Christoph Probst war ganz eindeutig ein Familienmensch. Aber weil ich neben Hubert Furtwängler noch andere Freunde hatte, insbesondere aus meinem Institut, habe ich nicht alle mit derselben Aufmerksamkeit betrachtet.

Und Sophie Scholl?

Sie kam, wenn ich das noch richtig in Erinnerung habe, erst 1942 nach München, und kurze Zeit später überstürzten sich ja auch schon die Ereignisse. Sophie habe ich ein- oder zweimal gesehen, und zwar in den Philosophie-Vorlesungen von Professor Kurt Huber. Ich konnte mich manchmal aus dem Labor davonstehlen, um Huber zu hören. Kritische Studenten aus allen Fachrichtungen kamen in seine Vorlesungen, weil er seine Erörterungen mit ironischen Anspielungen über die nationalsozialistische Politik und Weltanschauung würzte. Er machte das so geschickt, dass die Nazis ihn nie dafür einsperren konnten. Soweit ich weiß, zeigte er anfangs Skepsis gegenüber Flugblattaktionen. Kurt Huber wurde dann im zweiten Weiße-Rose-Prozess zum Tode verurteilt und am 13. Juli 1943 hingerichtet.

Mich interessierte es, dort zu sein, wo Kommilitonen waren, die so dachten wie ich.

Wusste Hubert Furtwängler von den Flugblattaktionen?

Ich denke, dass das nicht der Fall gewesen war. Als er an dem Tag zu mir ins Labor kam, um von den Verhaftungen zu erzählen, da sagte er auch, dass er sich all das nicht vorstellen könne. Hubert war kalkweiß im Gesicht. Er sagte weiterhin, dass er gehört hätte, dass Alexander der Gestapo irgendwie entwischt sei. Zusammen hofften wir noch, dass Schmorell Glück auf seiner Flucht haben würde. Hubert wusste, dass der Kreis sehr politisch geworden war, aber mehr nicht. Das ist wenigstens mein Eindruck. Es muss nicht stimmen. Ich jedenfalls hätte ihm nie zugetraut, Mitverfasser von Flugblättern zu sein.

Warum sind Sie nicht verhaftet worden?

Wenn es einen Grund dafür gab, dann hatte es mit Sicherheit mit Professor Wieland, meinem Doktorvater, zu tun gehabt. Er beschützte mich, weil er wusste, wie viel Ängste ich als «Halbjüdin» auszustehen hatte, in welcher psychischen Bedrängnis ich war. Als ich mich an der Münchner Universität für Geschichte immatrikulieren wollte, sagte der damalige Dekan, dass ich das aufgrund der Nürnberger Gesetze nicht könne. Ich sagte, dass mein Bruder im Polen-Feldzug war und das Eiserne Kreuz II. Klasse bekommen hätte und dass mein Vater im Ersten Weltkrieg gedient hätte. Daraufhin bekam ich zu hören, ich solle mal versuchen, ob mich der Direktor des chemischen Instituts aufnehmen würde. Was er dann zu meinem großen Glück auch tat.

Und wie haben Sie auf die Flugblatt-Aktion reagiert?

Langsam sickerte durch, wie viele Flugblätter es waren und dass sie auch in anderen Städten verteilt worden waren. Wahrscheinlich habe ich das von der Regine Renner erfahren. Aber eigentlich gab jeder ein kleines Stückchen preis. Und nach dem Krieg habe ich Inge Scholl kennen gelernt, weil ich für die Münchner *Neue Zeitung* einen Artikel über die Familie Scholl und ihre Mitarbeit in Flüchtlingslagern schrieb. Als die Scholls später nach München zogen, waren sie in meiner Kirchengemeinde, der Emmaus-Gemeinde. Der Vater von Sophie und Hans wurde sehr «links».

Als Sie von den Verhaftungen hörten, haben Sie persönlich Angst gehabt?

Wahnsinnige Angst. Mir war klar, wenn die Gestapo das Umfeld beleuchtet, dann würde irgendwann auch mein Name auftauchen – allein schon durch meine Freundschaft zu Hubert Furtwängler.

Nach der Scholl-Verhaftung habe ich mich nur noch auf meine Doktorarbeit konzentriert. Von Wieland bekam ich ein persönliches kleines Stipendium von 100 Reichsmark, weil ich mich sonst einfach nicht hätte über Wasser halten können. Um mich herum wurden dann mehrere junge Kommilitonen verhaftet, und ich dachte, dass ich die Nächste sein werde. Sie hatten einen Prozess in Donauwörth, und Wieland fuhr dorthin und erkundigte sich, ob sie Anwälte bräuchten.

Wie haben Sie von der Ermordung von Hans und Sophie erfahren?

In unserem abgelegenen Labor in der Sophienstraße beim Alten Botanischen Garten wurde das ein oder andere geflüstert, aber schwarz auf weiß las ich von der Hinrichtung, als sie schon vollstreckt worden war. Zwei, drei Tage danach entdeckte ich im *Völkischen Beobachter* eine kleine Notiz darüber. Hubert sah ich wochenlang nicht. Er war auch verhört worden, aber der Leiter der Münchner Studentenkompanie hatte sich seiner angenommen. Das ist eine sehr interessante Geschichte, dass der Hubert geschützt wurde von dem Chef der Studentenkompanie. Es ist mir heute noch ein Rätsel, dass Hubert ungeschoren davongekommen ist. Immerhin war er mit den Geschwistern Scholl befreundet, und es gab den Verdacht, dass er im Kreis der Weißen Rose war, selbst wenn er nicht aktiv an den Flugblättern beteiligt gewesen war. Es muss ja nicht jeder, der ein Gegner der Nazis war, Flugblätter geschrieben haben. Mein Mann, der auch ein überzeugter Nazi-Gegner war, sagt immer: «Dass du immer noch nicht einsiehst, was für ein wahnsinniger Unsinn dieser ganze Opfergang gewesen ist! Und du haderst immer noch mit dir, dass du keinen Widerstand geleistet hast. Ihr seid ja verrückt gewesen, zumindest viel zu leichtsinnig.»

Denken Sie, dass der Widerstand Leichtsinn war?

Das behauptet mein Mann. Er ist der Ansicht, dass die Mitglieder der Weißen Rose zu viel aufs Spiel gesetzt haben und eine Menge Leute in diese Geschichte mit hineingerissen haben. Mein Mann ist Jurist und zeitweise Staatsanwalt gewesen, dann Soldat. Ich bin dagegen der Ansicht, dass der Widerstand zur Geschichte dieser Diktatur gehört. Menschen, die sich gegen das Nazi-Regime auflehnten, haben überhaupt nicht mehr an Leichtsinn gedacht. Ich denke, dass sich Hans und Sophie und die anderen nicht bewusst waren, dass es so enden würde. Sie haben aus Überzeugung gesagt: «Zerreißt den Mantel der Gleichgültigkeit, den Ihr um Euer Herz gelegt habt. Entscheidet Euch, ehe es zu spät ist.» Dahinter verbarg sich eine tiefe Überzeugung.

Die Weiße Rose war nicht ein Kreis von Leuten, die irgendwo verschwörerisch zusammenhockten und sich gezielt etwas ausdachten. Viele denken das heute, das ist aber völlig falsch. Sie haben keinen Aufruhr und keinen Umsturz geplant. Bei dem Hitler-Attentat vom 20. Juli 1944 war das anders. Die Vorbereitungen liefen hier organisiert ab. Alles war bewusster und politischer. Die Mitglieder der Weißen Rose waren dazu noch zu jung. Sie wollten nur die Studenten an ihre Verantwortung erinnern. Das war eigentlich alles.

Und wie dachten Sie über die damaligen Studenten?

Da waren viele echte Nazis drunter, Opportunisten oder Wegseher. Hurra mit Hitler und fürs Volk und Vaterland, und dann in stolzer Trauer. Oft haben sie auch denunziert und einander verpfiffen.

Es wurden nicht nur Sophie und Hans Scholl ermordet, sondern auch Christoph Probst, Willi Graf, Alexander Schmorell, Kurt Huber. Wie nahmen Sie das wahr?

Ich wusste nicht, wie viele hingerichtet worden waren. Auch Hubert konnte das nicht sagen. Wir haben viel über dieses schreckliche Ende von diesen strahlenden jungen Menschen gesprochen, doch zugleich musste ich meine Experimentalarbeit schreiben, außerdem meine schwere Lungenentzündung überstehen. Dadurch kapselte ich mich ab. Ich war auch auf das Schicksal meiner Familie fixiert. Meine Brüder waren unterdessen verhaftet worden und saßen in Zwangsarbeitslagern. Immer wieder versuchte ich etwas für sie in die Lager reinzuschmuggeln.

Die Hinrichtung war für mich ein traumatisches Erlebnis, aber ich setzte mich nicht damit auseinander. Es gab ja noch so viel anderes Schreckliches, etwa die Lage des Krieges und die Unfreiheit, vor allem die geistige Unfreiheit. Immer deutlicher wurde die Unterdrückung aller persönlichen Interessen und Wünsche.

Hat die Weiße Rose Ihr weiteres Leben geprägt?

In der *Neuen Zeitung* schrieb ich ja über die Flüchtlings- und Heimatvertriebenenhilfe der Familie Scholl. Im selben Verlagshaus wurde auch eine Illustrierte herausgegeben, in der ich 1946 einen Artikel über die Studenten der Weißen Rose veröffentlichte. Für mich war es sehr wichtig, dafür zu sorgen, dass so eine Diktatur nie wieder passieren durfte, nicht einmal in Ansätzen. Ich sagte mir, du hast gute Gründe, darauf zu achten, dass diese Vorbilder nicht verdrängt und vergessen werden. Ich wollte gegen das Vergessen, das Verdrängen, das Bagatellisieren, gegen mögliche Rückfälle angehen. Mit diesem Verständnis ging ich in die Politik – und all meine Schwierigkeiten rühren daher, dass ich mir die Worte von Hans Scholl, die er auf dem Schafott sagte, zu meinem Lebensprinzip gemacht habe: «Es lebe die Freiheit.»

Als Ihnen die ganze Dimension klar wurde, hatten Sie da den Wunsch, dass Sie sich einmal gern mit Hans, Sophie, Alexander und Christoph ausgetauscht hätten?

Ich bin ein nüchterner Mensch, auf solche Ideen bin ich nie gekommen. In meinem Kopf kreiste es eher um Buße und Rechtfertigung. Ich habe auch bis heute nicht sämtliche Verhörprotokolle gelesen. Zum einen liegt es daran, dass ich nicht glaube, dass man die Wahrheit in diesen Vernehmungssituationen festgehalten hat. Zum anderen habe ich das, was geschehen ist, hingenommen. Es darf nur nicht, wie ich schon sagte, vergessen werden.

Haben Sie daran gedacht, was aus diesen Menschen geworden wäre, wenn die Gestapo sie nicht gefasst hätte?

Die haben uns nach 1945 bitter gefehlt. Auch alle jungen Soldaten, die im Krieg gefallen sind und heute in meinem Alter wären, ebenso die Mädchen und Frauen, die auf der Flucht oder bei den Bombenangriffen ums Leben gekommen sind. Nach 1945 fehlten uns die Emigranten und alle Menschen, die im KZ umgekommen sind. Die moralisch-geistige Erneuerung, von der nach 1945 die Rede war, das war eigentlich eine Schande. Ja, eine Schande. Es ist beschämend, dass der Antisemitismus der Nazizeit und seine Ursachen in den ersten fünfzehn Jahren nach dem Krieg nicht thematisiert wurden – außer in kleinen intellektuellen Zirkeln. Aber die hatten nicht das Sagen in der Bundesrepublik, sondern viele, die schon unter Hitler hohe Posten innehatten, also mieser Plebs. Es hat fast sechzig Jahre gedauert, bis ein bayerischer Ministerpräsident erstmals Dachau besuchte. Was in diesem Volke alles nicht aufgearbeitet worden ist, das ist unglaublich. Nur, es ging uns sehr gut, und die Demokratie brachte für jeden Einzelnen viel mehr, als er sonst je zu erreichen hoffte. Alles wurde schön mit Tünche überdeckt, aber die Katharsis, die überfällig gewesen wäre, die hat's nicht gegeben. Da bin ich ganz hart!

Ich glaube, ich bin die Einzige aus dem engeren oder weiteren Kreis der Weißen Rose, die in die Politik gegangen ist. Wir können nicht nur durch Vereinsgründungen oder Gedenkfeiern oder Buchpreisverleihungen verhindern, dass sich etwas Ähnliches in der Geschichte wiederholt. Wir müssen uns vor allem politisch engagieren! Der Rechtsextremismus und der Fremdenhass haben mir dann ja auch immer wieder Recht gegeben, dass wir wirklich politisch ranmüssen!

Was muss Ihrer Meinung nach von der Weißen Rose bleiben?

Es muss klar sein, dass Menschenrechtsverletzungen nicht passieren dürfen, nicht einmal in kleinsten, ja fast harmlos erscheinenden Ansätzen. Unser Gewissen und die eigene Überzeugung dürfen das nicht zulassen. Das ist die Lehre, die wir aus diesem Widerstandskreis ziehen müssen: Man darf einfach nicht mit den Wölfen heulen.

Flugblätter

Ausgewählt wurden das 1. und 5. Flugblatt

Flugblätter der Weißen Rose

I

Nichts ist eines Kulturvolkes unwürdiger, als sich ohne Widerstand von einer verantwortungslosen und dunklen Trieben ergebenen Herrscherclique «regieren» zu lassen. Ist es nicht so, daß sich jeder ehrliche Deutsche heute seiner Regierung schämt, und wer von uns ahnt das Ausmaß der Schmach, die über uns und unsere Kinder kommen wird, wenn einst der Schleier von unseren Augen gefallen ist und die grauenvollsten und jegliches Maß unendlich überschreitenden Verbrechen ans Tageslicht treten? Wenn das deutsche Volk schon so in seinem tiefsten Wesen korrumpiert und zerfallen ist, daß es, ohne eine Hand zu regen, im leichtsinnigen Vertrauen auf eine fragwürdige Gesetzmäßigkeit der Geschichte das Höchste, das ein Mensch besitzt und das ihn über jede andere Kreatur erhöht, nämlich den freien Willen, preisgibt, die Freiheit des Menschen preisgibt, selbst mit einzugreifen in das Rad der Geschichte und es seiner vernünftigen Entscheidung unterzuordnen – wenn die Deutschen, so jeder Individualität bar, schon so sehr zur geistlosen und feigen Masse geworden sind, dann, ja dann verdienen sie den Untergang. Goethe spricht von den Deutschen als einem tragischen Volke, gleich dem der Juden und Griechen, aber heute hat es eher den Anschein, als sei es eine seichte, willenlose Herde von Mitläufern, denen das Mark aus dem Innersten gesogen und die nun, ihres Kernes beraubt, bereit sind, sich in den Untergang hetzen zu lassen. Es scheint so – aber es ist nicht so; vielmehr hat man in langsamer trügerischer, systematischer Vergewaltigung jeden einzelnen in ein geistiges Gefängnis gesteckt, und erst als er darin gefesselt lag, wurde er sich des Verhängnisses bewusst. Wenige nur erkannten das drohende Verderben, und der Lohn für ihr heroisches Mahnen war der Tod. Über das Schicksal dieser Menschen wird noch zu reden sein.

Wenn jeder wartet, bis der andere anfängt, werden die Boten der rächenden Nemesis unaufhaltsam näher und näher rücken, dann wird auch das letzte Opfer sinnlos in den Rachen des unersättlichen Dämons geworfen sein. Daher muß jeder einzelne seiner Verantwortung als Mitglied der christlichen und abendländischen Kultur bewußt in dieser letzten Stunde sich wehren, soviel er kann, arbeiten wider die Geißel der Menschheit, wider den Faschismus und jedes ihm ähnliche System des absoluten Staates. Leistet passiven Widerstand – Widerstand –, wo immer Ihr auch seid, verhindert das Weiterlaufen dieser atheistischen Kriegsmaschine, ehe es zu spät ist, ehe die letzten Städte ein Trümmerhaufen sind, gleich Köln, und ehe die letzte Jugend des Volkes irgendwo für die Hybris eines Untermenschen verblutet ist. Vergeßt nicht, daß ein jedes Volk diejenige Regierung verdient, die es erträgt!

Aus Friedrich Schiller, «Die Gesetzgebung des Lykurgus und Solon»: «… Gegen seinen eigenen Zweck gehalten, ist die Gesetzgebung des Lykurgus ein Meisterstück der Staats- und Menschenkunde. Er wollte einen mächtigen, in sich selbst gegründeten, unzerstörbaren Staat; politische Stärke und Dauerhaftigkeit waren das Ziel, wonach er strebte, und dieses Ziel hat er so weit erreicht, als unter seinen Umständen möglich war. Aber hält man den Zweck, welchen Lykurgus sich vorsetzte, gegen den Zweck der Menschheit, so muß eine tiefe Mißbilligung an die Stelle der Bewunderung treten, die uns der erste, flüchtige Blick abgewonnen hat. Alles darf dem Besten des Staates zum Opfer gebracht werden, nur dasjenige nicht, dem der Staat selbst nur als ein Mittel dient. Der Staat selbst ist niemals Zweck, er ist nur wichtig als eine Bedingung, unter welcher der Zweck der Menschheit erfüllt werden kann, und dieser Zweck der Menschheit ist kein anderer als Ausbildung aller Kräfte des Menschen, Fortschreitung. Hindert eine Staatsverfassung, daß alle Kräfte, die im Menschen liegen, sich entwickeln; hindert sie die Fortschreitung des Geistes, so ist sie verwerflich und schädlich, sie mag übrigens noch so durchdacht und in ihrer Art noch so vollkommen sein. Ihre Dauerhaftigkeit selbst gereicht ihr alsdann viel mehr zum Vorwurf als zum Ruhme – sie ist dann nur ein verlängertes Übel; je länger sie Bestand hat, um so schädlicher ist sie.

… Auf Unkosten aller sittlichen Gefühle wurde das politische Verdienst errungen und die Fähigkeit dazu ausgebildet. In Sparta gab es keine eheliche Liebe, keine Mutterliebe, keine kindliche Liebe, keine Freundschaft – es gab nichts als Bürger, nichts als bürgerliche Tugend.

… Ein Staatsgesetz machte den Spartanern die Unmenschlichkeit gegen ihre Sklaven zur Pflicht; in diesen unglücklichen Schlachtopfern wurde die Menschheit beschimpft und mißhandelt. In dem spartanischen Gesetzbuch selbst wurde der gefährliche Grundsatz gepredigt, Menschen als Mittel und nicht als Zwecke zu betrachten – dadurch wurden die Grundfesten des Naturrechts und der Sittlichkeit gesetzmäßig eingerissen.

… Welch schöneres Schauspiel gibt der rauhe Krieger Gaius Marcius in seinem Lager vor Rom, der Rache und Sieg aufopfert, weil er die Tränen der Mutter nicht fließen sehen kann!

«… Der Staat» (des Lykurgus) «könnte nur unter der einzigen Bedingung fortdauern, wenn der Geist des Volks stillstünde; er könnte sich also nur dadurch erhalten, daß er den höchsten und einzigen Zweck eines Staates verfehlte.»

Aus Goethes «Des Epimenides Erwachen», zweiter Aufzug, vierter Auftritt:

Genien:

Doch was dem Abgrund kühn entstiegen,
Kann durch ein ehernes Geschick
Den halben Weltkreis übersiegen,
Zum Abgrund muß es doch zurück.
Schon droht ein ungeheures Bangen,
Vergebens wird er widerstehn!
Und alle, die noch an ihm bangen,
Sie müssen mit zu Grunde gehn.

Hoffnung:

Nun begegn' ich meinen Braven,
Die sich in der Nacht versammelt,
Um zu schweigen, nicht zu schlafen,
Und das schöne Wort der Freiheit
Wird gelispelt und gestammelt,
Bis in ungewohnter Neuheit
Wir an unsrer Tempel Stufen
Wieder neu entzückt es rufen:
Freiheit! Freiheit!

Wir bitten Sie, dieses Blatt mit möglichst vielen Durchschlägen ab-
zuschreiben und weiterzuverteilen!

5

Aufruf an alle Deutsche!

Der Krieg geht seinem sicheren Ende entgegen. Wie im Jahre 1918 versucht die deutsche Regierung alle Aufmerksamkeit auf die wachsende U-Boot-Gefahr zu lenken, während im Osten die Armeen unaufhörlich zurückströmen, im Westen die Invasion erwartet wird. Die Rüstung Amerikas hat ihren Höhepunkt noch nicht erreicht, aber heute schon übertrifft sie alles in der Geschichte seither Dagewesene. Mit mathematischer Sicherheit führt Hitler das deutsche Volk in den Abgrund. Hitler kann den Krieg nicht gewinnen, nur noch verlängern! Seine und seiner Helfer Schuld hat jedes Maß unendlich überschritten. Die gerechte Strafe rückt näher und näher!

Was aber tut das deutsche Volk? Es sieht nicht und es hört nicht. Blindlings folgt es seinen Verführern ins Verderben. Sieg um jeden Preis! haben sie auf ihre Fahne geschrieben. Ich kämpfe bis zum letzten Mann, sagt Hitler – indes ist der Krieg bereits verloren.

Deutsche! Wollt Ihr und Eure Kinder dasselbe Schicksal erleiden, das den Juden widerfahren ist? Wollt Ihr mit dem gleichen Maß gemessen werden wie Eure Verführer? Sollen wir auf ewig das von aller Welt gehaßte und ausgestoßene Volk sein? Nein! Darum trennt Euch von dem nationalsozialistischen Untermenschentum! Beweist durch die Tat, daß Ihr anders denkt! Ein neuer Befreiungskrieg bricht an. Der bessere Teil des Volkes kämpft auf unserer Seite. Zerreißt den Mantel der Gleichgültigkeit, den Ihr um Euer Herz gelegt! Entscheidet Euch, ehe es zu spät ist! Glaubt nicht der nationalsozialistischen Propaganda, die Euch den Bolschewistenschreck in die Glieder gejagt hat! Glaubt nicht, daß Deutschlands Heil mit dem Sieg des Nationalsozialismus auf Gedeih und Verderben verbunden sei! Ein Verbrechertum kann keinen deutschen Sieg erringen. Trennt Euch rechtzeitig von allem, was mit dem Nationalsozialismus zusammenhängt! Nachher wird ein schreckliches, aber gerechtes Gericht kommen über die, so sich feig und unentschlossen verborgen hielten.

Was lehrt uns der Ausgang dieses Krieges, der nie ein nationaler war? Der imperialistische Machtgedanke muß, von welcher Seite er auch kommen möge, für alle Zeit unschädlich gemacht werden. Ein einseitiger preußischer Militarismus darf nie mehr zur Macht gelangen. Nur in großzügiger Zusammenarbeit der europäischen Völker kann der Boden geschaffen werden, auf welchem ein neuer Aufbau möglich sein wird. Jede zentralistische Gewalt, wie sie der preußische Staat in Deutschland und Europa auszuüben versucht hat, muß im Keime erstickt werden. Das kommende Deutschland kann nur föderalistisch sein. Nur eine gesunde föderalistische Staatenordnung vermag heute noch das geschwächte Europa mit neuem Leben zu erfüllen. Die Arbeiterschaft muß durch einen vernünftigen Sozialismus aus ihrem Zustand niedrigster Sklaverei befreit werden. Das Truggebilde der autarken Wirtschaft muß in Europa verschwinden. Jedes Volk, jedes einzelne hat ein Recht auf die Güter der Welt!

Freiheit der Rede, Freiheit des Bekenntnisses, Schutz des einzelnen Bürgers vor der Willkür verbrecherischer Gewaltstaaten, das sind die Grundlagen des neuen Europa.

Unterstützt die Widerstandsbewegung, verbreitet die Flugblätter!

Zeittafel

Frühjahr 1935: Christoph Probst und Alexander Schmorell lernen sich auf dem Neuen Realgymnasium in München kennen, es ist der Beginn einer intensiven Freundschaft.

Herbst 1937: Willi Graf fängt sein Medizinstudium in Bonn an.

Frühjahr 1938: Jürgen Wittenstein ist in einer Münchner Kaserne Stubengenosse von Alexander Schmorell.

17. April 1939: Hans Scholl beginnt sein Studium der Medizin an der Münchner Ludwig-Maximilians-Universität. Er begegnet Hellmut Hartert, der Scholl mit dem Studentenleben vertraut macht.
Auch Christoph Probst nimmt sein Medizinstudium in München auf. Alexander Schmorell studiert in Hamburg Medizin und trifft beim Arbeitsdienst in Ostpommern Traute Lafrenz, eine Kommilitonin, die einem regimekritischen Lesekreis um die ehemalige Lichtwark-Lehrerin Erna Stahl angehört. Jürgen Wittenstein studiert Medizin, Philosophie und Psychologie in München.

Herbst 1939: Hildegard Brücher studiert in München Chemie.

Januar/Februar 1940: Wehrmacht-Einsatz von Willi Graf als Sanitäter in Jugoslawien, Frankreich und Belgien, später in Polen und Russland.

Sommer 1940: Hans Scholl nimmt als Sanitätsfeldwebel am Frankreichfeldzug teil.

Herbst 1940: Alexander Schmorell und Hans Scholl lernen sich kennen.

April 1941: Bei einem Konzert stellt Alexander Schmorell seinem Freund Hans Scholl die Medizinstudentin Traute Lafrenz vor. Nach einem Studienaufenthalt in Berlin setzt sie ihr Studium in München fort. Scholl und Lafrenz werden ein Paar.

März 1941: Sophie Scholl und Susanne Hirzel absolvieren ihre Kindergärtnerinnen-Ausbildung im Fröbelseminar in Ulm.

Ende Mai 1941: Bei einem Leseabend im Elternhaus von Schmorell macht Hans Scholl die Bekanntschaft von Christoph Probst.

September 1941: Alexander Schmorell besucht das Zeichenstudio Heinrich König und begegnet dort Lilo Berndl, geborene Ramdohr.

April 1942: Willi Graf setzt sein Medizinstudium in der 2. Studentenkompanie in München fort.

Mai 1942: Sophie Scholl beginnt ihr Biologie- und Philosophiestudium in München.

3. Juni 1942: Alexander Schmorell und Hans Scholl lernen Professor Kurt Huber kennen.

Juli 1942: Willi Graf trifft in der 2. Studentenkompanie Hans Scholl, Alexander Schmorell und Jürgen Wittenstein. Später lernt er auch Christoph Probst kennen.

Juni/Juli 1942: Die Flugblätter eins bis vier werden von Hans Scholl und Alexander Schmorell verfasst. Sie werden vom 27. Juni bis 12. Juli an meist in München wohnende Personen per Post verteilt. Traute Lafrenz und Jürgen Wittenstein wissen um die Aktivitäten ihrer Freunde.

Sommer 1942: Lilo Ramdohrs Mann, Otto Berndl, fällt in Russland.

22. Juli 1942: Hans und Sophie Scholl, Alexander Schmorell, Willi Graf, Christoph Probst, Traute Lafrenz, Hans Hirzel, Manfred Eickemeyer und Professor Kurt Huber treffen sich im Atelier Eickemeyer in der Leopoldstraße 38a zu einem Abschiedsfest, bei dem heftige politische Diskussionen stattfinden. Der Architekt Manfred Eickemeyer stellt Sophie Scholl seine Räumlichkeiten zur Verfügung.

23. Juli 1942: Willi Graf, Hubert Furtwängler, Hans Scholl, Alexander Schmorell und Jürgen Wittenstein werden zum Sanitätsdienst nach Russland abkommandiert.

August 1942: Der Vater von Hans und Sophie Scholl, Robert Scholl, soll wegen «Heimtücke» vier Monate ins Gefängnis, nachdem ihn eine Mitarbeiterin aufgrund abfälliger Äußerungen über Hitler denunziert hatte. Robert Scholl wird im November vorzeitig entlassen, erhält jedoch Berufsverbot. Eugen Grimminger, ein Jugendfreund des Vaters, übernimmt die Geschäftsführung seines Büros. Er wird später einer der wichtigsten finanziellen Helfer der Weißen Rose. Im zweiten Prozess der Weißen Rose wird Grimminger deshalb zu zehn Jahren Haft verurteilt werden.

August/September 1942: Sophie Scholl leistet acht Wochen Kriegsdienst in dem Ulmer Rüstungsbetrieb Schraubenfabrik Vernor und knüpft in dieser Zeit enge Kontakte zu Hans Hirzel.

November 1942: Willi Graf, Hubert Furtwängler, Hans Scholl, Alexander Schmorell und Jürgen Wittenstein kehren von der Russlandfront nach München zum Studium zurück. Sie führen ein intensives studentisches Leben mit Fechten, Singen im Bach-Chor, Skifahren und politischen Diskussionen.

November 1942: Hans Scholl und Alexander Schmorell treffen durch die Vermittlung von Lilo Ramdohr Falk Harnack in Chemnitz. Falk Harnack ist der Bruder von Arvid Harnack, der der von der Gestapo als «Rote Kapelle» bezeichneten Widerstandsgruppe in Berlin angehört. Traute Lafrenz überbringt Flugblätter nach Hamburg.

1. Dezember 1942: Hans und Sophie Scholl beziehen eine gemeinsame Wohnung in der Franz-Joseph-Straße 13 in Schwabing.

Anfang Dezember 1942: Christoph Probst wird zu einer Studentenkompanie nach Innsbruck versetzt.

Dezember 1942: Willi Graf und Kurt Huber werden in die Pläne eingeweiht. Willi Graf entschließt sich zur aktiven Beteiligung am Widerstand und will gleich gesinnte Studenten an anderen Hochschulen zur Unterstützung der Weißen Rose bewegen. Seine Schwester Anneliese zieht auf seinen Wunsch nach München.

Dezember 1942: Jürgen Wittenstein, der die Weiße Rose unterstützt, besucht in Berlin Hellmut Hartert, einen Studienfreund Hans Scholls. Beide vertagen eine Entscheidung über Widerstandsaktivitäten in Berlin auf einen späteren Zeitpunkt.

Dezember 1942: Die Aktivitäten der Weiße Rose sollen in anderen Städten ausgedehnt werden. Verbündete sollen gefunden werden. Willi Graf reist nach Saarbrücken, Hans und Sophie Scholl nach Ulm, Traute Lafrenz nach Wien. Hans Hirzel, der Ulmer Bekannte der Geschwister Scholl, wird über ihre Tätigkeiten informiert.

13. Januar 1943: Ansprache des Gauleiters Paul Giesler im Deutschen Museum, bei der er die Studentinnen angreift. Sie würden beim Studium nur ihre Zeit vergeuden, stattdessen sollten sie «ihre vaterländi-sche Pflicht erfüllen und dem Führer einen Sohn schenken». Im An-schluss an die Rede kommt es zu Protesten unter den Studenten.

Januar 1943: Das fünfte Flugblatt wird geschrieben und vervielfältigt. Alexander Schmorell und Hans Scholl haben es verfasst, Kurt Huber hat es korrigiert. Einige hundert Exemplare werden unmittelbar nach Erstellung an Münchner Adressen versandt.

Alexander Schmorell bringt Flugblätter nach Salzburg, Wien und Linz und versendet von Wien aus einige nach Frankfurt. Jürgen Wittenstein transportiert Flugblätter nach Berlin.

Zwischen dem 22. und 24. Januar nimmt Willi Graf Kontakt mit katho-lischen Freunden in Saarbrücken und Bonn, später in Köln und Frei-burg auf.

25. Januar 1943: Sophie Scholl gibt einige Flugblätter per Post in Augs-burg auf, zudem übergibt sie Hans Hirzel in Ulm ungefähr tausend Flugblätter. Dieser erhält für die Verbreitung Hilfe von seinem Freund Franz J. Müller und seiner Schwester Susanne.

Ende Januar wird das fünfte Flugblatt auch in der Münchner Innen-stadt verbreitet.

3./4. Februar 1943: Hans Scholl und Alexander Schmorell schreiben in der Nacht die Parolen «Freiheit!» und «Nieder mit Hitler!» an Häuser-wände in der Münchner Innenstadt. Die Aktion wird am 8. und 15. Fe-bruar unter Mithilfe von Willi Graf wiederholt.

8. Februar 1943: Falk Harnack trifft sich mit Alexander Schmorell, Hans Scholl und Willi Graf, am nächsten Tag kommt Kurt Huber dazu.

Mitte Februar 1943: Kurt Huber entwirft das sechste und letzte Flug-blatt, Alexander Schmorell und Hans Scholl vervielfältigen es. In der Nacht vom 15. auf den 16. Februar 1943 verteilen Schmorell, Scholl und Willi Graf adressierte Flugblätter auf verschiedene Briefkästen in München; es werden erneut Mauerparolen aufgemalt.

17. Februar 1943: Hans Hirzel wird von der Gestapo in Ulm vernommen. Im Verhör erwähnt er auch den Namen von Sophie Scholl.

18. Februar 1943: Nachdem Schmorell die Verbreitung der Flugblätter in der Münchner Universität ablehnt, verteilen Hans und Sophie Scholl gegen elf Uhr die Flugblätter und werden dabei von dem Haus-meister entdeckt. Verhaftung durch die Gestapo.

In der Jackenbrusttasche von Hans Scholl findet sich ein Flugblattentwurf von Christoph Probst. Hans Scholl versucht das Papier zu vernichten, vergeblich. Am selben Abend werden auch Willi Graf und seine Schwester Anneliese verhaftet, Alexander Schmorell flieht.

19. Februar 1943: Christoph Probst wird in Innsbruck verhaftet.

20. Februar 1943: Traute Lafrenz fährt nach Ulm, um die Eltern Scholl über die Inhaftierung ihrer Kinder zu informieren.

21. Februar 1943: Abends erfahren die Eltern Scholl durch einen anonymen Anruf eines Studenten, dass der Prozess gegen ihre beiden Kinder für den folgenden Tag angesetzt ist. Später wird sich herausstellen, dass dieser Anrufer Jürgen Wittenstein war.

22. Februar 1943: Die Eltern Scholl reisen mit ihrem Sohn Werner und Traute Lafrenz nach München, wo sie von Jürgen Wittenstein zum Prozess gebracht werden.

Der Volksgerichtshofprozess gegen Hans und Sophie Scholl und Christoph Probst ist bereits im Gange. Das Urteil lautet: Todesstrafe. Die Hinrichtung im Gefängnis München-Stadelheim durch das Fallbeil erfolgt noch am selben Tag gegen siebzehn Uhr.

22. Februar 1943: Verhaftung von Susanne und Hans Hirzel.

24. Februar 1943: Die Geschwister Scholl und Christoph Probst werden unter Aufsicht auf dem Perlacher Friedhof, direkt neben dem Gefängnis München-Stadelheim beigesetzt. Bei dem Begräbnis sind neben den Eltern auch die Geschwister Inge, Elisabeth und Werner Scholl dabei. Außerdem ist Traute Lafrenz anwesend.

Nach seiner missglückten Flucht kehrt Alexander Schmorell nach München zurück, wo er in einem Bombenkeller erkannt und verhaftet wird.

27. Februar 1943: Professor Kurt Huber wird verhaftet.

19. April 1943: Prozess des Volksgerichtshofs gegen Alexander Schmorell, Kurt Huber, Willi Graf, Hans Hirzel, Susanne Hirzel, Franz Joseph Müller, Heinrich Guter, Eugen Grimminger, Heinrich Bollinger, Helmut Bauer, Falk Harnack, Gisela Schertling, Katharina Schüddekopf und Traute Lafrenz. Graf, Schmorell und Huber werden zum Tode verurteilt, die Übrigen zum Teil zu langjährigen Zuchthausstrafen. Falk Harnack wird freigesprochen.

13. Juli 1943: Alexander Schmorell und Kurt Huber werden hingerichtet.

12. Oktober 1943: Willi Graf wird hingerichtet.

Weiterführende Literatur

Aicher-Scholl, Inge (Hrsg.): Sippenhaft. Nachrichten und Botschaften der Familie in der Gestapo-Haft nach der Hinrichtung von Hans und Sophie Scholl. Frankfurt am Main 1993

Breinersdorfer, Fred: Sophie Scholl. Die letzten Tage. Frankfurt am Main 2005

Fürst-Ramdohr, Lilo: Freundschaften in der Weißen Rose. Neuhausen 1995

Hamm-Brücher, Hildegard: Freiheit ist mehr als ein Wort. Köln 1996

Hamm-Brücher, Hildegard: Ich bin so frei. München 2003

Hartnagel, Thomas (Hrsg.): Sophie Scholl. Fritz Hartnagel. Damit wir uns nicht verlieren. Briefwechsel 1937–1943. Frankfurt am Main 2005

Hirzel, Susanne: Vom Ja zum Nein. Tübingen 2000

Jens, Inge (Hrsg.): Hans Scholl, Sophie Scholl. Briefe und Aufzeichnungen. Frankfurt am Main 1989

Knoop-Graf, Anneliese/Jens, Inge (Hrsg.): Willi Graf. Briefe und Aufzeichnungen. Frankfurt am Main 1988

Müller, Franz-Joseph: «Die Weiße Rose». In: Irene Hübner: Unser Widerstand. Deutsche Frauen und Männer berichten über ihren Kampf gegen die Nazis. Frankfurt am Main 1982

Scholl, Inge: Die Weiße Rose. Frankfurt am Main 1993

Harald Steffahn: Die Weiße Rose. Reinbek 1996

Vielhaber, Klaus/Hanisch, Hubert/Knoop-Graf, Anneliese (Hrsg.): Gewalt und Gewissen. Willi Graf und die Weiße Rose. Freiburg 1964

Vinke, Hermann: Das kurze Leben der Sophie Scholl. Ravensburg 1997

Vinke, Hermann: Fritz Hartnagel. Der Freund von Sophie Scholl. Zürich 2005

Vinke, Hermann: Hoffentlich schreibst du recht bald. Sophie Scholl und Fritz Hartnagel. Eine Freundschaft 1937–1943. Ravensburg 2006

Die Weiße Rose Stiftung München (Hrsg.): Die Weiße Rose. München 1995

Bildnachweis

Sämtliche Porträts auf den Auftaktseiten der Texte sind aus dem Besitz der Interviewten, die Rechte der aktuellen Fotos von George J. Wittenstein und Traute Lafrenz liegen bei der Autorin.

Die Rechte für die Bilder im Tafelteil liegen bei Jürgen Wittenstein, mit Ausnahme der Abbildungen Nr. 1 und 2 (Sammlung Lilo Fürst-Ramdohr), Nr. 3 (Anneliese Knoop-Graf), Nr. 9 (Privatbesitz Prof. Wolfgang Huber), Nr. 10 (Traute Lafrenz), Nr. 11 (Bundesarchiv Berlin – ZC 13267 Bd. 5 S. 21) und Nr. 23 (Bundesarchiv Berlin – ZC 13267 Bd. 1 D. 54).

Personenregister

(Die interviewten Personen sind nur in den Fremdinterviews aufgeführt)